아산재단 연구총서 제395집

정신장애인의 인권

- 자유와 평등을 향한 긴 여정 -

아산재단 연구총서 第395집

정신장애인의 인권

- 자유와 평등을 향한 긴 여정 -

서 미 경

집문당

서미경(徐美慶) 가톨릭대학교 영어영문학과 졸업
이화여자대학교 대학원 사회복지학과 졸업(박사학위)
현재 경상대학교 사회복지학과 교수
경상대학교 인권 및 사회발전 연구소 연구원

아산재단 연구총서 제395집

정신장애인의 인권
- 자유와 평등을 향한 긴 여정 -

2015년 10월 30일 1판 1쇄

저 자 | 서미경
발행인 | 임동규
발행처 | **집문당**
등 록 | 1971. 3. 23. 제300-2012-69호
영업부 | 10881 경기도 파주시 광인사길 85
(02)743-3192~3 팩스(02)742-4657
전자우편 | sale@jipmoon.co.kr
편집부 | 03134 서울시 종로구 돈화문로 82
(02)743-3096~7 팩스(02)743-0227
전자우편 | edit@jipmoon.co.kr
홈페이지 | www.jipmoon.co.kr

편 집 | 전정아
디자인 | 임용우

ISBN 978-89-303-1704-7
978-89-303-1500-5(세트)

가격 14,500원

이 도서의 국립중앙도서관 출판시도서목록(CIP)은 e-CIP홈페이지(http://www.nl.go.kr/ecip)와 국가자료공동목록시스템(http://www.nl.go.kr/kolisnet)에서 이용하실 수 있습니다.
(CIP제어번호: CIP2015025705)

머리말

내가 기억하는 한 우리 사회에서 '인권'은 언제나 투쟁과 쟁취의 대상이었다. 특히 군사정권 시대에 학생시절을 보냈던 나에게 인권이라는 단어는 뭔가 부담스럽고, 조심스러우며, 은밀한 것이다. 그런 내가 감히 인권을 주제로 책을 쓰겠다고 결심한 이유는 정신보건사회복지사로서 현장에서 보낸 짧은 경력이 준 커다란 용기 때문이다. 사회복지사로 근무하면서 참 많은 정신장애인이 강제 입원되고, 강제 투약되는 것을 보았다. 그렇지만 그것은 언제나 그들을 위한 것이기에 옳다고 믿었고, 그런 믿음을 의심할 기회도, 의심할 이유도 없었다. 20년 전의 정신보건 현장은 그랬다.

아주 오래전 난 매우 열악한 요양시설을 방문한 적이 있다. 그곳은 당시 상황으로도 매우 열악한 곳이었다. 잠시 그곳의 한 환자와 얘기를 나눌 기회가 있었다. 주부이고, 두 아이의 엄마라는 그녀는 가장 원하는 것이 퇴원해서 아이들을 보는 것이 아니라 빨래를 더 이상 하지 않는 것이라 하였다. 대학병원에서만 근무한 나로서는 충격이었다. 그녀한테서 들은 그곳 생활은 비참하고, 참담하였다. 정신보건사회복지사로서 난 내가 믿었던 바를 조금씩 의심할 수밖에 없었다. 그러나 의심하는 것 외에 현장에서 달리 내가 할 수 있는 것은 없었다. 다만 지속적으로 정신장애인의 인권에 관심을 갖고, 인권보호 대안을 찾는 일에 연구자로서 연구결과를 보태는 것만이 유일하게 할 수 있는 것이었다.

처음에는 정신장애인에 대한 편견과 차별에 대한 관심으로 관련 연구들을 진행해오다가, 2008년 국가인권위원회 용역과제를 수행하면서 인권을 직접 연구주제로 삼을 용기를 가지게 되었다. 이후 한번도 의심하지 않았던 강제입원이 정말 그들을 위한 것이었을까 하는 의문이 들어, 이 주제로 한국연구재단으로부터 3년간 연구비를 지원받아 심리학과와 정신건강의학과 교수와 함께 공동연구를 수행하였다. 이런 연구경험들이 이 책의 밑거름이라 할 수 있다.

본서는 정신장애인 인권에 대한 나의 토막지식들을 모아 정리한 것이다. 연구과제를 수행하면서 읽었던 자료들을 다시 정리하였고, 연구결과들을 요약하여 기술하였다. 그러다보니 '인권'이라는 어려운 주제를 큰 틀에서 이해하지 못한 채 조그마한 연구주제들에 집착하여 겁 없이 덤빈 것은 아닌지 불안함을 떨칠 수가 없다. 그러나 더 늦기 전에 한번은 정리해야 한다는 압박감에 서둘렀고, 마침 아산사회복지재단이 연구비를 지원하여 과감히 도전하게 되었다.

이 책은 '자유와 평등을 향한 긴 여정'이라는 부제를 달고, 총 4부로 구성되어 있다. 제1부 '인권, 정신장애인의 기본권'에서는 인권의 개념, 정신장애와 인권의 관련성, 정신장애인 인권보호를 위한 국제사회와 우리 사회의 노력에 대해 정리하였다. 제2부 '자유를 향한 긴 여정'에서는 정신보건영역에서의 자유권에 관한 쟁점을 정리하였고, 자유권을 제한하는 강제치료, 지역사회치료명령에 대한 논란과 관련 연구들을 제시하였다. 또한 자유권 존중의 대안으로 동의능력 평가의 필요성과 평가방법에 대해 제안하였다. 제3부 '평등을 향한 긴 여정'에서는 정신장애인의 평등권보호를 방해하는 편견과 차별에 대한 연구결과들을 제시하고, 이러한 편견과 차별이 내면화되어 일어나는 자기낙인의 영향을 정리하였다. 그리고 평등권보호 대안으로 국제사회의 노력과 각국의 노력을 정리하여 우리나라 정신보건정책의 함의를 제안하였다. 마지막으로 제4부 '존엄을 향한 긴 여정'은 다른 부와 달리 국내 상황에 초점을 두어 정리하였다. 다른 나라에서는 유래를 찾기 어려운 장기입원의 구조적 문제와 시설 내에서의 인권침해 상황을 국내 연구보고서들을 바탕으로 정리하고 이를 해결하기 위한 나름의 대안을 제안하였다.

정신장애인 인권에 대한 국내서적이 매우 제한적이고, 관련 연구들 또한 많지 않아 외국자료에 많이 의존하였다. 그러다보니 아무래도 우리나라 현실에 맞지 않다는 지적을 피할 수 없을 것 같다. 하지만 이 책이 정신장애인 인권에 대한 연구자들의 관심을 제고하고, 이 주제를 연구하고자 하는 대학원생들에게 다양한 연구결과들을 소개한다는 점에서 활용의 가치가 있다고 생각한다.

이 책이 나오기까지 도움을 주신 분들께 감사의 마음을 전하고 싶다. 누구보다 지난 몇 년간 인권에 관한 연구를 함께 수행해준 심리학과 이민규 교수에게 감사의 마음을 전한다. 그리고 쉽게 읽혀지지 않는 글을 첫 페이지부터 참고문헌까지 꼼꼼히 읽고 교정해준 경상대학교 대학원 이민화, 김미경 학생과 박근우 박사에게 감사한다. 무엇보다 연구비를 지원해준 아산사회복지재단과 편집・교정을 위해 애써준 집문당 전정아 씨에게 고마운 마음을 전한다.

2015년 8월

저자 서미경

| 차 례 |

제 2 부

자유를 향한 긴 여정

제3부

평등을 향한 긴 여정

제7장 정신장애인의 평등권 보호와 사회적 차별

제8장 정신장애인에 대한 사회적 차별현황

제9장 정신장애인이 경험하는 차별

제10장 평등권 보호대안

제4부

존엄을 향한 긴 여정

제11장 정신장애인 존엄권 보호의 쟁점

제12장 우리나라 시설 내 정신장애인의 존엄권 보호 현황

제13장 장기입원

| 표 차례 |

| 그림 차례 |

제1부

인권, 정신장애인의 기본권

제1장 인권의 개념과 쟁점

인권의 개념

인권은 '인간'이라면 누구에게나 존재하는 기본적 권리를 의미한다. 이는 천부적인 것으로 누구에게도 양도할 수 없고, 어떤 국가권력도 함부로 침해할 수 없는 인간다운 삶을 위한 기본적 권리이다. 인권의 개념은 이처럼 명확하고 보편적이다. 그러나 인권에 대한 담론은 매우 복잡한 이데올로기와 이해하기 어려운 추론적, 철학적 개념들과 뒤섞여 주장과 비판, 다시 반론을 거쳐 끊임없이 재구성되어 왔다. 따라서 인권에 대한 접근은 보편적 선언과 진술에 의지할 뿐 이를 객관적, 과학적 연구대상으로 혹은 실천할 수 있는 구체적인 방법론으로 이해하지 못했었다. 이로 인해 실천과정에서 인권을 정의하는 것은 매우 어려운 일이다. 보편적 인권의 개념은 변화되지 않는다 하여도 사회 문화적 상황에 따라 정의, 평등, 자유 등의 주요 개념 중 어느 것에 초점을 둘 것인지가 달라지기 때문에 실천방법을 획일화할 수가 없다. 더욱이 누군가의 인권보호가 다른 사람의 인권을 침해하는 상황에서 누구의 인권이 우선되어야 할지를 결정하는 것은 쉬운 일이 아니다.

그러나 분명한 것은 사람들이 주장하는 모든 권리가 인권일 수는 없다는 것이다. 우리가 인권이라 할 때는 국적이나 인종, 문화, 연령, 성별 또는 그 밖의 어떤 것과도 무관하게 모든 사람에게 적용되는 권리를 의미한다(김형식 · 여지영 역, 2001: 34). 이는 인권의 보편성으로 보편적 합의에 근거하고 있음을 의미한다. 이런 개념정의를 통해 문화적, 국가적 차이를 떠나 국제사회의 합의된 기준이 도출되고, 이를 통해 각 국가의 인권상황을 모니터링하는 것이 정당화될 수 있다.

우리나라 국가인권위원회 등(2008)는 보편성에 입각하여 인권의 원칙을 다음과 같이 제시하였다.

- 인권은 법률 및 관습의 정당성을 판단하는 기준이 되어 근본적으로 국가권력을 제한한다.
- 보편성: 인권은 모든 장소의 모든 인간에게 평등하게 향유되는 것이어야 한다. 따라서 모든 특권의 개념과 반대된다.
- 상호의존성: 어떤 특수한 입장에 있는 개인이나 집단의 권리는 다른 사람의 권리나 공동의 이익을 위하여 필요한 만큼만 제한되어야 한다.
- 불가분성: 인권은 그 내재된 권리에서 일부의 구현으로는 보장될 수 없고 전체가 실현될 때에만 완전히 보장된다고 할 수 있다.

이러한 원칙은 인권의 보편성을 강조한 것이다. 그러나 짐 아이프(김형식 · 여지영 역, 2001: 36-38)는 인권의 보편성에 깊은 공감을 표현하면서도 불이익 집단의 특정 권리 역시 기본적 인권으로 간주되어야 한다는 논리를 폈다. 즉, 장애인이나 여성, 아동의 인권이 보편적으로 모든 사람에게 적용되지 않는다 하여도 인간성 실현이 인권개념의 핵심이기 때문에 이들의 권리를 기본적 인권으로 간주해야 한다고 하였다. 따라서 그는 인간성 실현을 핵심개념으로 인권의 특성을 다음과 같이 나열하였다.

- 인권 실현은 완전한 인간성을 구현하는 데 필수적이다.
- 인권은 모든 인간에게 적용되지만 특히 완전한 잠재성 획득을 위해 인권 실현이 반드시 필요한 불이익 집단 혹은 취약집단에 적용되어야 한다.
- 인권으로 정당화되려면 보편적 합의가 전제되어야 한다. 즉, 문화적 경계를 넘어선 광범위한 지지가 없다면 인권으로 간주될 수 없다.
- 인권은 이를 정당하게 요구하는 모든 사람들에게 실제로 실현되어야 한다.
- 인권은 다른 사람의 인권과 충돌하지 않아야 한다. 따라서 무기를 소지할 권리, 노예를 소유할 권리 등은 인권으로 인정되지 않는다.

인권의 속성

현대 인권운동의 시금석이라 할 수 있는 1948년 UN의 인권선언(the Universal Declaration of Human Rights: UDHR)은 보편적 인권의 새로운 시대를 알리는 계기가 되었다. UN은 UDHR을 통해 인권에 대한 국제적 각성을 일깨우고 인권을 통한 사회경제적 정의에 관한 담론을 시작했다. 인권에 대한 담론은 그 개념에 포함되는 정의(justice)와 선(goodness), 사회적 포용(social inclusion), 욕구(needs), 가능성(capability)의 속성을 논의하는 데서 시작된다(Dudley et al., 2012: 13-14).

- **정의와 선:** 인권은 당연히 선의 영역을 포함하지만 모든 선이 인권은 아니다. 즉, 선에는 사랑, 자비, 동정, 유용, 이익 등의 개념이 포함되지만 이것들이 모두 인권의 영역에 포함될 수는 없다. 정의의 영역 역시 마찬가지이다. 무엇보다 인권은 개인의 권리행사 능력이 전제되어야 한다. 스스로 의미 있는 삶을 추구하기 위해 자율성, 자유에 대한 깊은 고려가 가능해야 한다는 것이다. 그러나 태아나 인지기능의 손상이 심한 치매환자, 그리고 의식불명 상태에 있는 경우, 의심할 여지없이 정의의 영역에는 포함되지만 그들에게 권리행사능력이 있다고 볼 수 없으므로 평등한 인권을 가지고 있다고 생각하기 어렵다. 따라서 정의는 경제, 사회, 문화적 권리와 관련된 인권과 분리할 수 없는 영역이지만 정의와 관련된 모든 것이 인권일 수는 없다.

- **사회적 포용:** 일반적으로 사회적 포용은 사회적 연대, 전통성과 관련된 것으로 볼 수 있으나, 장애인이나 취약계층에게는 인권보장을 통한 '복지상태'를 의미하기도 한다. 사회적 포용은 인권의 명백한 기준인 참여, 비차별, 권한부여 등을 향상시킬 수 있으므로 인권의 매우 중요한 속성이다.

- **욕구:** 욕구는 권리의 근거를 설명하기 위해 활용되는 개념이다. 이는 자원할당과 같은 경제적 범위를 넘어 존엄성과 같은 생존의 욕구와 연결되어 인권실천이 필요한 이유를 제공한다. 따라서 심도

깊은 철학적 논쟁 없이 객관적으로 욕구를 평가하거나 경제적 개념으로만 한정시켜 다른 욕구의 중요성을 간과하는 것은 욕구의 개념을 매우 제한적으로 규정한 것이다. 상황에 따라서는 경제적 측면을 지나치게 강조할 경우 오히려 존엄성이 침해되는 결과가 초래될 수도 있다.

- **가능성:** 가능성은 원하는 것을 할 수 있고, 원하는 대로 될 수 있다는 희망과 관련된다. 이는 최소한의 존엄성을 존중받고자 하는 인간의 본능에서 나오는 것으로 인권과 밀접한 관련을 갖는 속성이다. 그러나 장애와 빈곤과 같은 개인의 능력과 사회경제적 상태는 이러한 가능성을 약화시킬 수 있다. 따라서 인권의 가능성 속성은 개인이 극복해야 할 영역을 제안한다. 즉, 스스로 자유권을 행사하고 판단할 수 있는 능력이 있어야 하고, 열악한 사회경제적 상태를 극복하고자 하는 동기가 있을 때 권리가 보장될 수 있다.

인권과 의무와의 관련성

사회계약론(social contractarianism)에서는 사회가 자유와 안정을 제공하는 대신, 개인은 사회에 대한 의무를 다해야 한다고 전제한다. 이는 동전의 양면인 권리와 의무(duty)에 대한 논의를 시작하는 동기를 제공한다(Dudley et al., 2012: 15-16).

모든 권리는 의무를 전제하고 모든 의무는 권리를 전제한다. 이런 전제가 있기 때문에 법이 권리 남용을 제한할 수 있고, 자신의 권리를 존중받기 위해서는 타인의 권리를 존중해야 한다는 논리가 가능해진다. 따라서 개인의 권리행사가 타인의 권리를 침해할 경우 그 권리를 유보하도록 법이 제재를 가할 수 있다. 이것이 '시라쿠사 원칙(Siracusa Principle)'이다. 즉, 자신의 권리가 존중받기 위해서는 타인의 권리와 가능성을 보장하고 존중해야 한다는 것이다. 그러나 권리보장을 위해 어느 정도의 의무를 전제하느냐 하는 것은 관점에 따라 상이하다. 서구 자유주의적 관점에서는 권리행사의 비간섭을 지지한다. 따라서 총기류를 소지할 수 있는 권리, 무한정 사유재산을 가질 수 있는 권리, 자기 자식을 체벌할 수 있는 권리 등을 주장하기도 한다. 이와는 달리 아시아의 유교적 관점에서는 공공의 선, 충성심, 연대, 조화 등이 개인의 권리보다 우선된다. 이는 자율성이나 자기결정을 강조하는 서구의 권리개념과 상당한 차이가 있다. 그러나 어느 관점을 지지하든 권리와 의무는 무관하지 않다. 아무리 개인의 권리가 양도할 수 없고 침해받을 수 없는 영역이라 하여도, 타인의 권리와 충돌할 가능성이 있는 한 의무는 항상 전제될 수밖에 없다.

박영란 등(2001: 26-27)은 다른 사람의 인권을 존중해야 하는 의무 이외에 인권과 관련된 두 가지 의무를 추가하였다.

- **국가의 의무:** 인권을 존중하고 옹호할 국가의 의무이다. 즉, 강력한 입법을 통해 국가는 인권을 보호하려는 노력을 해야 하고, 의미 있는 사회복지와 환경보호정책을 통해 사회·경제권과 환경권을 보호해야 한다는 것이다.

- **권리를 행사해야 할 의무:** 시민들이 자신에게 주어진 권리를 행사할 의무이다. 오늘날 당연한 것처럼 누리는 권리도 역사적으로 많은 사람들의 투쟁과 노력의 산물이다. 따라서 이를 적극적으로 행사하려는 시민의식이 인권보장의 필수적인 구성요소이다. 예를 들

어 투표권, 언론의 자유, 교육권 등은 그러한 권리를 가진 자가 이를 적극적으로 행사하고 참여해야만 권리로서 가치를 가지게 된다.

인권의 범주

인권의 내용은 흔히 3세대로 나누어 설명된다(국가인권위원회 등, 2008: 15-16; 김형식·여지영 역, 2001: 58-66; 박영란 등, 2001: 19-20; Dudley et al., 2012: 9-11).

각 세대별 인권내용을 설명하면 다음과 같고, 그 내용을 정리하면 〈표 1-1〉과 같다.

■ 제1세대 인권: 공민권과 정치권

공민권과 정치권은 '억압으로부터의 자유'에 초점이 있다. 여기에는 영장 없이 개인을 구속할 수 없고, 고문이나 불공정한 재판을 진행할 수 없으며, 정치에 참여하고, 사상, 종교, 표현의 자유를 가지는 것 등이 포함된다. 즉, 국가권력이 간섭할 수 없는 절대적인 자유와 권리를 의미한다. 일반적으로 이러한 권리들은 인권침해 상황을 고발하거나 호소하면, 법적 제재를 통해 보호되므로 소극적 권리라 하기도 한다. 즉, '~가 인권을 침해받지 않도록, 혹은 ~가 인권을 침해하지 않도록 ~ 하는 것'을 법으로 보장하는 것이다. 이처럼 '~ 하지 않는 것'을 강조하므로 이를 소극적 권리(negative rights)라 일컫기도 한다.

■ 제2세대 인권: 경제·사회·문화적 권리

제1세대 권리와 달리 제2세대 권리는 '국가가 개입하지 않고서는 이룰 수 없는 그 무엇을 하도록 하는 것'이다. 즉, 교육, 주거, 고용, 의료 참여의 권리를 국가가 개입하여 보장하는 것이다. 이러한 권리들은 참여, 포용, 기회를 보장하는 것으로 사회주의와 사회민주주의에 기반을 두고 있다. 경제·사회·문화적 권리를 보장함으로써 국가는 국민들의 보다 질 좋은 삶의 조건을 창출하게 된다. 여기에는 적절한 사회적 급여와 사회보장 서비스를 받을 권리가 포함되어 있어 제2세대의 인권은 국민의 복지수준과 관련된다. 제1세대 인권이 국가의 소극적인 방어를 요구하는 것과 달리 제2세대 인권은 국가의 능동적이고 적극적인 역할을 요구한다. 따라서 이를 적극적 권리(positive rights)라 부르기도 한다. 그러나 이 권리들은 침해상황을 입증하여 고발하거나, 법을 통해 제재하기 어려운 특성을 가지고 있다.

■ **제3세대 인권: 집합적 권리**

제3세대 인권을 집합적 권리라 하는 이유는 궁극적으로 개개인에게 혜택이 돌아간다 하여도 실천과정의 적용대상이 지역사회, 국가, 사회이기 때문이다. 여기에는 경제개발에 대한 권리, 조화로운 사회에서 살 권리, 깨끗한 환경에서 살 권리, 경제성장으로부터 혜택을 경험할 권리 등 경제개발과 성장을 통한 이득과 환경권 등이 포함된다. 제3세대 인권이 인권으로 간주될 수 있느냐에 대해서는 논쟁의 여지가 있다. 왜냐하면 서구사회를 지배해온 자유주의와 개인주의 관점에서, 개인보다 공익과 집단이 강조되는 영역을 인간에 대한 권리라 할 수 있는지 의문이 제기되기 때문이다. 따라서 이 영역을 서구에 대한 '아시아 사상의 반격'으로 표현하는 학자들도 있다.

이와 같은 인권의 3세대 분류는 보편적으로 받아들여지고 있다. 그러나 이러한 분류에 몇 가지 의문이 제기되기도 한다. 먼저 1세대 인권과 2세대 인권의 구분이 지나치게 인위적이라는 비판이 있다. 즉, 이 두 가지 유형의 인권이 실천과정에서 구분이 어렵다는 지적이다. 예를 들어 언론과 표현의 자유는 문화적 권리와 밀접히 관련되어 있고, 경제적 빈곤상태(경제권)는 정치적 신념과 행동(정치권)에 상당한 영향을 미치게 되므로 두 세대의 권리를 구분하는 것은 매우 어렵다는 것이다. 뿐만 아니라 이러한 인위적인 분류가 각 권리보장에 대한 국가의 역할을 더 모호하게 할 수 있다는 주장이 제기된다.

인권에 대한 이러한 분류를 시대적 분류로 보기도 한다. 초기 인권에 대한 논의는 주로 1세대 인권에서 시작되어 점차 2세대 인권에 대한 논의로 이어지다가 최근에 들어 3세대 인권에 대한 관심이 증가되었기 때문이다. 그러나 여전히 대중의 관심은 1세대 인권에 집중되어 있다. 그 이유는 1세대 인권이 법적 제재를 통해 보호되므로 실천

〈표 1-1〉 인권의 3세대

	제1세대	제2세대	제3세대
세대명칭	공민권과 정치권	경제, 사회, 문화적 권리	집합적 권리
기원	자유주의	사회주의, 사회민주주의	경제학, 개발학, 녹색이념
예	투표, 집회, 언론의 자유, 공정한 재판에 관한 권리, 법적 보호 권리, 차별받지 않을 권리 등	교육, 주거, 의료, 고용, 적정 소득, 사회보장 등에 대한 권리	경제개발과 성장에 대한 관리, 경제성장의 혜택, 사회적 조화, 건강한 환경, 깨끗한 공기 등에 대한 권리
행위자	법률상담소, 국제사면위원회, 인권감시단	복지국가, 민간 사회복지	경제개발기구, 지역사회개발계획, 그린피스 등
지배적 전문직	법	사회복지	지역사회개발

출처: 짐 아이프(2001), 『인권과 사회복지 실천』, 김형식·여지영 역, 인간과 복지, p. 83 재구성.

하는 것이 어렵지 않고 국가차원에서도 큰 비용이 들지 않기 때문이다. 그러나 제2, 3세대 인권은 사회적 급여와 사회적 보장이 뒷받침되어야 하고, 침해상황을 고발하는 것도 어렵지만 권리가 보장되었음을 입증하는 것 또한 어렵다. 따라서 국가차원에서는 많은 비용을 들이고도 가시적인 성과를 보이기 어렵기 때문에 상대적으로 1세대 인권보호에 더 많은 관심을 보일 수밖에 없다. 그러나 이처럼 인권의 범주가 1세대에만 국한되는 것은 매우 협소하고, 미래지향적이지 못한 개념이다. 따라서 인권의 범주를 포괄적으로 규정하고 과거, 현재, 미래를 아우르며, 개인과 공적 영역을 통합하는 인권개념이 범국가적으로 수용될 필요가 있다.

인권의 제한[1)]

인권 중 어떠한 상황에서도 제한할 수 없는 권리가 있다. 예를 들어 고문이나 노예로부터 자유로울 권리, 생각, 양심, 종교의 자유 등이 여기에 해당된다. 그러나 대부분의 국제 법은 특정 상황에서의 권리제한을 어느 정도 인정하고 있다. 정신장애 역시 제한이 필요한 조건 중 하나이다. UN은 1985년 공민권 및 정치적 권리에 대한 국제규약의 제한 및 특례규정에 관한 시라쿠사 원칙(Siracusa Principle on the Limitation and Derogation Provision in International Covenant on Civil and Political Rights)을 규정하였다. 여기서는 권리제한을 정당화하는

---

1) 이 내용은 UN(1985)의 *United Nations, Economic and Social Council, Siracusa Principles on the Limitations and Derogation Provisions in the International Covenant on Civil and Political Rights, U.N.Doc. E/CN.4/1985/4, Annex(1985).* 의 내용을 요약한 것임.
출처: www1.umn.edu/humanrts/instree/siracusaprinciples.html

9가지 조항을 다음과 같이 제시하고 있다.

- **법에 의한 제한:** 법이 매우 비합리적이거나 독단적이지 않다면, 법은 개인의 권리를 제한할 수 있다. 그러나 제한하기 위해서는 관련규정이 분명해야 하고, 모두에게 평등하게 적용되어야 하며, 권리제한이 남용되지 않도록 안전장치가 마련되어 있어야 한다.
- **민주적 사회**(democratic society)**를 위한 제한:** '민주적 사회'라는 표현을 사용하면서 권리제한을 언급하는 것은 모순처럼 보일 수 있다. 그러나 사회가 민주사회로 기능하는 것을 심각하게 방해한다면 국가는 개인의 권리를 제한할 수 있다.
- **공공질서**(public order)**를 위한 제한:** 사회안정과 사회기능 보호는 국가의 의무이므로 공공의 질서를 위해 개인의 권리제한을 정당화할 수 있다.
- **공공보건**(public health)**을 위한 제한:** 국민의 건강을 위해 질병을 막고, 환자에게 치료를 제공하기 위해 권리를 제한할 수 있다.
- **공중도덕**(public morals)**을 위한 제한:** 공중도덕은 시대에 따라, 문화에 따라 다양하기 때문에 획일적인 기준을 제시하기는 어렵다. 따라서 '도덕'을 어떻게 규정하느냐는 각국 정부의 재량에 달려 있다. 그러나 이를 근거로 권리를 제한하기 위해서는 권리제한이 지역사회 가치를 존중하는 중대한 방법이어야 하고 국제규약에 의한 어떠한 차별도 없이 모두에게 평등하게 적용되어야 한다.
- **국가안전**(national security)**을 위한 제한:** 영토보전, 국가의 존폐, 군사적 위협으로부터의 보호를 목적으로 개인의 자유가 제한되는 것은 정당화될 수 있다.
- **공공의 안전**(public safety)**을 위한 제한:** 생명의 안전이나 신체적

안전 그리고 재산상 심각한 손해로부터 보호를 목적으로 권리제한이 정당화될 수 있다. 그러나 이 기준도 모호하기 때문에 독단적인 제한이 이루어져서는 안 되고, 제한남용을 막기 위한 안전장치가 요구된다.

- **다른 사람의 자유, 권리, 명예를 위한 제한:** 여기서 타인의 자유와 권리는 국제규약이 정한 권리를 의미한다. 그러나 타인의 명예를 위해 제한할 경우, 여론의 비난 때문에 개인의 권리를 제한하는 것은 인정되지 않는다.
- **공판**(public trial)**에 의한 제한:** 개인적 삶을 심각하게 침해하거나 혹은 공중도덕이나 공공질서를 심각하게 파괴하지 않는 한 모든 재판은 공개되어야 한다. 따라서 재판의 공공성으로 인해 어느 정도 개인의 자율성은 침해될 수 있다.

인권개념의 쟁점

인권의 개념을 정의하는 데 있어 고려해야 할 몇 가지 쟁점들이 있다(Perlin et al., 2006: 235-242; Perlin, 2012: 27-33). 여기서 제시된 쟁점들은 국제법이 각국의 인권법에 미치는 영향 혹은 역할을 이해하는 데 있어서도 매우 중요하다.

■ **보편주의**(universalism) **vs 문화적 상대주의**(cultural relativism)

인권의 개념이 문화적인 제약 없이 수용되는 보편적 개념인지 혹은 문화적, 정치적 상황에 따라 달리 정의되는 상대주의적 개념인지에 대한 논쟁이 있다. 문화적 상대주의 개념은 인권이 서구사회의 자유주의와 개인주의 사상에 기반을 두어 다양한 문화적, 정치적 상황을 고려하지 못한다는 비판에서 시작한다. 그러나 반대로 인권은 국경이나 문화적 제약이 없는 보편적 개념이고, 어느 문화에 속해 있던지 간에 인간으로서 원하는 것은 동일하다는 것에 근거하여 보편주의를 주장하기도 한다. 즉, 뉴욕의 시민이나 아프리카의 어느 부족민 모두 구속이나 구금으로부터의 자유, 안전한 의식주, 언론의 자유를 원하는 것은 마찬가지라는 것이다. 특히 자유무역과 정보체계의 발달로 빠르게 진행되는 세계화(globalization)는 문화의 동질화를 촉진하는 동력이 되고 있다. 그렇다 하더라도 세계화를 근거로 인권이 전적으로 보편적 개념이라 주장하기는 어렵다. 왜냐면 취약계층의 인권상황은 각국의 문화적, 정치적, 경제적 조건에 따라 상당한 차이가 있기 때문에 어느 정도 문화적, 정치적 상황에 대한 고려가 있을 수밖에 없다.

■ **하드로**(hard law) **vs** **소프트로**(soft law)

UN 헌장과 협약은 회원국들이 지켜야 할 의무들을 규정하고 있다. 이것이 하드로이다. 그러나 UN의 인권선언은 법적 구속력 없이 모든 인간과 국가가 따라야 할 인권보장의 공통적인 기준을 제시하고 있다. 이처럼 법적 구속력 없는 기준은 소프트로이다. 소프트로는 다소 모호하게 표현되는 특징이 있고 책임을 강조하기보다 자발적인 준수를 촉구하는 내용으로 구성되어 있다. 결국 하드로를 해석하고 세부적인 기준을 제시한 것이 소프트로이고, 소프트로를 강화한 것이 하드로이다. 대부분의 국제법이 소프트로의 형태로 제시되는 이유는 각국의 국내법이 무리 없이 국제적 소프트로 기준을 지키고, 국제적 합의를 이끌어내는 것이 쉽기 때문이다. 또한 의무보다 기준을 제시하는 소프트로 형태여야만 어느 정도이 기준을 따를 것인지에 대한 통제력을 해당국가가 가질 수 있고, 국내의 문화적, 정치적 특성을 반영할 수 있기 때문이다. 그러나 하드로가 아니기 때문에 기준을 따르지 않을 경우 상대적으로 제재가 어렵다는 한계가 있다.

■ 예외적 권리를 인정할 것인가?

국제적으로 합의된 규범에 예외를 인정할 수 있는가에 대한 논쟁이 있다. 먼저 국제적 강행규범은 이미 국제사회가 충분히 인식하여 합의한 것이므로 예외가 있을 수 없다는 입장이 있다. 이러한 입장을 지지하는 사람들은 노예금지, 표절 및 특허도용 금지, 고문금지, 인종차별 금지 등과 같은 강행규범은 어떠한 상황에서도 제한, 부인, 유보가 있을 수 없다고 주장한다. 이들은 예외를 인정할 경우, 곧바로 심각한 인권침해상황이 발생할 것이라고 경고한다. 그러나 어떤 합의문이나 규약에도 예외가 없을 수 없으므로 '예외적 권리를 인정해서는 안 된다'는 주장은 이미 설득력이 없다. 즉, '예외 없는 규정은 없다'는 것이다. 특히 개인의 권리 못지않게 공공의 권리도 중요하므로 국제적 심의나 국제기구의 조사를 통한 예외는 인정되어야 한다는 것이 통념이다.

■ 적극적 권리 vs 소극적 권리

소극적 권리는 '~ 하지 말 것을 요구하는 것'이고 적극적 권리는 '~ 할 것을 요구하는 것'이다. 즉, 전자는 '국가는 개인을 구금해서는 안 된다'는 요구를 하고, 후자는 '국가가 개인을 구금할 때는 개인의 권리를 보호하기 위한 절차를 밟을 것'을 요구한다. 이는 앞에서도 언급했듯이 1세대 권리는 소극적 권리이고 2, 3세대 권리는 적극적 권리이다. 즉, 언론·집회의 자유, 투표의 권리 등은 이를 제한하지 않을 것을 국가에 요구하는 것이고 차별, 빈곤, 불평등으로부터의 해방은 국가가 차별로부터의 보호, 빈곤의 개선, 노동시장의 조정의 역할을 하도록 요구하는 것이다.

■ 공민권과 정치권 vs 경제·사회·문화적 권리

제1세대 인권(공민권과 정치권)과 제2세대 인권(경제·사회·문화적 권리) 간의 위계가 존재하느냐 하는 논쟁이다. 앞에서도 언급했듯이 1세대 인권이 다른 인권들보다 더 시급하고 법으로 쉽게 통제 가능하며, 더 효율적으로 보장할 수 있다는 이유에서 그 중요성을 간과할 수 없다. 그러나 1세대 인권에 대한 담론이 서구사회의 자유주의 사상에서 출발하였다는 점을 상기하면, 인권에 대한 논쟁 자체가 인종차별적 요소를 포함하는 심각한 오류를 낳게 된다. 즉, 개인의 권리를 우선하는 서구의 문화적 특성이 집합적 권리를 우선하는 아시아 문화보다 더 중요한 것으로 간주된다는 것이다. 그러나 최근에는 인권의 개념이 점차 확대되어 개인의 권리에 공공성의 개념을 포함하고 있다. 대표적인 것이 세대 간의 권리(intergenerational rights)에 대한 논쟁이다(박영란 등, 2001: 22-23). 여기에 오늘날 각국이 예민하게 대립하고 있는 과거사와 관련된 것이 해당된다. 다시 말하면, 개인의 공민권과 정치권에 공공성의 영역을 가정한 것이다. 즉, 인권침해에 대한 당대의 문제뿐 아니라 과거, 미래의 문제도 함께 다루어야 할 의무를 가정한 것이다. 이는 나치의 유대인학살에 대한 문제를 오늘날 해결해야 할 인권의 문제로 보고, 미래의 환경문제 역시 오늘날 다루어야 할 인권의 문제로 보는 시각이다. 이것이 2차 대전 일본군이 저지른 인권침해의 문제가 오늘날 다루어져야 할 심각한 인권문제라는 주장의 근거가 된다. 이러한 관점은 공민권과 정치권이 개인의 자유주의 사고를 넘어 집합적, 공공적 성격을 포함하는 포괄적 개념임을 강조한다.

이러한 논쟁들은 인권에 대한 국제법이나 규정, 협약 등이 각 국가의 인권관련 입법에 어떠한 영향을 미칠 수 있는지에 대한 논의로 이어진다. 이것이 소프트로인지 하드로인지에 따라, 1세대 권리를 다루는지 2, 3세대 권리까지 다루는지에 따라 혹은 예외적 권리를 어느 정도 인정하는지에 따라 각 국가에 미치는 영향이 달라질 수 있다. 어느 나라도 인권침해 국가로 국제사회의 비난을 받고 싶어 하지 않기 때문에 이러한 국제법이나 협약들이 각 국의 인권보호 향상에 기여하게 된다.

인권보호를 위한 국제사회의 노력[2)]

인권의 역사는 Locke나 Rousseau와 같은 철학자들이 제시한 자연법(Natural Law)으로 거슬러 올라간다. 이는 국가의 통제범위 밖에 있는 인권의 철학적 근거를 제시하였고 이것이 프랑스의 인권선언, 미국의 독립선언의 배경이 되었다. 하지만 1648년 웨스트팔리아 조약(the Treaty of Westphalia)을 계기로 주권국 체계가 형성되면서 인권의 개념이 개인 중심이 아닌 주권국 중심의 개념으로 구성되었다. 따라서 인권보호를 위한 주권국 간의 다양한 합의가 나왔다. 그러나 이때는 어디까지나 주권국 중심이었기 때문에 기본적인 권리가 개인에게 있다고 생각하지는 않았다.

19세기 초가 되어서야 소수자를 보호하고자 하는 인도주의적 개입이 시작되고, 노예제도가 철폐되면서 각국의 헌법에 인권보호가 성문화되기 시작했다. 이것이 현대적 인권보호의 시작인 것이다. 현대적인 인권개념과 법은 1940년대 2차 대전 이후 등장한다. 2차 대전 시 전례 없는 폭력과 홀로코스트와 같은 심각한 인권침해를 겪으면서 인간성에 대한 각성이 형성되었고, 이를 통제할 국제법의 필요성이 제기되었다. 2차 대전은 주권국의 극단적인 예이다. 따라서 2차 대전 후, 1945년 UN이 창립되면서 그동안 인권침해가 가능하도록 위정자를 보호해 온 주권국 원칙이 수정되었다.

UN 총회(the General Assembly), 안전보장이사회(the Security Council), 경제사회이사회(the Economic and Social Council), 인권위원회(the Commission

---

2) 인권보호를 위한 국제사회의 노력에 대한 내용은 Perlin 등(2006)의 *International Human Rights and Comparative Mental Disability Law*, pp. 213-249의 내용을 요약하여 정리한 것임.

on Human Rights)가 UN 산하에서 인권정책을 결정하는 기구들이다. 각각의 구체적인 기능과 역할은 다르지만 일부 겹치는 영역이 있다. 이 중 인권위원회가 주로 인권과 자유권, 소수자의 권리보호에 대한 기준과 절차를 정하는 역할을 담당해 왔다. 1966년 이제까지 소프트로의 형태로 기준설정을 해오던 UN이 하드로의 형태로 국제규약들을 채택하면서 경제사회이사회는 인권위원회에 인권침해 전반에 대한 조사권을 부여하였다. 그러면서 인권위원회, 인권소위원회(the Sub-Commission on Human Rights), 인권고등판무관(the UN High Commissioner on Human Rights)이 국제인권영역의 공식적인 리더십을 맡게 되었다. 시간이 지나면서 UN의 역할이 점차 기준 설정에서 기준 이행으로, 사후적 접근에서 예방적 접근으로, 서비스에서 옹호로, 사무국에서 현장으로, 고립에서 통합적 접근과 파트너십으로 변화되어 갔다. 이 세 기구의 노력과 리더십으로 국제사회는 점차 인권들 간의 상호성을 인식하게 되고, 인권과 국제관계의 관련성에 대한 자각이 향상되었다.

UN의 인권보호도구

UN이 국제사회의 인권을 보호하기 위해 취한 조치들은 다음과 같다.

■ **UN 헌장**(the Charter of the United Nations)

UN 헌장은 1945년 인권을 증진시키기 위해 회원국들이 제정한 조약이다. 서문에 회원국들로 하여금 인간의 존엄성과 기본권에 대한 신념을 재확인하도록 요구하고 있다. 헌장의 목적은 기본적인 인권과 인종, 성, 언어, 종교와 상관없이 모든 사람의 자유에 대한 존중이 증진되는 것이다. 이에 덧붙여 모든 회원국들이 UN의 목적이 성취될 수 있도록 협력적으로 활동하는 것을 포함한다.

■ **세계인권선언**(the Universal Declaration of Human Rights)

UN은 1948년 인권에 대한 중요성을 강조하기 위해 세계인권선언을 채택하였다. 이 선언은 자유, 존엄성, 평등, 인류애의 원칙을 강조한 30개 조항으로 이루어져 있다. 이 조항들은 모든 사람과 모든 국가가 따라야 할 공통적 기준이다. 여기서는 인권의 범주화를 지양하여 공민권과 정치권을 경제·사회·문화권과 함께 기본권으로 간주하였다. 이 선언에서 인권은 보편적(universal), 불가분성(indivisible), 상호의존적(interdependent), 상호관련(interrelated)된 것으로 개념 정의한다. 이를 협약이나 규약이라 하지 않고 선언이라 한 것은 소프트로로서 회원국들의 합의를 쉽게 이끌어내기 위한 목적이었다.

■ **국제인권장전**(International Bill of Rights)

1948년 UN의 인권위는 인권선언을 보다 구속력 있는 규약의 형태로 만들기 위한 작업을 시작하였고 그러한 노력의 일환으로 국제인권장전이 만들어졌다. 이 안에는 일반적인 인권원칙과 개념을 제시한 선언과 구체적인 규정이 포함된 규약, 그리고 마지막으로 이를 실천하기 위한 메커니즘이 제시되어 있다. 그러나 하드로의 형태로 구성되어 있어 회원국들의 합의가 쉽지 않았다. 시간이 지나면서 식민시대가 붕괴되고 주권국의 원칙이 더 이상 수용되지 않게 되면서 마침내 1966년 안전보장이사회는 하드로의 형태인 규약을 채택하게 된다. 그러나 선언과 달리 회원국의 합의를 위해 공민·정치권과 경제·사회·문화권은 분리되었다.

■ **공민권 및 정치적 권리에 대한 국제규약**(the International Covenant on Civil and Political Rights: ICCPR)

정부의 간섭으로부터 개인을 보호하기 위한 것이다. 즉, 고문, 비인간적 처우, 동의 없는 의학적 실험의 참여 등을 금지하는 것이다. 사상, 양심, 종교의 자유를 표현의 자유와 더불어 보장한다. 인권위원회는 각국이 이러한 규약을 준수하는지를 모니터링할 수 있는 권한이 부여되어 있고 회원국들은 의무적으로 이러한 모니터링을 수용해야 한다.

■ **경제·사회·문화권에 대한 국제규약**(the International Covenant on Economic, Social, Cultural Rights: ICESCR)

이 규약의 경제권에는 적절한 노동조건에서 일할 권리, 노동파업의 권리와 조합에 가입할 권리 등이 포함되고, 사회권에는 사회보장권리, 가족을 보호할 권리, 적절한 삶의 조건을 누릴 권리, 교육받을 권리, 정신적, 신체적 건강을 유지할 권리가 포함된다. 또한 문화권에는 문화적 삶에 참여할 권리, 과학적 발전에 혜택을 받을 권리 등이 포함된다. 정기적으로 인권위는 추가할 조항이나 해석이 필요한 것이 있을 때 이를 경제사회이사회에 보고하고 수정한다. 이를 통해 권리규약들은 점점 강화되는 경향을 보인다.

제2장 사회적 소수자로서 정신장애인의 인권

정신장애와 인권

정신보건의 중요성

일반적으로 정신장애는 국제적 진단기준에 해당되는 정신적, 행동적 장애를 말한다. 그러나 보다 포괄적 개념으로 '정신건강'은 의료적, 사회적, 경제적, 문화적 웰빙을 의미한다. 이는 사람들과 관계를 맺고, 일하고, 여가를 즐기며 자신의 잠재력을 개발하는 일상의 상태와 밀접히 관련된다. 이런 측면에서 WHO(2013)는 정신건강을 '건강의 가장 기본적 요소'로 규정하고 정신적으로 건강해야만 사람들이 자신들의 잠재력을 실현하고, 일상의 스트레스에 대처하며, 생산적으로 일하고, 지역사회에서 기여할 수 있다고 하였다.

정신장애는 의학적 질환이면서도 다른 어느 질병이나 장애보다 사회, 경제, 문화적 요인에 의해 심각하게 영향을 받는 사회적 장애이기도 하다. 정신장애의 문제는 사회, 환경적 요인에 의해 발병, 악화되기도 하고, 정신장애의 발병이 이러한 요인들을 악화시키기도 한다. 즉, 정신장애가 발병하면 차별과 배제로 인해 주변화(marginalization) 되고 빈곤해지며, 그로 인한 스트레스가 학대와 폭력에 영향을 미쳐 그들을 사회로부터 고립되게 만든다. 이러한 배제와 고립으로 인해 사회적 자원은 극히 제한되고 지지는 감소하며 치료의 접근성도 현저하게 떨어진다. 이것이 다시 정신장애를 악화시키는 요인이 되어 악순환이 반복된다. 충분한 사회적 지지 속에서 생활하며, 지역사회 내 생산적인 활동에 참여하고, 회복지향(recovery oriented) 관점을 가진 전문가로부터 서비스를 받는다면 정신장애인은 그들의 증상유무와 상관없이 의미 있는 삶을 살 수 있게 될 것이다.

그러나 어느 사회나 정신보건 문제를 효율적으로 대처하지 못하고 있으므로 오늘날 현대인들은 누구도 정신장애의 위험에서 자유롭지 못한 삶을 살고 있다. 지역사회를 기반으로 한 역학조사에 의하면, 정신적, 신경학적, 물질남용의 문제를 포함한 정신장애 평생 유병률은 전체 성인 인구의 12.2~48.6%이고, 일 년 유병률은 8.4~29.1%이다. 유병률이 높은 만큼 이에 대한 부담도 상당하다. 정신장애에 대한 부담이 세계 질병부담(global burden)의 13%를 차지하고, 특히 우울증은 단독으로 4.3%를 차지하고 있다. 이는 전염성이 없는 질병의 30%에 해당되는 부담이다(WHO, 2013). 그러나 실제 이 통계치는 정신장애에 대한 질병부담만을 계산한 것으로 정신장애로 인한 다른 질병의 취약성까지 고려한다면 그 심각성은 훨씬 증가한다. 정신장애의 특성상 위생상태가 불량하여 질병의 취약성이 높다. 특히 신체적 증상을 정신과적 증상으로 해석하는 진단적 그늘(diagnostic overshadowing)이나 치료적 그늘(treatment overshadowing)로 인해 전반적인 질병의 취약성은 현저히 높아진다. 또한 낮은 사회경제적 계층에서 유병률이 높아 치료적 접근성을 떨어뜨리는 것도 심각한 문제이다. 낮은 사회경제적 계층에서 유병률이 높은 것이 정신장애의 원인인지 혹은 결과인지에 대한 논란은 지속되고 있다. 그러나 분명한 것은 낮은 사회경제적 계층에서 정신장애 유병률이 높음으로 인해 의료체계의 접근성이 떨어지고 이것이 정신적, 신체적 질병을 악화시키는 주요 원인이라는 것이다. 더 심각한 것은 어느 사회나 존재하는 정신장애에 대한 사회적 편견과 차별은, 실제 정신장애를 인식하였다 하더라도 쉽게 전문적인 도움을 요청하지 못하게 하는 주요 원인이 된다. 이처럼 정신치료에 대한 비접근성과 도움요청에 대한 두려움으로 인해 선진국의 경우 35~50%에서, 개발도상국의 경우 76~85%에서 심각한 정신장애가 있음에도 불구하고 치료를 받지 못하고 있다(WHO, 2008).

WHO(2013)는 기존의 의료체계가 있음에도 불구하고 정신장애 질병부담에 효율적으로 대처하지 못하는 이유를 다음과 같이 지적하였다.

- **정신보건 예산부족**: 전 세계적으로 1인당 배정된 1년 정신보건 예산은 평균 US 2달러 미만이다. 심지어 저소득국가에서는 1인당 예산이 US 0.25달러도 되지 않는다. 그나마 이 비용의 67%가 정신병원 설립에 쓰이고 있어 정신장애인 회복에는 거의 활용되지 못하고 있다. 따라서 예산을 확충하고, 지역사회서비스로 재배분하여, 서비스 접근성을 높여야만 질병부담에 효과적으로 대처할 수 있다.
- **전문인력 부족**: 저소득국가와 중간소득국가의 정신보건전문가의 수가 현저히 부족하다. 세계의 1/2 국가에서 인구 10만 명당 0.5명의 정신건강의학과의사가 배정되어 있다. 인력부족의 문제는 심

리학자, 간호사, 사회복지사의 경우도 마찬가지이다. 특히 전문가의 수는 각국의 소득수준에 따른 격차가 매우 크다. 저소득국가의 인구 10만 명당 전문가 수를 보면 정신건강의학과의사 0.05, 심리학자 0.04, 간호사 0.16, 사회복지사 0.04이다. 상대적으로 고소득국가의 경우 인구 10만 명당 정신건강의학과의사 10.50, 심리학자 14.0, 간호사 32.95, 사회복지사 15.70이다. 따라서 전문 인력의 체계적인 확충이 전제되어야 질병부담에 대처할 수 있다.

- **정신보건 관련법 및 정책 미비:** 정신보건 관련법이나 정책, 국가적 계획 등이 없는 경우가 많다. 이것 역시 각국의 소득에 따른 격차가 크다. 고소득국가 경우 92%가 정신보건 관련법이나 정책을 가지고 있으나, 저소득국가의 36%만이 관련법이나 정책을 가지고 있다. 관련법 마련이 선행되어야 한다.
- **정신보건 관련 시민사회운동 저조:** 저소득국가와 중간소득국가 모두 정신보건에 관련된 시민사회운동이 매우 저조한 것 역시 중요한 원인 중 하나이다. 고소득국가의 경우 83%에서 정신장애인 당사자의 조직이 있고, 80%에서 가족 조직을 가지고 있다. 그러나 저소득국가의 경우 49%만이 당사자의 조직이 있고, 가족조직이 활동하고 있는 경우는 39%에 불과해 많은 차이를 보이고 있다.
- **낮은 약물치료율:** 정신장애의 일차적 치료접근은 약물치료이다. 그러나 감염성 질병뿐 아니라 비감염성 질병과 비교해 볼 때, 정신장애의 약물치료 비율은 현저히 낮다. 물론 약물이 부족한 것이 원인일 수도 있으나 약물을 처방할 전문가가 부족하다는 것도 저소득국가에서는 문제가 된다. 약물치료가 부족하다 하여도

다른 심리사회적 개입이 적절하다면 보완이 될 수 있겠지만 약물보급이 낮은 국가는 대체로 심리사회적 개입 역시 낮아 전반적인 치료 자체가 이루어지지 못하고 있다.

정신장애와 인권의 접점

1948년 UN의 인권선언 이후 인권은 지속적으로 국제사회의 주요한 관심사였다. 그러나 정신보건은 그 궁극적 목적이 인간다운 삶을 살아가는 것임에도 불구하고 부담이 큰 질병으로만 인식될 뿐, 인권과 관련된 논의는 제한적이었다. 정신적으로 건강하지 못한 상태를 일컫는 정신장애는 의료적인 치료를 필요로 하는 질병이기 이전에 사회적·환경적·문화적 요인에 의해 악화되고 영향받는 사회적 장애이다. 정신장애는 국가 소득과 상관없이 모든 사회에 존재하고, 특히 각 사회의 취약계층에서 더 빈번히 발병하는 특성을 가지고 있다. 즉, 빈곤, 학대, 외상(trauma)과 밀접히 관련되어 있고 사회적 자원과 충분한 지지가 없는 한 어떠한 의료적 개입으로도 회복하기 어려운 특성을 가지고 있다. 이처럼 취약계층에서 더 많이 발생하고 사회적 차별과 배제로 인해 고통 받는 소수자임에도 불구하고 인권과의 연관성에 대한 국제사회의 관심은 다른 소수자에 비해 충분치 못했던 것이 사실이다.

인권의 관점에서 정신장애를 바라본다는 것은 상당한 패러다임의 변화를 요구한다. 즉, 온정주의 관점에서 자율성에 대한 보호로, 사회적 배제와 불평등에서 포용과 적극적 사회참여로, 전문적 치료개입에서 인권 중심적 개입으로, 임상 결과중심에서 삶의 질 중심으로의 패러다임 변화를 요구한다. 정도의 차이는 있지만 어느 사회나 병식이 없는 정신장애인을 돌보면서 고통 받는 가족과 지역사회의 안전을 보호한다는 명목하에 강제치료를 허용하고 있다. 강제치료는 시설에 수용하고, 그들을 고용, 주거, 교육에서 차별하고 배제하는 인권침해과정으로 연결된다. 이것이 인권의 관점에서 정신장애인을 이해해야 하는 이유이다. 이처럼 정신보건 혹은 정신장애에 대한 논의에서 인권은 빠질 수 없는 주제이다. 인권과 정신장애 두 가지 모두가 인본주의 준거 틀을 요구하고 사회정의와 사회적 책임을 강조한다는 점에서 매우 밀접히 관련되는 개념들이다.

Dudley 등(2012: 23)은 인권과 정신보건의 관계를 다음과 같이 기술하였다.

- 인권침해, 부인, 학대 등이 정신보건의 문제를 악화시킨다.
- 정신보건정책, 법령, 프로그램, 개입 등이 각국의 인권을 실천하는 수준에 영향을 미친다.

이러한 명백한 관련성에도 불구하고, 시설화의 시기가 너무 길었기 때문에 18세기 인권에 대한 관심 초기부터 정신장애인의 인권은 배제되어 왔다. 시설화시기의 정신장애인은 고립되어 눈에 띄지 않았으므로, 그들의 인권은 상대적으로 관심영역 밖의 분야였다. 1970년대 들어와 시설에서의 인권침해에 대한 고발이 이어지고, 지역사회중심의 서비스가 활성화되면서 차별과 배제에 대한 문제의식이 형성되게 된다. 특히 의료권(right to health)에 대한 개념이 정신보건 분야에 적용되면서부터 정신장애인의 인권문제에 대한 담론이 활성화된다.

의료권은 포괄적 의료의 개념에 정신보건의 개념을 포함시킨 것이다. 따라서 '모든 인간은 누구나 신체적, 정신적으로 충분히 건강한 상태를 유지할 권리를 가진다'는 기본권 정의에 정신보건의 권리를 포함하여 인정한 것이다. 여기에는 치료에 대한 접근권, 비차별적으로 치료받을 권리, 과학적 발전으로부터 혜택을 받을 권리 그리고 합당한 치료를 받을 권리 등이 포함된다(WHO, 2013). 이처럼 의료권은 정신보건 분야의 인권에 대한 담론을 활성화시키는 계기를 제공하였지만 여전히 가장 많은 논란이 되는 주제이기도 하다. 특히 '치료를 받을 권리'와 '치료를 거부할 권리'가 논쟁의 핵심주제이다. 본서에서도 제2부 "자유를 향한 긴 여정"에서 이 주제에 대한 논쟁을 다루었다.

치료권과 치료거부권에 대한 논란은 정신보건 분야에서 가장 오랫동안 지속되어 온 논쟁으로 최근에는 치료의 필요성이라는 온정주의적 관점에 자율성 보장을 얹어 균형을 맞추려는 노력을 하면서 그 타협점이 제시되고 있다. 온정주의 관점에서는 i) 정신장애인 당사자의 안전, ii) 타인과 대중의 안전과 평화, iii) 정신장애인의 치료권을 이유로 개인의 자율성 제한을 정당화한다. 하지만 UN과 WHO의 노력으로 각국의 정신보건 관련법은 점차 정신장애인의 자율성을 강화하는 쪽으로 개정되고, 강제치료 조건을 강화하여 '치료가 필요하다'는 이유만으로 강제치료를 하는 것을 인권침해로 규정하고 있다.

Gostin(2000)은 정신보건영역에서 인권을 실천하기 위한 지침을 다음과 같이 제시하였다. 그러나 이 지침 역시 실천과정에서 활용하기에는 모호한 측면이 있다는 비판을 받고 있다.

- 정신보건정책, 법 등을 통해 정신장애인의 자유를 유예, 침해(예. 강제치료)하는 것이 어느 정도 가능하도록 해야 한다.
- 심각한 인권침해 상황(예. 구금, 고문, 학대, 성폭행 등)은 어떤 경우

라도 정신장애에 부정적 영향을 미치므로 엄격히 금지되어야 한다.

- 상호보완적 접근으로 인권과 정신보건의 상호성에 초점을 두는 것이 정신장애인의 인간성, 삶의 질, 복지를 향상시키는 가장 좋은 방법이다.

정신장애인 인권에 대한 관점의 차이

Alan 등(2012: 302-307)은 정신보건과 인권과의 관련성에 대한 두 패러다임, 즉 주도적인 자유주의 패러다임과 비주도적인 사회·문화적 패러다임을 제시하고 두 패러다임의 통합을 통한 인권보호방안을 제안하였다. 두 패러다임을 간단히 정리하면 다음과 같다. 이 패러다임들은 개인적 권리의 중요성을 강조하는 서구적 패러다임과 문화적, 사회적 영향요인을 강조하는 비서구적 패러다임으로써 강조점이 다를 뿐이지 상반된 특성을 가지고 있는 것은 아니다.

■ **주도적(서구적) 패러다임**

UN이나 WHO와 마찬가지로 존중권, 자기결정권, 사생활보호권 등을 강조하는 패러다임이다. WPA도 이런 패러다임에서 치료적 관계의 파트너십을 강조하고 정신장애인의 정당하고 공정한 치료권을 옹호하며, 사회정의와 평등권 보장을 위해 전문직이 노력할 것을 요구한다. 이 패러다임은 개인에게 초점을 두고 개인의 권리존중을 강조하는 서구의 가치가 반영된 것이다. 그러나 이러한 주장은 치료를 거부할 권리와 자기결정권을 어디까지 존중할 것인가 하는 현실적인 벽 앞에서 언제나 한계에 부딪친다. 실제 의료영역에서 '치료를 포기하고 죽을 권리'를 존중해야 하는가의 문제가 정신보건영역의 치료거부권과 동일한 딜레마를 나타낸다. 이런 현실적 문제에 부딪치면 강력한 온정주의만큼이나 지나친 자율성 존중이 비극을 초래할 수 있다는 현실을 받아들이게 된다. 이외에도 안전을 보호받을 지역사회의 권리, 권리들 간의 충돌 등으로 인해 주도적 패러다임은 어느 정도의 온정주의적 입장을 수용하여 타협하는 협상기술을 필요로 한다.

■ **비주도적 패러다임**

비주도적 패러다임은 비서구적 가치를 반영한 것으로 정신장애인 인권에 영향을 미치는 집단적, 문화적 영향을 중요하게 고려한다. 즉, 정신장애인의 인권문제를 논하는 과정에서 문화가 어떻게 정신장애 개념을 정의하는지 그리고 정신장애인뿐 아니라 가족, 전문가들이 인권을 어떻게 인식하는지가 함께 고려되어야 한다는 것이다. 실제 지난 25년간의 연구들을 재분석해보면 조현병의 임상적 결과가 선진국보다 개발도상국에서 더 효과적이라는 결과들이 있다. 이는 문화적으로 익숙한 개념정의 방식이 더 효과적일 수 있다는 결론에 이르게 한다. 즉, 확대가족의 지지, 사회적 수용, 정신장애 문제를 조상 탓이나 누구의 저주 등으로 외현화하는 것, 쉽게 일자리로 회복 가능한 지역문화 등이 개인의 권리를 강조한 서구사회보다 더 효과적으로 기능할 수 있다는 것이다.

Alan 등(2012: 312-313)은 이 두 패러다임을 통합하여 정신장애인 인권문제를 해결할 방안을 다음과 같이 제안하였다.

• 비자발적 입원을 최소화하려는 체계적인 전략이 필요하다. 가장 중요한 것은 정신장애인 당사자나 가족들과 협력하고, 그들로부

터 직접 자문을 받는 치료적 동맹(therapeutic alliances)을 형성하는 것이다. 그 외에도 조기 발견과 조기 개입 그리고 서비스의 접근성을 향상시키는 것 또한 비자발적 입원을 최소화하는 방법이다. 특히 서비스의 접근성을 높이기 위해서는 개인의 욕구에 맞는 치료적 목표를 설정하고 소비자, 보호자, 제공자의 지속적인 만남을 통한 의견교환이 매우 중요하다.

- 사회적 포용(inclusion)의 기회를 확대해야 한다. 이는 어떤 패러다임을 가지고 있든 공통적으로 강조되는 것이다. 사회적 포용을 통해 정신장애인이 지역사회에 대한 소속감을 가지도록 돕고, 정책이나 법을 계획하고 실행하는 데 있어 자문이나 운영위원으로 참여하도록 소비자의 자리를 보장해야 한다. 더 나아가 임상팀의 일원으로 소비자가 직접 서비스를 제공할 수 있음을 인정해야 한다. 이와 같은 사회적, 치료적 참여를 확대시키려면 소비자, 보호자, 제공자가 협력적인 리더십을 갖게 된다. 그러나 문제는 3자 간의 합의가 이루어지기 어렵고, 경우에 따라 합의하려는 의지조차 없을 수 있다. 따라서 이를 극복하려는 모두의 노력이 절실하다.
- 정책의 변화가 곧바로 법의 변화를 가져올 수 있어야 한다. 그래야만 정책의 변화가 현장의 직접적인 변화를 유도할 수 있다. 만약 정책이 입법화되지 않을 경우, 정책은 현장의 현실을 반영하지 못한 채 겉도는 정책이 될 수밖에 없다.
- 전체적인 정신보건서비스 모델(holistic mental health model)이 필요하다. 이는 서비스의 초점과 의사결정 권한이 의료체계에 집중되어 있던 것에서 학제 간으로, 그리고 소비자와의 협력적 관계로 이동하는 것을 의미한다. 이는 그동안의 의료적 모델이 개인에 초점을 두어 사회정의, 권한 부여적 관점을 반영하지 못했다

고 보기 때문이다. 따라서 다양한 전문직과의 협력을 바탕으로 그리고 적극적인 소비자 참여를 통해 서비스 제공이 이루어져야 인권문제에 보다 합리적으로 접근할 수 있다.

- 서비스 계획에서부터 실천에 이르는 모든 과정의 권한이 동등하게 부여되어야 한다. 이는 권한을 가진 제공자가 소비자의 입장을 대신 옹호하는 것이 아니라 동등한 권한을 가진 소비자가 동일한 의사결정권을 갖고 스스로 옹호하는 것을 의미한다.

정신장애인 인권보호를 위한 국제사회의 노력

UN의 노력

UN은 1948년 세계인권선언 이후 모든 장애인에게 차별 없는 기본권 보장을 주장해왔다. 공민권 및 정치적 권리에 대한 국제규약(ICCPR)과 경제·사회·문화권에 대한 국제규약(ICESCR)에서는 정신장애인에게도 동등하게 적용되는 자유권, 차별받지 않을 권리, 교육, 주거, 소득보장에 대한 권리 등을 규정하고 있다. 무엇보다 경제·사회·문화권에 대한 국제규약에서 규정하고 있는 '의료권(right to health)'은 정신장애인의 치료결정과 관련된 많은 논란의 지침을 제공한다. 의료권에는 스스로 자신의 치료를 결정할 권리, 필요한 치료를 받을 권리, 동의 없는 상태에서는 어떠한 치료나 실험을 받지 않을 권리 등을 규정하고 있다. 뿐만 아니라 '만족할 만한 수준의 건강을 유지할 권리'를 명시하여 모든 정신장애인에게 의료 및 사회적 서비스에 대한 접근성이 보장되고 그러한 서비스가 그들의 존엄성과 자율성을 보장해야 한다고 규정하고 있다. 특히 UN은 장애인과 관련된 여러 국제법을 통해 정신장애인의 인권을 보장하고 있다. 정신장애와 관련된 대표적인 UN의 국제법을 기술하면 다음과 같다.

■ **정신장애인 보호와 정신보건향상을 위한 원칙**(MI Principle)[1)]

1991년 UN은 총회에서 '정신장애인 보호와 정신보건향상을 위한 원칙(Principles for the Protection of Persons with Mental Illness and for the Improvement of Mental Health Care)'을 채택하였다. 〈표 1-2〉와 같이 일반적으로 'MI'라 불리는 25개 원칙은 시설이나 지역사회에서 정신장애인에게 제공되어야 할 최소한의 치료기준을 제시하고 있다. 여기서는 공민권 및 정치권뿐 아니라 경제, 사회, 문화권까지 모두 정신장애인에게 적용되어야 함을 분명히 명시하고 있다. 특히 강조하는 것이 '위험으로부터의 보호'이다. 부당한 투약, 다른 환자나 직원으로부터의 학대, 신체적 불편, 대가 없는 강제노동, 격리, 강박과 같은 위험으로부터의 보호를 강조한다.

1) 국가인권위원회(2009a)의 「정신장애인 인권호보와 증진을 위한 국가보고서」, pp. 30-31과 Perlin 등(2006), *International Human Rights and Comparative Mental Disability Law*, pp. 361-366에서 발췌한 것임.

〈표 1-2〉 UN의 MI 25개 원칙

원 칙	내 용
원칙 1	근본적 자유와 기본권(fundamental freedom and basic rights)
원칙 2	미성년자의 보호(protection of minors)
원칙 3	지역사회 내에서의 삶(life in community)
원칙 4	정신장애의 판단(determination of mental illness)
원칙 5	의학검사(medical examination)
원칙 6	비밀보장(confidentiality)
원칙 7	지역사회와 문화의 역할(role of community and culture)
원칙 8	의료기준(standard of care)
원칙 9	치료(treatment)
원칙 10	약물치료(medication)
원칙 11	치료의 동의(consent of treatment)
원칙 12	권리의 고지(notice of rights)
원칙 13	정신보건 시설에서의 권리와 조건(rights and condition in mental health facilities)
원칙 14	정신보건 시설의 자원(resources for mental health facilities)
원칙 15	입원원칙(admission principles)
원칙 16	비자발적 입원(involuntary admission)
원칙 17	심사기관(review body)
원칙 18	절차상 보호조치(procedural safeguards)
원칙 19	정보열람권(access to information)
원칙 20	범죄 피의자(criminal offenders)
원칙 21	이의 제기권(complaints)
원칙 22	감시와 구제(monitoring and remedies)
원칙 23	실행(implementation)
원칙 24	정신보건시설 관련 원칙의 적용범위(scope of principles relating to mental health facilities)
원칙 25	기존 권리의 구제(saving of existing rights)

출처: 국가인권위원회(2009a), 「정신장애인 인권보호와 증진을 위한 국가보고서」, p. 31.

그러나 MI 25개 원칙에도 몇 가지 한계가 있다. 먼저 강박이나 격리금지의 예외규정으로, 자·타해의 위험이 있을 경우에 한해 예외적으로 이를 허용하고 있다. 물론 병동관리나 치료목적으로 격리나 강박을 사용하는 것은 엄격히 제한되어 있다. 그러나 모든 예외규정이 그렇듯이 매우 명확한 것 같지만 실천하기에는 상당히 모호하다. 특히 MI에서는 자율성과 온정주의 갈등을 여전히 해결하지 못하고 있다. 강제입원과 관련해서는 기본적으로 온정주의적 입장을 취하면서 전문가들의 임상적 기준을 수용하고 있다. 그나마 최대한 자율성을 보호하기 위해 고지된 동의와 시설 내 최소한의 규제를 제안하고 있으나 이것으로 얼마나 강제치료를 제한할 수 있을지 의문을 제기하는 사람이 많다. 이러한 비판을 인식하여 독립적인 심사기관, 절차상 보호조치, 이의를 제기할 수 있는 권한을 제시하고 있다. MI는 국제협약으로 회원국에게 기준을 준수하도록 요구할 수 있고, 각국의 정신보건법이나 정책수립에 가이드라인으로 제시된다.

■ **장애인의 기회평등에 관한 표준규약**(Standard Rules)[2)]

UN 총회가 1993년 채택한 장애인의 기회평등에 관한 표준규약(Standard Rules on the Equalization of Opportunities for People with Disabilities)은 일반적으로 표준규약(Standard Rules)이라 불린다. 이는 MI보다 기회의 평등과 사회참여를 더 강조한 것이다. 여기서는 장애인의 다양한 권리를 규정하고 있을 뿐 아니라 권리보호를 위

---

2) UN(1993), *Standards Rules on the Equalization of Opportunities for Persons with Disabilities*와 Perlin(2012), *International Human Rights and Mental Disability Law*, pp. 370-372를 참고로 정리한 것임.

한 정책개발에 장애인의 의견을 반영할 것을 의무화하고 있다. 또한 MI와 달리 표준규약에서는 특별조사위원을 두어 각 국가가 규약을 잘 실행하는지 감독하는 규정을 가지고 있다. 표준규약은 평등한 참여를 위한 전제조건으로 4개의 규약을 제시하고 평등한 참여의 표적 영역으로 8개 규약을 제시하고 있다. 그리고 마지막으로 실행조치로 10개의 규약을 제시하여 총 22개의 규약으로 이루어져 있다. 규약들을 정리하면 〈표 1-3〉과 같다.

■ **장애인인권협정**(Convention on the Rights of Persons with Disabilities)[3]

UN은 2006년 12월 장애인인권협정(CRPD)을 채택했다. 이것은 21세기 들어와 처음으로 만들어진 포괄적인 인권조약이다. 이는 장애인에 대한 변화된 패러다임을 그대로 반영한다. 즉, 장애인이 더 이상 사회적 보호, 동정, 의학적 치료의 객관적 대상이 아니라 사회의 구성원으로서 자유의지를 가지고, 스스로 삶을 결정할 권리를 가진 주관적 존재임을 반영하고 있다. 여기서는 장애유형에 관계없이 모든 장애인의 인권을 사회적 측면에서 규정한다.

장애인인권협정에서 장애의 개념은 다음과 같다.

> "장애란 발달적 개념이다. 그리고 장애란 손상을 가진 개인이 다른 사람과 동등하게 완전히, 효과적으로 사회에 참여하는 것을 방해하는 태도적, 사회적 요소와 상호작용하여 생긴 부산물이다."

이 협정은 장애인의 기본 권리를 '삶의 모든 영역에서의 평등'으

3) UN(2006), *Convention on the Rights of Persons with Disabilities and Optional Protocol,* www.un.org/disabilities/documents/convention과 Perlin(2012), *International Human Rights and Mental Disability Law*, pp. 143-151을 참고로 정리한 것임.

〈표 1-3〉 표준규약의 내용

	표준규약	내 용
전제조건	1. 인식향상	국가는 장애인의 권리, 욕구, 잠재력에 대한 국민적 인식개선을 위해 노력해야 한다.
	2. 의학치료	국가는 장애인에게 효과적인 의학적 치료를 제공해야 한다.
	3. 재활	국가는 장애인의 최적의 독립을 위해 재활서비스를 제공해야 한다.
	4. 지지적 서비스	국가는 장애인이 일상에서의 독립성을 향상시키고 그들의 권리를 행사할 수 있도록 지지적 서비스를 개발하고 제공해야 한다.
평등의 표적영역	5. 접근성	장애인이 필요로 하는 모든 프로그램에 대한 물리적 접근성뿐 아니라 정보와 의사소통의 접근성을 보장해야 한다.
	6. 교육	모든 수준의 교육과정에서 통합적 형태의 동등한 교육기회가 제공되어야 한다.
	7. 고용	장애인이 고용영역에서 자신이 역량을 최대한 발휘할 수 있도록 권한부여 해야 하고 노동시장에서 동등한 기회를 보장해야 한다.
	8. 소득보장	국가는 장애인에게 사회보장과 소득보장을 해야 할 의무가 있다.
	9. 가족생활	국가는 장애인이 결혼, 육아, 성적 생활 등 가족생활에서 차별 받지 않고 온전한 개인의 정체성을 유지하도록 도와야 한다.
	10. 문화	평등한 권한으로 장애인이 문화적 활동에 참여할 수 있어야 한다.
	11. 여가	여가와 스포츠 활동에 동등하게 참여할 기회가 보장되어야 한다.
	12. 종교	종교적 삶에 동등하게 참여할 수 있어야 한다.
실행조치	13. 조사	국가는 장애인의 삶에 대한 정보를 수집하고 그들의 삶을 방해하는 요인에 대한 포괄적 조사를 수행해야 한다.
	14. 정책수립	모든 정책결정과정에 장애인에 대한 내용이 포함되어야 한다.
	15. 입법	장애인의 완전 사회참여를 목표로 하는 법적 근거를 만들어야 한다.
	16. 경제정책	동등한 기회를 제공하기 위한 프로그램에 재정적 지원을 해야 한다.
	17. 조정	관련된 국가기구들이 장애인의 문제를 함께 해결하도록 조정한다.
	18. 조직	국가적, 지역적 수준의 장애인 당사자 조직의 권리를 인정하고 그들이 정책결정과정에 자문기구로서의 역할을 수행하도록 돕는다.
	19. 훈련	관련 프로그램과 서비스를 운영할 적절한 전문가를 훈련해야 한다.
	20. 평가	국가는 동등한 기회를 보장하기 위한 프로그램과 서비스를 지속적으로 평가하고 모니터링 해야 한다.
	21. 경제협력	선진국과 개발도상국이 장애인의 삶을 개선하기 위해 협력한다.
	22. 국제협력	장애인에게 동등한 기회를 보장하기 위한 국제적 노력에 협력한다.

로 규정하고 장애를 사회적 모델의 준거 틀에서 이해하는 전체적(holistic) 시각을 제공한다. 정신장애인 역시 이러한 준거틀 속에서 그들의 인권을 이해하게 된다. 이 협정은 장애인의 인권보호와 관련된 UN의 최초 법적 구속력을 가진 도구이다. 여기서는 '무엇을 해서는 안 된다'는 규정과 함께 '국가가 인권보호를 위해 어떠한 환경을 조성해야 하는지'에 대해서도 기준을 제시하고 있다. 이 협정은 총 50개의 조항으로 구성되어 있고, 이 조항들의 실천을 강화하고 모니터링하기 위한 절차에 대한 18개 조항의 선택 의정서(Optional Protocol)가 포함되어 있다.
이 협정의 기본적인 원칙은 다음과 같다.

- 생득적 존엄, 스스로 선택할 자유를 포함한 자율성, 독립성에 대한 존중
- 비차별
- 완전하고 효과적인 사회적 참여와 포용
- 다양성과 존엄성의 차원에서 장애인을 수용하고 차이점 존중
- 기회의 평등
- 접근성
- 여성과 남성의 평등
- 장애 아동의 발달적 능력을 존중하고 그들의 정체성을 유지할 아동의 권리존중

이러한 협정을 준수하기 위해 국제사회가 서로 협력해야 할 일들을 다음과 같이 규정하고 있다.

- 국제적으로 개발된 프로그램들은 모든 장애인을 포용하고, 접근 가능하도록 보장한다.
- 장애인이 능력을 가질 수 있도록 촉진하고 지지한다.
- 과학적, 기술적 연구를 촉진하고 이러한 지식에 접근 가능하도록 협조한다.
- 필요하다면 기술적, 재정적 원조를 제공한다.

WHO의 노력

WHO는 정신건강을 건강의 매우 중요한 영역으로 규정하고 '정신건강을 향상시키고 보호하며 정신장애를 예방, 치료하는 것은 인간으로서 갖추어야 할 기본적인 조건을 형성하는 것'이라 전제하였다. 즉, 정신적으로 건강하다는 것은 인간의 잠재력을 실현하고 일상의 스트레스를 관리하며, 생산적으로 일하고 지역사회에서 기여할 수 있는 웰빙 상태를 의미한다는 것이다(WHO, 2013).

WHO(2013)는 정신보건의 주요 구성요소를 다음과 같이 세 가지로 규정하고 있다.

- **독립적인 사고와 행동**
  인간이 자신의 생각, 행동, 감정, 타인과의 상호작용을 스스로 관리하고 조정하는 것은 가장 기본적인 인간의 조건이다. 이것이 제한되는 상황은 정신과적 증상이 급성으로 아주 심한 경우, 심각한 치매상태, 중도 이상의 지적장애에 한한다.
- **기쁨, 행복 그리고 삶의 만족**
  행복은 우리 모두의 궁극적 삶의 목적이고, 이것이 진정한 웰빙이다. 그러나 일시적 혹은 영구적인 정신건강문제로 고통을 받는다면 삶의 충족감은 느낄 수 없고 행복은 요원해진다.

• **가족, 친구 그리고 사회적 관계**

인간의 정체감과 능력은 가족, 친구, 동료 등 사회적 관계에 따라 상당히 좌우된다. 대화할 상대가 없는 고립감, 외로움은 정신장애의 발병 위험성을 높일 뿐 아니라 발병된 정신장애를 지속시키는 요인이 되기도 한다.

이러한 정신건강의 중요성에 근거하여 WHO는 UN의 MI원칙을 이해하고 실행하는 데 필요한 구체적인 지침서를 개발하고 과학적 개입방법을 확산시키기 위한 노력을 지속해왔다.

정신장애인 인권향상과 관련된 WHO의 노력을 정리하면 다음과 같다.

■ **정신장애인의 인권향상을 위한 지침서**(Guidelines for the Promotion of Human Rights of Persons with Mental Disorders)[4)]

1996년 WHO의 정신보건 및 물질남용예방 분과(the Division of Mental Health and Prevention of Substance Abuse)가 관련전문가와 NGO의 자문을 통해 UN의 25개 원칙을 이해하고 실행하기 위한 구체적 지침서를 개발하였다. 이 지침서는 각 원칙마다 사용자가 이해하기 쉬운 질문으로 구성되어 있다. 이 질문들은 정책가, 서비스제공자, 지역, 국가수준에서 제공되는 정신보건프로그램의 품질보증(quality assurance) 조건들을 기준선으로 제시하였다. 즉, 〈표 1-4〉

4) WHO(1996), *Guidelines for the Promotion of Human Rights of Persons with Mental Disorders,* Geneva: WHO의 본문에서 인용.

처럼 각 원칙들이 어느 정도 적용되고 있는지 확인할 수 있는 일련의 질문들을 제시하여 이것에 답하도록 구성되어 있다. 그러나 각 질문에 대한 답을 양적형태로 측정하는 것도, 옳고 그름을 판단할 수 있도록 되어 있는 것도 아니다. 문화적 지역적 특성을 고려하여 각 원칙들을 모니터링 하도록 제시된 질적 평가도구이다. 따라서 이러한 지침만으로는 UN의 결의안(25개 원칙)을 잘 지키도록 강요할 수 없다. 결국 이러한 국제적 도구들을 채택하고 이를 지키려는 국가적 책임의식이 전제되어야 하고, 국가의 수행을 지속적으로 촉구하는 NGO들의 노력이 뒷받침되어야 한다.

〈표 1-4〉 WHO 지침의 일례

원칙 6 - 비밀보장
관련된 모든 사람들의 정보에 대한 비밀보장권리가 이 원칙에 의해 보장되어야 한다.
1. 환자와 그의 기록에 법적으로 접근 가능한 모든 사람들의 비밀보장을 존중하는가?
2. 비밀보장을 지켜야 할 의무가 구체적으로 누구에게 있는가?
3. 비밀보장에 대한 권리를 지키는 방법은 무엇인가?
4. 정보를 제공할 때 환자나 그의 법적 대리인의 서명이 필요한 서면동의서가 있는가? 있다면 그것이 환자가 충분히 이해할 수 있는 언어와 형태인가?
5. 동의서가 있다면 일반적으로 행해지는가? 제한적으로 행해지는가?
6. 만약 제한적이라면, 어떻게 제한되는가? 예를 들어 환자가 누구에게 정보를 제공할지, 그 대상을 통제할 수 있는가? 혹은 제공목적을 제한할 수 있는가?
7. 환자의 비밀보장을 존중하지 않았을 때 어떤 결과 혹은 처벌을 받게 되는가?
8. 어떤 상황에서 비밀보장의 예외가 인정되는가?
9. 비밀보장을 위배하여 반드시 정보를 밝혀야 하는 상황(생명을 위협하는 상황 혹은 법적 명령이 있는 경우 등)은 어떤 것이 있는가?

■ **정신건강: 새로운 이해, 새로운 희망**(Mental Health: New Understanding, New Hope)[5)]

이 책은 2001년 WHO의 보고서 형태로 출판되었다. 이 책의 목적은 대중과 전문가들이 정신장애에 대한 실질적인 부담과 인적, 사회적, 경제적 측면에서의 비용에 대해 적절히 이해하도록 돕는 것이다. 동시에 전 세계 수백만 정신장애인이 필요한 서비스를 받을 수 있도록 불필요한 방해물, 즉 낙인, 차별, 부적절한 서비스 등을 없애는 것이 주요 목적이다.

따라서 여기서는 다음의 10가지 활동을 적극적으로 권하고 있다.

- **활동 1. 일차의료기관에서 치료를 제공하라.**

  일차의료기관에서 정신장애를 치료하고 관리하는 것은 수많은 정신장애인으로 하여금 보다 쉽게, 보다 빠르게 서비스에 접근할 수 있도록 돕는다. 그러기 위해서는 서비스 필요성을 대중이 정확하게 인식하는 것이 필요하고, 일차 의료기관의 전문가를 훈련하는 것이 필요하다.
- **활동 2. 필요한 약물을 제공하라.**

  약물은 모든 의료수준에서 지속적으로 제공되어야 한다. 이러한 약은 모든 국가에서 필수적인 약물로 등록되어 있어야 하고, 언제든지 상황에 따라 최선의 약물이 선택되어야 한다.
- **활동 3. 지역사회에서 보호하라.**

  지역사회보호가 병원보호보다 만성정신장애인의 삶의 질에 매우

5) WHO(2001), *Mental Health: New Understanding, New Hope*(the World Health Report 2001), Geneva: WHO에서 발췌한 내용임.

유용한 결과를 이끈다는 것은 이미 입증된 바이다. 따라서 병원에서 지역사회로 보호의 장을 옮기는 것이 비용 효과적이고 인권 친화적인 개입방법이다. 특히 지역사회보호는 조기개입을 가능하게 하고 치료에 대한 낙인을 줄이는 데 기여할 수 있다.

- **활동 4. 대중을 교육하라.**

  대중을 교육하는 주요 목적은 치료의 장벽을 낮추고, 정신장애 발병률, 치료방법, 회복과정에 대한 인식을 향상시키며, 무엇보다 정신장애인 인권에 대한 인식을 제고하기 위해서이다. 잘 계획된 대중교육을 통해 편견과 차별을 줄이고 정신보건서비스의 이용률을 높일 수 있다.

- **활동 5. 지역사회, 가족, 소비자를 참여시켜라.**

  지역사회, 가족, 소비자를 정책, 프로그램, 서비스의 개발과 결정과정에 참여시키게 되면 그들의 욕구를 더 잘 반영하게 되고, 결과적으로 이용률을 높일 수 있다. 왜냐면 자신의 욕구가 반영되고 스스로 참여하여 결정한 서비스에 대해서는 누구나 긍정적 효과를 기대하기 때문이다.

- **활동 6. 국가적 정책, 프로그램, 법을 개발하라.**

  국가적 정책, 프로그램, 법 등이 인권의 틀에서 기획, 개발되어야 하고, 이것이 인권보장의 의미 있는 첫걸음이 된다.

- **활동 7. 인적 자원을 개발하라.**

  대부분 개발도상국들은 정신보건전문가의 수를 늘리고 그들을 제대로 훈련시키는 것이 필요하다. 특히 일차의료기관에서의 훈련된 전문가는 매우 유용하게 활용될 수 있다.

- **활동 8. 다른 부서와 연결하라.**

  교육, 노동, 복지, 법, NGO 등과 연결된 활동이 지역사회 내 정신보건을 향상시키는 데 중요한 역할을 한다. 특히 NGO들의 적극적이고 주도적인 역할이 인권향상에 매우 중요하다.

- **활동 9. 지역정신보건 현황을 모니터링하라.**

  지역 내 정신보건 상황을 모니터링하는 것은 정신보건 예방과 치료프로그램의 효과성을 분석하는 데 매우 유용하게 활용될 수 있다. 따라서 정기적으로 지역 내 정신장애인 수, 서비스의 질, 다양한 정신건강지표 등을 평가하는 것이 필요하다. 또한 다양한 요인에 따라 변화되는 정신보건환경을 빠르게 인식하고, 대안을 제시하는 것은 정신보건 발전의 좋은 기회가 된다.

- **활동 10. 보다 많은 연구를 지원하라.**

  정신보건의 생물학적, 심리사회적 측면에 대한 연구들을 지원하는 것은 정신보건에 대한 인식을 향상시키고 보다 효과적인 개입방법을 개발하는 데 매우 중대한 기여를 하게 된다.

■ **WHO의 정신보건 인권과 법에 관한 참고서적**(WHO Resource Book on Mental Health - Human Rights and Legislation)[6)]

2005년 WHO가 "배제는 그만, 보호를 향해(stop exclusion, dare to care)"라는 슬로건하에 각국이 정신보건관련 법을 제정하고, 실천할 수 있는 방법을 제시하기 위해 쓴 책이다. 이 책은 '정신장애인의 삶을 향상시키는 중요한 방법 중 하나가 보다 나은 서비스를 제공할 수 있는 정책, 계획, 법을 만들어 내는 것'이라 전제한다. 특히 법은 정책과 실천계획을 실현할 근거가 되기 때문에 가장 중요하다. 각국의 국내법이 국제적으로 규정된 원칙과 인권보장 기

---

6) WHO(2005), *WHO Resource Book on Mental Health: Human Rights and Legislation,* Geneva: WHO에서 발췌한 내용임.

준들을 받아들이고, 그 원칙과 기준에 입각하여 제정될 때 가장 효과적으로 정신장애인의 삶을 향상시킬 수 있다. 즉, 각 원칙과 기준에 적합하게 제정된 법이 각국의 상황에 맞게 적절히 시행되면, 목표로 했던 삶의 변화를 만들어 낼 수 있다는 것이다. 이 책은 각국의 법과 관련 자료에서 발췌한 다양한 사례들로 구성되어 있다. 또한 효과적인 법제정을 돕기 위해 맥락, 내용, 과정으로 나누어 구체적인 방법을 제시한다. 결국 이 책은 법을 왜, 무슨 내용으로, 어떻게 만들 것인가를 담고 있는 것이다. 부록에서는 체크리스트를 제시하여 각국의 법이 핵심요소를 포함하고 있는지, 이 책에서 제안하는 권고사항을 따르고 있는지를 평가할 수 있도록 하고 있다.

■ **mh GAP**(Mental Health GAP Action Program)[7]

2008년 WHO는 세계적으로 유병률이 높고 부담이 크며, 인권침해의 문제가 심각한 정신적, 신경학적, 물질남용 장애의 질병부담을 줄이기 위한 목표를 세웠다. 이를 위해 회원국으로 하여금 정신건강 문제에 적극적으로 대처하기 위한 활동을 제안하였다. 즉, 수요와 공급 간의 간격이 큰 저소득 혹은 중하소득 국가의 서비스 규모가 확장되도록 돕기 위한 프로그램을 개발한 것이다. 이 프로그램의 핵심은 서비스 제공을 위한 노력을 촉구하고 투자를 이끄는 파트너십이다. 프로그램의 목적은 정신장애로 인해 상당한 부담을 겪고 있는 국가들이 주요 개입방법들을 충분히 활용할 수 있도록 각국의 정치인, 정책 입안자, 기부자의 재정적·인적 협력을

---

7) WHO(2008), *Mental Health GAP Action Program: Scaling up care for mental, neurological, and substance use disorder*, Geneva: WHO에서 발췌한 것임.

요청하는 것이다. 이러한 활동을 통해 증거에 기반한 개입방법들을 확산시키고, 서비스 확대를 방해하는 요인들을 미리 제거할 수 있기를 기대한다. 프로그램의 효과를 위해 해당 국가가 관련 정책을 수행하도록 자극하고 이를 뒷받침할 재원을 지원하며, 수행과정을 돕고 이를 모니터링하는 것까지 WHO가 담당한다. 이 프로그램이 성공하기 위해 가장 중요한 것이 국제사회의 협조이다. 국제사회의 협조를 바탕으로 각국 정부, 서비스 제공자, 소비자, NGO와 같은 시민사회들의 생산적인 파트너십을 형성하는 것이다. 이러한 파트너십 형성을 위한 구체적인 방법론 역시 이 책에서 제시하고 있다.

■ **WHO 인권평가도구**(WHO Quality Rights Tool Kit)[8)]

어느 사회에서나 정신장애인은 열악한 서비스와 인권침해에 노출된 대표적인 집단이다. 통합적 서비스가 충분히 제공되지 못하여 부정적인 회복결과가 초래되고, 다양한 사회적 기회로부터 배제되어 지역사회에서 독립적인 삶을 살기 어려운 집단이다. 더욱 충격적인 것은 정신장애인에 대한 인권침해와 차별이 가장 심한 영역이 서비스를 제공하는 보건영역이라는 것이다. 상당수 국가의 정신장애 치료시설이 매우 열악하고 심지어 위험하기까지 하여 그들의 회복을 심각하게 방해한다. 특히 입원시설은 증상통제와 재원자 관리에 초점을 두고 있어 정신장애인의 자율성과 삶의 질 증진에는 별로 관심이 없다. 따라서 2012년 WHO는 이러한 상황을

8) WHO(2012), *WHO Quality Rights Tool Kit "Assessing and improving quality and human rights in mental health and social care facilities"*, Geneva: WHO에서 발췌한 것임.

변화시키기 위해 외래시설과 입원시설의 인권상황을 평가하고 개선하기 위한 도구를 개발하였다. 이 도구는 열악한 상황을 개선하는 것뿐 아니라 미래의 효율적이고, 효과적인 서비스 제공을 목적으로 한다. 또한 이 도구는 UN의 장애인인권협정(CRPD)의 기본적인 인권기준이 각 시설에서 존중되고, 보호되는지를 평가한다. 평가과정은 장애인인권협정의 각 기준들을 세부적인 평가항목으로 나누어, 각 항목 별로 서비스 사용자, 직원, 가족을 면담하여 평가하고 직접 시설을 관찰하며 서류를 검토하는 과정으로 구성된다. 그리고 그 결과를 각 시설에, 그리고 해당 국가에 보고하고 개선사항을 권고하는 형태로 이루어진다.

■ 2013−2020 **정신보건 활동 계획**(Mental Health Action Plan: 2013-2020)[9)]

2013년 WHO가 발표한 정신보건활동계획은 '정신건강 없이는 어떠한 건강도 없다(no health without mental health)'는 슬로건 하에 정신건강을 향상시키고, 정신장애를 예방하며, 회복을 고양시키고, 인권을 향상시키며, 사망률과 유병률을 낮추는 것을 목표로 한다. 이런 목표달성을 통해 정신장애를 가진 사람은 누구나 인권을 보호받고, 높은 수준의 그리고 자신의 문화에 적합한 서비스를 받으며, 차별 없는 세상에서 완전하게 사회에 참여하는 삶을 사는 것이 이 계획의 비전이다.

여기서는 다음과 같은 4가지 목표를 설정하고 각 목표마다 정부의 역할을 제시하고 목표달성을 체크할 수 있는 지표들을 나열하고 있다.

---

9) WHO(2013), *Mental Health Action Plan: 2013-2020*, Geneva: WHO에서 발췌한 것임.

- 정신보건에 대한 효과적인 리더십과 통제력을 강화하는 것
- 지역사회를 기반으로 포괄적이고 통합적인 정신보건서비스와 사회적 보호서비스를 제공하는 것
- 정신보건을 향상시키고 예방할 수 있는 전략을 실행하는 것
- 정신보건에 관한 정보체계, 증거, 연구를 강화하는 것

그리고 이러한 목표달성을 위해 각 국가가 지켜야 할 다음과 같은 원칙들도 제시하고 있다.

- 평등의 원칙에 따라 정신장애인들도 누구나 필요한 보건 및 사회적 서비스에 접근 가능해야 한다. 이러한 접근을 통해 회복에 도달하며 높은 수준의 건강상태를 유지하게 된다.
- 정신장애의 치료, 예방과 관련된 전략, 활동, 개입 모두 장애인인권협정(CRPD)과 다른 국제인권조약을 준수해야 한다.
- 정신장애의 치료, 예방, 증진을 위한 정신보건 전략과 개입은 과학적 증거에 기반하고 문화적 상황을 고려하여 최선의 것이 선택되어야 한다.
- 정신보건정책, 계획, 서비스는 생애 전 단계(유아기, 아동기, 청소년기, 성인기, 노년기)의 의료 및 사회적 욕구를 고려해야 한다.
- 정신보건 문제에 통합적, 포괄적으로 반응하기 위해서는 공적 혹은 사적 의료, 교육, 고용, 사법, 주거를 포함한 다른 사회적 영역과의 긴밀한 파트너십이 요구된다.
- 정신장애와 다른 심리사회적 장애를 가진 사람들에게는 권한부여가 이루어져야 한다. 그래야만 그들이 옹호, 정책계획, 입법과정, 서비스 제공 및 모니터링, 조사와 평가 등 전 과정에 참여할 수 있다.

국제법의 공통점과 앞으로의 과제

UN의 국제법과 WHO의 원칙들은 모두 정신장애인의 기본적인 권리에 대한 국제사회의 인식향상을 목표로 하고 있다. 이러한 기준들은 정신장애인의 인권을 향상시키기 위해 인권보호에 대한 국가적 책무가 책임감 있게 수행되도록 구체적인 방법을 제시하고 감독하는 절차를 규정하고 있다. 국제법과 국제적인 기준들이 공통적으로 강조하는 것은 지역사회 중심의 정신보건서비스를 제공하여 최소한의 규제 속에서, 완전한 사회참여를 통해 정신장애인의 삶의 조건을 개선하는 것이다.

Perlin(2012: 81-102)은 이러한 국제법이나 기준들이 제대로 실천되고 있는지를 평가하기 위해 점검해야 할 핵심적 사항을 5가지로 제시하였다.

- **관련법 제정 및 관리평가:** 국제법과 국제적 기준들이 공통적으로 정신보건관련 법의 필요성을 강조하고 입법을 의무화하여도 여전히 상당히 많은 국가에 관련법이 없는 상태이다. 또한 법이 있다 하여도 몇 십년간 한 번도 개정되지 않았거나, 법이 오히려 정신장애인의 인권을 침해하는 방향으로 제정된 경우도 있다. 따라서 관련법이 있는가도 중요하지만 이들이 국제 기준을 제대로 따르고 있는지 그리고 실제 법을 집행하려는 정부의 의지가 있는지를 함께 평가해야 한다.
- **치료 권리에 대한 평가:** 현재 시설에 있거나 혹은 시설로 가게 될 사람 그리고 시설에서 퇴원하게 될 사람 모두 독립적으로 상담을 받을 수 있는 권리가 법적으로 보장되어야 한다. 이것이 국

제법과 기준에서 중요하게 다룬 치료권, 치료거부권, 자기결정권을 보장하는 방법이다. 독립적인 상담을 받을 권리와 더불어 강제치료의 재심의권이 구체적으로 명시된 국내법이 존재하는지 그리고 그것이 현실적으로 작동되는지가 매우 중요한 평가기준이다.

- **처우에 대한 평가:** 시설에 입원(소)된 사람들에게 인간적인 보호와 서비스를 제공하는 것은 국제법에서 가장 많이 강조되는 영역이다. 그러나 21세기에도 상상을 초월하는 비인간적인 처우가 대단위의 시설에서 자행되고 있음을 UN보고서를 통해 알 수 있다. 결국 각국 정부가 의지를 가지고 시설상황을 개선하고자 하지 않으면, 아무리 훌륭한 국제법과 기준이 있다 하여도 어떠한 효과도 기대할 수 없는 공허한 메아리일 수밖에 없다.
- **지역사회 서비스 평가:** 시설보호의 대안으로 통합적이고 포괄적인 지역사회서비스가 준비되어 있어야 한다. 상당히 많은 나라가 지역사회 내 주거프로그램이 없어 어쩔 수 없이 시설에 머물 수밖에 없는 형편이다. 지역사회서비스 없이 시설 내 인권상황을 개선하겠다는 것 자체가 모순이고 망상이다. 정신장애인의 인권은 최소한의 규제에서 완전한 사회참여를 통해서만이 달성할 수 있다. 따라서 시설운영에 관한 국가예산을 과감히 지역사회로 투자하는 정부의 의지가 필요하다.
- **법적 권리에 대한 평가:** 범죄를 저지른 정신장애인에게 인간적 서비스를 제공하는 것은 그들이 스스로 법적 권리를 행사할 수 있는 중요한 기회를 제공한다. 정신장애인의 범죄에 대해 비장애인과 동일한 규정을 적용할 경우, 치료받을 권리를 인정받지 못하게 되고, 증상과 손상된 기능으로 인해 스스로를 변호할 기회

역시 갖지 못하게 된다. 만약 변호사를 고용할 정도의 경제적 여유가 없다면, 범죄를 저지른 정신장애인의 법적 권리는 매우 불평등하게 침해되는 것이다.

우리나라 국가인권위원회의 노력

2001년 출범한 우리나라 국가인권위원회는 「국가인권위원회법」에 근거하여 입법·사법·행정과 독립되어 국민의 '기본적 인권을 보호하고 그 수준을 향상시켜 인간으로서의 존엄과 가치를 구현하고 민주적 기본질서 확립에 이바지하는 목적'을 수행한다. 국가인권위원회의 비전과 사명은 다음과 같다(www.humanrights.go.kr).

비전: 사람이 사람답게 사는 세상
사명: 모든 영역에서 인간의 존엄과 가치를 실현하고 인권이 존중되는 사회를 구현한다.

출범 당시부터 국가인권위원회는 '사회적 약자의 인권보호확대'와 '차별시정강화'를 주요 전략목표로 삼고, 장애인의 인권침해상황을 조사하며 구제하는 활동을 지속해왔다. 특히 시설에 있는 정신장애인의 진정을 접수하여 사건을 조사한 후 그 결과를 당사자에게 통보하는 사업은 시설의 인권상황을 개선하고, 시설 내 직원의 인권의식을 고양시키는 데 중요한 역할을 했다고 평가할 수 있다. 또한 조사와 구제활동을 통해 얻은 개선사항들이 관련법 개정안에 반영되도록 건의한 것 역시 상당한 성과이다.

2008년 국가인권위원회는 시설과 지역사회 정신장애인의 인권상황에 대한 대규모 조사를 바탕으로 「정신장애인 인권보호와 증진을 위한 국가보고서」를 작성하였다. 그러나 이와 같은 인권위의 노력에도 불구하고 여전히 우리나라는 정신장애인에 대한 차별이 사회 곳곳에 존재한다. 뿐만 아니라 지역사회중심으로 서비스 패러다임이 변화된 이후에도 시설의 병상 수는 끊임없이 증가하고 여전히 그 안에서 비인도적 처우가 지속되고 있으며 지역사회서비스는 현저히 부족한 실정이다. 결국 인권위의 지속적인 노력에도 불구하고 아직 우리나라의 정신장애인 인권상황은 국제법과 기준을 만족하기에 턱없이 부족한 상태이다. 정신장애인의 진정이 가장 많이 접수되는 '다수인보호시설'의 2008~2012년의 진정내용을 보면(국가인권위원회, 2012) 전체 7,509건 중 51.5%가 불법 및 강제수용이고, 15%가 폭행 및 가혹행위, 7.8%가 외부와의 의사소통 제한, 5.8%가 퇴원요청, 4.7%가 의료조치 미흡, 4.1%가 인격권 침해 순이었다. 물론 '다수인보호시설'이 모두 정신장애인 시설은 아니다. 국가인권위원회법의 '다수인보호시설'은 '많은 사람을 수용하고 보호하는 시설'을 의미하고 그 중 하나가 정신장애인 시설이다.

정신장애인 인권보호를 위한 국가인권위원회의 노력을 정리하면 다음과 같다.

■ **정신의료기관 방문조사**[10)]

국가인권위원회가 2003년 기존의 진정사건에서 드러난 문제점에 대하여 구체적인 실태파악과 대책마련을 위해 2개의 대규모 정신병원을 대상으로 조사를 시행하였다. 조사내용은 시설의 제도적인

10) 국가인권위원회(2003), 「정신의료기관 방문조사보고서」에서 발췌한 것임.

측면, 관리적인 측면, 시설환경적인 측면, 수용자들의 일생생활에 관한 것이었다.

조사 결과를 바탕으로 국가인권위원회는 다음과 같은 사항들을 제안하였다.

- 강박이 치료목적이 아닌 통제목적으로는 사용되지 않도록 최소기준 마련
- 알코올중독 환자가 조현병 환자의 권리를 침해하지 않도록 분리수용
- 환자와 보호자의 권리에 대해 고지하고 보호자가 보호의무를 다하도록 대처
- 화재에 대한 시설 개선
- 치료적 환경을 위해 정신건강의학과의사 1인당 50명 정도의 수준으로 최저기준 조정
- 최소한 비율의 개방병동 설치를 의무화하고 다양한 치료 및 재활프로그램 운영
- 통제는 반드시 치료목적이어야 하고 환자를 이용한 환자통제(방·실장 제도) 폐지
- 정신병원에 대한 지도감독의 실질화, 환자의 인권침해에 대한 즉각적 대응시스템
- 정신병원에서 지역사회로 나가기 전 중간단계의 치료 및 재활시설의 설치

■ **정신장애인 인권실태조사**[11)]

2008년 국가인권위원회는 정신장애인 인권과 관련된 6개 주제의 실태조사를 통해 인권상황을 파악하고 개선방안을 제시하였다. 이 6개 주제의 실태조사 결과가 「정신장애인 인권보호와 증진을 위한 국가보고서」의 기초자료가 되었다.

6개 실태조사 주제[12)]는 다음과 같다.

- 정신보건시설 재원자 및 시설 실태조사
- 장기입원의 구조적 원인과 지속요인
- 재가 정신장애인 및 가족의 생활실태
- 특히 취약한 계층의 정신보건 및 인권실태조사
- 정신질환자에 대한 차별과 편견실태조사
- 정신장애인 인권개선을 위한 각국의 사례연구와 선진모델 구축

■ **국가인권정책기본계획**(National Action Plan) **권고안**[13)]

UN의 권고로 정부가 국가인권정책기본계획(National Action Plan for the Promotion and Protection of Human Rights: 이하 NAP)을 마련하도록 제안하여 국가인권위원회는 「2007~2011 1기 NAP 권고안」을 제시하였다. 그리고 2012년에는 1기 NAP를 평가하면서 제2기 인권NAP 권고안을 제시하였다. 1기 NAP 평가에서 정신장애 분야와 관련된 중요한 성과로는 「장애인차별금지 및 권리구제

11) 국가인권위원회(2008a), 「2008 정신장애인 인권실태조사 결과발표 및 토론회」에서 발췌한 것임.
12) 각 주제별 연구결과와 제언은 본서의 II, III, IV부에서 관련 자료로 기술하고 있다.
13) 국가인권위원회(2012), 「2012~2016 국가인권정책기본계획 권고안」에서 발췌한 것임.

등에 관한 법률」이 2008년 제정·시행되었고, 2011년 5월 「민법」의 개정을 통하여 성년후견인 제도 도입을 들 수 있다. 2기 NAP에서는 「장애인인권협정」의 실효적 국내이행을 촉구하고 장애인의 안정적인 소득보장 대책을 마련하도록 하는 노동권과 건강권, 지역사회 생활권 보장을 장애인분야의 핵심 추진과제로 선정하였다. 정신장애와 관련된 대책의 구체적인 추진계획은 다음과 같다.

- UN 「장애인인권협정」 선택의정서 비준
- 장애인연금의 부가급여 수준의 상향조정, 성인장애인의 경우 「국민기초생활 보장법」의 부양의무자 기준 제외
- 고용노동부의 고용지원센터와 장애인고용공단의 연계체계 마련, 장애인의 근로능력 판정기준 마련, 중증장애인 근로지원제도 확대
- 「상법」 제732조(심신상실자 및 심신박약자의 보험계약 무효) 개정
- 활동보조서비스(활동지원제도)의 대상과 제공시간 확대, 「정신보건법」상 외래치료명령제도의 구체적 내용과 절차를 명시

국가인권위원회의 국가보고서[14)]

우리나라 국가인권위원회는 2008년 정신장애인의 인권실태에 대한 체계적인 조사를 바탕으로 2009년 「정신장애인 인권보호와 증진을 위한 국가보고서」를 작성하였다.

이 보고서의 목표는 다음과 같다.

---

14) 국가인권위원회(2009a), 「정신장애인 인권보호와 증진을 위한 국가보고서」에서 발췌한 것임.

- 정신장애인의 인권을 보호, 증진하는 것이 우리 사회 인권신장의 중요한 부분임을 천명한다.
- 헌법에 명시된 인간의 존엄 및 기본적 인권이 정신장애인에게도 보장되어야 함을 확인하고 정신장애인의 인권증진을 위한 국가의 책무를 다시 한번 강조한다.
- 「정신보건법」 및 정신보건정책을 국제기준과 선진국 정책에 상응하는 수준으로 증진시키기 위한 방안을 모색한다.
- 지역사회보호 중심의 정책으로 전환하여 정신장애인이 사회의 일원으로서 함께 일하고 배우며 건강하게 살아갈 수 있도록 정책적 대안을 제시한다.
- 정신장애인 모두가 지역사회 내에서 효과적인 치료를 받으며 함께 살아가는 사회를 구축하기 위한 인권 친화적이며 효과적인 정신보건 국가전략을 제시한다.
- 정신장애인에 대한 광범위한 차별과 편견을 예방하고 낙인을 해소하여 정신장애인의 인권증진에 기여하고 국민의 인권의식을 제고한다.

국가보고서는 총 5부로 이루어져 있다. 2008년 이루어진 인권실태조사 결과를 바탕으로 문제점을 파악하고 각 문제에 대한 국내·외 기준을 참고로 하여 정책방향과 핵심 추진과제를 제시하고 있다. 이 보고서에서 중점적으로 다루고 있는 정신장애인 인권보장의 주요 영역은 i) 입·퇴원 과정의 적정절차 마련, ii) 정신보건시설 내 권리보장 및 치료환경 개선, iii) 지역사회 중심의 정신장애인 치료, iv) 정신장애인에 대한 차별과 편견해소이다.

이를 바탕으로 국가인권위원회는 정신장애인 인권보호와 증진을 위한 국가보고서의 기본 원칙을 다음과 같이 5가지로 제시하였다.

■ **원칙 1: 적정한 절차 보장 및 자기결정권 존중**

정신장애인의 치료와 보호에 대한 결정은 최대한 존중되어야 하며, 정신보건전문가, 보호의무자, 후견인 등은 이를 위한 환경을 최대한 제공해야 한다. 또한 입원치료를 받아야 할 정도의 질환을 가진 사람의 경우, 정신건강의학과전문의와 보호자는 그가 자발적으로 입원을 결정할 수 있도록 모든 노력을 기울여야 한다. 그러나 모든 가능한 수단을 동원하였음에도 불구하고 입원을 거부하는 경우에는 명확한 근거와 절차를 통하여 비자발적 입원을 결정하여야 한다. 이때 자유를 제한하지 않는 방법이 있다면 그 방법이 우선되어야 한다.

■ **원칙 2: 기본적 권리의 보장과 최소한의 제한**

정신보건시설에 입원(소)된 정신장애인은 다른 사람들과 동등한 수준의 인간다운 삶을 누릴 권리가 있다. 특히 법 앞에서의 평등, 사생활 보호, 자유롭게 의사소통할 자유, 종교 및 사상의 자유가 반드시 보장되어야 한다. 시설에 입원한 환자도 자신의 정보에 대해 비밀을 보장받을 권리가 있으며, 시설 내에서 어떠한 학대 및 착취도 허용되어서는 안 되며, 강압적인 노동착취를 강요당해서도 안 된다.

■ **원칙 3: 정신보건서비스의 전문화와 최적의 치료환경 보장**

정신장애인에 대한 보호와 서비스 제공은 전문가에 의해 이루어져야 하며, 모든 치료는 환자의 문화적 배경과 개인적 사정을 고려해야 한다. 정신보건시설에서의 치료는 자격을 갖춘 충분한 수의 의료진, 사생활보호가 가능한 적합한 공간, 적절한 치료프로그램 등이 충족되어야 한다. 또한 시설은 감독기관으로부터 적절하고 충분한 감독을 받아야 하며 국내법이 허용한 시설 이외의 장소에 정신장애인을 수용해서는 안 된다.

■ **원칙 4: 지역사회 중심의 치료환경 조성**

모든 정신장애인은 자신이 거주하는 지역사회에서 치료받고 보호받을 권리가 있으며 시설에서의 입원(소)가 종료된 환자는 즉시 지역사회로 복귀하여야 한다. 지역사회에 거주하는 정신장애인은 가능한 범위 내에서 주거와 노동의 권리를 가지며, 국가는 이를 위해 노력해야 한다. 국가는 강제입원 및 장기입원을 막기 위하여 지역사회 시설을 확대해야 하며 사후관리와 재활서비스가 치료의 필수적인 부분임을 인식하고 법에 이와 관련된 조항을 명시하여야 한다.

■ **원칙 5: 정신장애인에 대한 차별 금지 및 동등한 권리보장**

평등은 기본적 인권의 출발점으로 당사자가 가지고 있는 장애여부 및 특성과 상관없이 모든 사람에게 동일하게 적용되어야 한다. 차별은 동일한 권리의 즐거움을 무력화시키거나 약화시키는 구별, 배제 혹은 선호를 의미한다. 따라서 국가는 정신장애라는 이유로 차별이 존재하지 않도록 관련법을 정비해야 함은 물론 차별해소를 위한 캠페인 등 다양한 영역과 수준에서의 차별, 편견해소를 위한 노력을 경주하여야 한다.

정신장애인 인권보장을 위한 긴 여정

정신장애인은 어느 시대, 어느 사회나 사회적으로 배제되고, 장애가 있다는 이유만으로 자유권이 제한되어 온 대표적 집단이다. 21세기에 들어와 사회적 소수자, 취약계층의 인권보호와 증진에 대한 사람들의 인식이 향상되고 UN과 WHO, OECD 등 국제사회의 노력이 증가하면서 정신장애인의 인권보장 상황은 과거에 비해 상당히 호전되었다. 그러나 신체적 장애, 여성, 노인 등 전통적으로 사회적 약자였던 집단과 비교해보면, 정신장애인의 인권은 상대적으로 여전히 사각지대에 놓여 있다고 할 수 있다. 상당히 많은 정신장애인이 강제적으로 치료를 받고 있으며, 지역사회에서 배제되어 시설에 수용되거나 차별적 상황에서 고립된 삶을 살고 있다. 이러한 상황은 소득수준과 별개로 대부분의 국가에서 다른 소수자에 비해 상대적으로 취약한 상황에 있음을 의미한다.

정신장애인의 인권에 대한 담론은 모든 인간이 향유하고 있는 기본적 권리를 다 포함하여야 하지만 기존의 문헌과 국제사회가 관심을 가지고 있는 핵심적 권리는 〈그림 1-1〉과 같이 크게 세 가지로 나누어진다. 첫째, 자유권이다. 이는 정신장애인의 자기결정과 관련된 권리로 치료에 대한 결정이 여기에 포함된다. 자유권을 제한하여 강제입원과 강제치료가 이루어지므로, 이것이 정신장애인 인권침해과정의 가장 뜨거운 감자(hot potato)이다. 둘째, 자유권과 연결하여 입원(소)된 시설에서의 비인도적 처우와 권리제한이 문제가 된다. 특히 강제입원(소)된 경우 시설에서의 강제적 치료가 전제되고, 최대한의 규제를 전제로 하는 시설에서는 통신과 외출제한, 격리, 강박 등의 인권침해

문제가 발생한다. 시설에서의 권리제한이 많을수록 정신장애인은 사회와 격리되어 시설화되고, 탈문명화되어 지역사회로의 적응은 더 어려워진다. 셋째, 평등권은 시설 내에서의 평등하고 효율적인 서비스 소비도 중요하지만 지역사회에서의 평등에 더 많은 초점이 주어진다. 어느 사회나 정신장애인에 대한 사회적 차별이 존재한다. 특히 시설화로 사회적 기능이 저하된 정신장애인에 대한 차별과 편견은 더 심하다. 이러한 차별은 정신장애인의 회복에 매우 중요한 사회적 기회를 제한하고 치료체계에 대한 접근성을 제한하여 회복을 심각하게 방해할 뿐 아니라 장애를 더 악화시키는 요인으로 작용하게 된다. 이것은 다시 정신장애인의 자유권을 제한하는 강제치료를 정당화시키고 시설 내 존엄권을 제한하는 근거가 되는 악순환이 된다.

따라서 본서에서는 정신장애인의 인권을 자유권, 평등권, 존엄권으로 나누어 각 권리가 어떻게 침해되고 있으며, 국제사회가 권리보호를 위해 어떤 기준을 제시하고 있는지 그리고 권리보호의 대안은 무엇인지로 나누어 정리하였다.

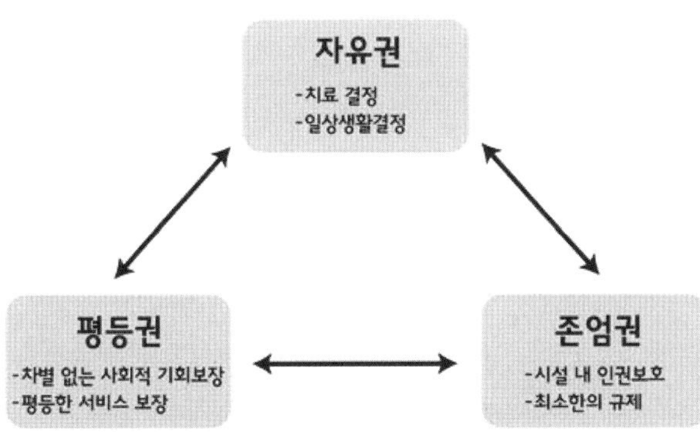

〈그림 1-1〉 정신장애인의 세 가지 기본적 권리 간의 관련성

제2부

자유를 향한 긴 여정

제3장 정신장애인 자유권 존중의 쟁점

정신장애 특성과 자유권

정신장애는 장애의 특성상 인지기능과 사회적 기능장애를 보이며, 무엇보다 병식(insight)이 부족하여 스스로 정신장애가 있다는 사실을 인정하지 못하는 경향이 있다. 따라서 정신보건영역은 휴먼서비스의 어떤 영역보다 자유권을 존중하기 어려운 영역으로 알려져 있다. 정신장애인의 자유권에는 자발적 치료와 일상생활의 결정권이 포함된다. 즉, 자신에게 필요한 치료와 직업, 교육, 양육 등의 일상생활 전반에 대해 스스로 결정할 권리를 의미한다. 이 중 가장 많은 논란이 되는 것이 강제입원(involuntary hospitalization)이다.

강제입원은 나라마다 규정을 달리하고 있지만 대체로 '본인의 의사에 반하는 입원', 즉 당사자의 자유를 제한한 강요에 의한 입원을 의미한다. 대부분 선진국 정신보건법의 목적이 정신장애인의 인권을 보호하는 것임에도 불구하고 '필요한 경우'에 한해 강제적 개입을 허용하고 있다. 이는 UN이나 WHO와 같은 국제사회의 기준도 마찬가지이다. 우리나라의 정신보건법 역시 기본 이념으로 '항상 자발적 입원을 권장할 것'을 규정하고 있으면서도 '자신의 건강 또는 안전이나 타인의 안전을 위하여 입원을 필요로 하는 경우', '보호의무자에 의한 입원', '시장·군수·구청장에 의한 입원', '응급입원'과 같은 강제입원을 법적으로 허용하고 있다. 뿐만 아니라 2008년부터는 강제입원과 장기입원의 대안으로 '외래치료명령제도'가 도입되어 강제적 치료가 지역사회까지 확대되어 시행되고 있다. 외래치료명령과 같은 지역사회에서의 강제치료는 우리나라뿐 아니라 상당히 많은 OECD 국가에서 강제입원으로 인한 인권침해의 해결대안으로 활용하고 있다. 하지만 소비자 단체와 인권단체들은 외래치료명령이나 지역사회 치료명령이 강제입원의 대안이 아니라 오히려 '최소한의 규제를 보장해야 하는 지역사회로의 강제성 확대'라며 비판한다.

결국 정신장애인의 자발적인 치료와 일상생활에서의 자율적 결정이 자유권 보장의 핵심이고, 이것이 기본권으로 존중되어야 한다는 것에는 이견이 없다. 그러나 대부분의 전문가들은 동의능력과 병식이 부족한 정신장애 특성 때문에 필요한 치료를 거부하여 증상이 악화되고, 이로 인해 환자의 건강과 삶의 질에 치명적 영향을 미칠 경우 어느 정도의 강제적 치료는 현실적으로 불가피하다고 본다. 이것이 정신장애인 자유권 논란의 핵심이다. 그러나 모든 사람이 자신에게 필요한 치료를 적기에 받는 것은 아니다. 수술 받지 않으면 곧 죽을 수 있다는 의학적 판단에도 불구하고 질병에 대한 인식부족으로 수술을 거부하는 사람도 있다. 또한 치료가 시급함에도 불구하고 종교적 신념이나 가치관 때문에, 혹은 경제적 이유로 전문적 치료를 회피하는 경우도 있다. 이처럼 증상과 삶의 질 악화에도 불구하고 치료를 거부하는 경우는 흔히 볼 수 있다. 그럼에도 불구하고 그들에게는 강제치료와 입원을 정당화하지 않는다. 그렇다면 왜 유독 정신장애인이 적절한 치료를 받지 않는 것에 대해서만 수용하지 않고 강제치료를 강요하는가? 만약 정신장애인에 대한 강제치료가 타인에 대한 위험성을 근거로 이루어진다면, 이것은 또 다른 논란이다. 그러나 타해의 위험성 없이 단순히 치료를 거부하고 장애를 인정하지 않는다는 이유로 정신장애인을 전반적으로 무능력하다 평가하여 강제치료를 정당화한다면 그 사회는 명백히 차별적 사회라 할 수 있다.

본 장에서는 정신장애인의 자유권을 주로 치료결정과 관련시켜 논의를 진행시켰다. 그 이유는 강제치료가 가장 심각한 자유권 침해라 전제하였고, 치료결정권이 존중된다면 다른 일상생활에서의 자율성 보장은 보다 쉽게 이루어질 수 있을 거라 생각했기 때문이다.

최적의 치료인가? 개인의 자유권 존중인가?

정신보건영역에서 강제치료는 오랫동안 철학적, 임상적 논쟁을 거쳐 왔으면서도 여전히 이념과 실천이 모순되는 중대한 이슈이다. 국제법에서조차도 정신보건의 목적을 정신장애인 개인의 권리존중과 자아실현을 통한 회복에 두면서, 최적의 치료와 자·타해의 위험을 예방하기 위해 그들의 자유권을 제한하는 모순이 존재한다. 이러한 논쟁은 윤리적 상대주의(ethical relativist)[1]와 윤리적 절대주의(ethical

1) 윤리적 상대주의는 만약 인간이 어떤 기회를 선택한다면 그 이유는 그것이 바람직한 결과를 산출할 것이라는 판단에 따른 것이라 주장한다. 즉, 윤리적 결정에 이르는 중요한 기준은 절대적 기준이 아니라 산출되는 선의 양 혹은 악에 대한 선의

absolutist)[2]의 오랜 철학적 논쟁에서 비롯되어 오늘날 온정주의적 관점과 권리존중의 관점으로 대립되고 있다.

온정주의적 관점

온정주의(paternalism)는 비합리적이고 결함이 있는 사람의 경우, 개인의 권리와 결과를 충분히 고려한, 가장 합리적 선택을 위해 그에게 행해지는 강요(coercion)는 정당하다는 것이다(Wertheimer, 1993). 온정주의는 그 어원에서도 알 수 있듯이 부모가 자녀를 사랑하는 마음으로 모든 것을 대신 결정하고 따르도록 강요한다는 의미이다. 이 의미를 그대로 받아들이면, 부모와 같은 마음으로 행하는 강요는 부모의 입장이 아닌 자녀입장에서 언제나 이익이 되는 것임을 확신해야 한다.

Beauchamp와 Childress(1994: 274)는 온정주의를 "의도적으로 타인의 선호와 행동을 제한하는 것으로, 제한 이유가 제한을 당하는 사람의 위험을 피하고 이득을 추구하기 위한 것으로 정당화되는 것"이라 개념정의 하였다. 여기에는 두 가지 개념이 포함된다. 즉, 위해회피(non-maleficence)와 이득추구(beneficience)이다. 이 두 가지는 일견 같은 원리로 작용하는 것처럼 보이지만 실제 뚜렷이 구별되는 개념이다. '위해회피'는 '자신이나 남에게 해로운 영향을 미치지 않아야 한다'는 전제이다. 그러나 '이득추구'는 '해롭거나 나쁜 영향을 막아야 한다', '해롭거나 나쁜 영향을 없애야 한다.' 그리고 '선(good)을 향상

균형이라 주장한다(서미경 등, 2000: 64).

2) 윤리적 절대주의는 정해진 규칙을 가장 중요하게 생각한다. 행동의 도덕성은 본래 행위 그 자체에 있는 것이지 결코 특정한 행동이 다른 사람의 삶에 미치는 심각한 피해의 정도에 따라 나타나는 것이 아니라고 주장한다(서미경 등, 2000: 65).

시켜야 한다'가 포함된다(Beauchamp and Childress, 1994: 190). 여기서 '남에게 해로운 영향을 미치지 않는 것'과 '선을 향상시키는 것'은 다르다. 왜냐하면 남을 해치지 않는다고 하여 그의 복지를 향상시키는 것은 아니기 때문이다. 따라서 온정주의가 '이득추구'의 원칙에 초점을 두어야지 '위해회피'의 원칙에 초점을 두면 그것은 궁극적으로 당사자의 이득을 추구하는 것으로 합리화되지 못할 수 있다. 이를 정신장애인에게 적용한다면 정신장애인의 선택과 자유를 제한하는 것이 타인에게 해를 입히지 않기 위해서가 아니라 진정 정신장애인의 이익과 선을 위한 것일 때만이 온정주의로 정당화된다. 결과적으로 정신장애인 당사자의 이득이 아닌 보호제공자와 주변에 해로운 영향을 미치지 않기 위해 정당화되는 강요는 심각한 권리침해의 여지를 남기게 된다.

'이득추구'의 면에서도 이득(benefit)이 정신장애인이 치러야 할 대가(cost)보다 커야만 이득추구에 해당된다. 아무리 이득이 크다 하여도 원하는 바를 억지로 제한시켜 치르는 대가, 즉 치료적 관계를 훼손시키고 온전한 사람으로 기능하지 못하며 무엇보다 치료 순응도를 떨어뜨리는 것이 얻을 수 있는 이득보다 적어야만 온정주의로 정당화될 수 있다(Zolnierek, 2007).

정신보건영역에서의 강요가 온정주의로 정당화하기 위해서는 다음의 세 가지 전제가 검증되어야 한다(Carpenter, 2006; Wynn, 2006).

■ **무능력에 대한 전제**

정신장애인은 장애의 특성상 능력이 부족하여 자신에게 최선이 되는 바를 선택하지 못한다는 전제이다. 따라서 무능력한 정신장애인의 복리(well-being)를 위해 자율성을 제한하는 온정주의가 정당하다는 것이다. 즉, 능력이 부족한 정신장애인이 치료를 거부하여 치료를 받지 못하면 결국 악화되어 더 무능력해지므로, 강제적인 방법으로 치료를 시행하는 것이 결과적으로 정신장애인에게 유리하다고 정당화한다.

■ **위험성에 대한 전제**

정신장애인은 자·타해의 위험이 있으므로 자신과 대중의 안전을 위해 강제적인 치료를 시행하는 것이 정당하다는 것이다.

■ **손상에 대한 전제**

일반적으로 정신장애는 증상이 악화되면 병식(insight)이 결여되어 치료의 필요성을 인식하지 못하는 특성이 있다. 따라서 필요한 순간 즉각적인 강제개입은 결과적으로 장기적인 자유를 보장하는 효과를 가져올 수 있다는 전제이다. 즉, 치료를 거부하는 정신장애인에게 필요한 개입을 즉각적으로 시행하는 것이 증상회복으로 보다 많은 자유를 누리는 결과를 초래한다는 것이다. 이를 Stone(1975)은 "감사이론(thank you theory)"으로 설명하였다. 처음에는 치료를 거부하지만 강제적인 개입으로 인해 회복되어 병식(insight)이 생기게 되면, 강제적인 개입을 해준 것에 대해 오히려 감사하게 된다는 것이다.

권리존중의 관점

WHO는 1948년 '세계인권선언'에서 개인의 자유권을 '모든 사람이 타고난 권리로 삶의 전 영역에 적용되는 보편적 권리'로 규정한 바 있다. 이 규정에 의하면 장애인을 포함한 인간은 누구나 삶을 자신의 가치에 입각하여 스스로 결정할 권리를 가지게 된다. 이러한 주장은 현대 철학의 거장인 Kant의 의무론(deontological theory)에서 출발한 권리중심의 도덕론(right-based morality)에 근거한다. 권리중심의 입장을 취할 경우 행동의 결과는 중요하지 않다. 여기서는 인간의 모든 행동은 반드시 선의지(the good will)에 의해 행해져야 하고 이는 선천적 의무를 존중하는 태도라 하였다. 즉, 경험적인 것은 보편성과 객관성을 결여하고 있으므로 모든 사례에 적용되는 보편적인 의무만이 정당하다는 것이다.

이를 정신보건영역에 적용할 경우, 아무리 좋은 의도로 행해진 강요라 하더라도 이는 온전한 인간으로서의 자신감을 잃게 하여, 궁극적 치료목표인 정신장애인의 회복을 심각하게 방해한다는 것이다. 뿐만 아니라 강요를 경험하는 과정에서 치료적 관계가 손상되어, 이후 치료가 필요하다 생각하여도 강제치료의 부정적 경험으로 인해 자발적인 도움을 요청하지 않게 되고, 치료순응도가 저하되어 재발하는 악순환을 경험하게 된다(O'Brien and Golding, 2003). Chamberlin(1998)은 강제치료를 '정신장애인을 노예와 같이 취급하는 것'이라 극단적으로 표현하면서 다른 질병이나 장애와 달리 왜 정신장애라는 진단이 붙는 경우에만 권리가 제한되어야 하는지 의문을 제기하였다. 그는 대부분의 온정주의 지지자가 정신장애인의 무능력을 지적하는데, 정신장애가 없는 모든 성인들이 항상 자신에게 이익이 되는 행동만 하고 사는지 반문하였다. 즉, 상당수의 성인이 건강과 복지에 반하는 흡연을 지속하고 있음에도 불구하고 강제적 개입으로 금연을 시행하지 않으면서, 정신장애인만이 항상 건강에 이익이 되는 행동을 하도록 요구하는 것이 차별적 태도라고 비판하였다.

Playle와 Keeley(1998) 역시 치료 순응도(compliance)를 기준으로 강요를 사용하는 것은 정신장애인을 치료의 수동적인 수용자로 보고, 전문가의 권력을 남용하는 것이라 비판하였다. 즉, '순응'이 '치료자가 제시하는 치료적 제안을 따르는 것'을 의미하므로 제안한 치료를 따르지 않을 경우 치료자는 '순응도가 낮다(noncompliance)'고 판단하며 강요를 정당화한다. 결국 순응도의 개념을 치료자의 입장에서 제안한 치료방법을 정신장애인이 저항 없이 따르는 것으로 정의하고, 순응도가 낮은 것을 일탈행동으로 간주하여 법으로 통제하려 하는 것이다. 당연히 강제치료의 결정은 치료자의 권력으로 행해지게 된다. 따라서 치료자가 권력으로 자신이 제안한 치료에 순응하도록 굴복시키는 과정을 온정주의로 합리화시키는 것이라 볼 수 있다. 이러한 접근방식은 정신장애인을 치료의 능동적 주체로 보기 어려우므로 권리존중 관점을 지지하는 사람들은 순응도를 소비자의 입장에서 새롭게 개념정의할 필요가 있다고 주장한다.

권리존중의 관점을 지지하는 연구자들(Carpenter, 2006; Wynn, 2006)은 온정주의를 정당화하는 세 가지 전제를 다음과 같이 비판한다.

■ **'무능력' 전제에 대한 반론**

권리존중을 지지하는 사람들은 정신장애인이 치료를 거부하는 것이 반드시 무능력하기 때문만은 아니라고 주장한다. 대부분의 사람들이 정신장애 진단을 받는 것에 대해 상당한 부담을 느끼고 있으며, 사회적 편견 때문에 진단과 치료를 거부하는 경우가 많다. 결국 진단이 주는 심리사회적 부담으로 인해 치료를 거부하는 경우가 많으므로 이를 모두 무능력으로 간주해서는 안 된다는 것이다.

■ **'위험성' 전제에 대한 반론**

위험성은 정신장애인에 대한 대중의 편견이 반영된 결과라고 비판하였다. 실제 정신장애인이 정신장애가 없는 사람들보다 더 위험하고 범죄율이 높다는 어떠한 근거도 없다. 이런 상황에서 위험성을 전제로 강제치료를 정당화하는 것이 오히려 위험성의 편견을 강화하는 요인이라 비판한다. 무엇보다 위험성에 근거하여 강요를 정당화할 경우 ⅰ) 정신장애인의 폭력을 정확히 예측할 수 있는지?, ⅱ) 위험한 모든 사람에게 강요를 사용하는 것이 현실적으로 가능한지 그리고 그것이 사회와 개인을 위하여 바람직한 것인지?, ⅲ) 일시적인 강요가 장기적으로 얼마나 폭력을 예방할 수 있는지 등의 질문에 답할 수 있어야 한다. 또한 자해의 위험이 아닌 타해의 위험에 초점을 둘 경우 정신장애인 개인의 이득보다 사회적 이득을 위해 권리를 제한하는 것이므로 명백히 온정주의의 이득추구 원리에 위배된다.

■ **'손상' 전제에 대한 반론**

강제치료는 결과와 상관없이 그 자체가 정신장애인에게 심리적 상처(trauma)이고 주체적 인간성에 대한 부정으로 심각하게 회복을 방해하는 요인이 된다. 또한 강제치료는 이를 결정한 사람과의 관계에 치명적인 영향을 미쳐 향후 치료가 필요한 상황이 되어도 도움을 요청하지 않고 증상을 숨기는 결과를 초래할 수 있다. 따라서 강제적 개입을 통해 얻을 수 있는 장기적 이득은 매우 제한적이라고 비판하였다.

자유권 존중의 국내·외 기준

UN의 기준[3)]

UN의 'MI' 중 정신장애인의 자유권 존중에 관한 것들을 정리하면 다음과 같다.

■ **원칙 11. 치료의 동의**: 환자의 고지된 동의 없이는 환자를 치료할 수 없다.

- 어떠한 치료도(예외 상황[4)] 제외) 환자의 동의 없이 행해져서는 안 된다.
- 고지된 동의는 어떠한 위협이나 설득 없이 환자가 충분히 이해 가능한 언어로 정보가 주어진 뒤 얻어야 한다.
- 동의 절차과정에서 환자가 선택한 사람의 동석을 요구할 수 있다.
- 예외적 상황을 제외한 경우, 언제든 환자는 치료를 중단하거나 거부할 권리가 있다. 이때 그 결과를 설명해주어야 한다.
- 동의 권리를 포기하도록 환자를 설득해서는 안 된다. 만약 환자

---

3) WHO(1996), *Guidelines for the Promotion of Human Rights of Persons with Mental Disorders,* Geneva: WHO와 국가인권위원회(2006), "정신장애인 인권보호를 위한 국제세미나" 자료집에서 발췌한 것임.

4) 이 원칙은 다음의 사항에 예외로 인정된다(UN의 MI 원칙 11의 6, 7, 8절).
–해당시기에 환자가 비자발적 환자로 수용된 경우
–독립적인 기관에서 환자가 제안된 치료에 고지된 동의를 하거나 보류할 능력이 없다고 판단한 경우, 환자 개인의 안전과 타인의 안전과 관련해 환자의 동의보류가 합당하지 않다고 판단한 경우, 그리고 환자의 보건적 필요성을 위해 최선이라고 판단한 경우
–치료에 동의할 대리인이 법에 의해 선임된 경우
–법에 의해 자격을 갖춘 정신보건전문가가 환자 및 다른 사람의 직접적이고 절박한 위해를 막기 위해 위급하게 필요하다고 인정한 경우

가 권리를 포기하려 하여도 동의 없이 치료가 불가능함을 설명해야 한다.

- 강제 입원된 환자에게 제안된 치료가 최적의 그리고 최선의 치료라면 동의 없이 치료할 수 있다.
- 만약 법적으로 지정된 대리인이 아니라면, 환자의 직접 동의 없이 대리인이 치료에 동의할 수 없다.
- 전문가의 판단상 환자나 다른 사람의 안전을 위해 치료가 절박하다면 동의 없이 치료가 가능하다.
- 불가피하게 동의 없이 치료가 진행된다 하여도 가능한 한 환자를 참여시키고, 정보를 제공하려는 최선의 노력을 다해야 한다.
- 모든 치료는 그것이 강제든, 자발적이든, 의무기록에 모두 기록되어야 한다.
- 신체적 강박이나 격리는 그것이 자·타해의 위험을 막기 위한 유일한 수단일 때만, 절차를 밟아 행해져야 한다.
- 치료적 이유라 하여도 불임은 절대 허용될 수 없다.
- 의료적, 수술적 절차는 환자가 동의할 능력이 없는 경우를 제외하고, 반드시 동의를 얻어 법 범위 내에서 행해야 한다.
- 동의 없이 실험이나 조사에 참여시킬 수 없으나, 동의 능력이 없는 경우 심의기관으로부터 허락을 받은 후 가능하다.
- 환자나 그의 대리인 혹은 친인척은 치료에 관해 언제나 이의를 제기할 수 있다.

■ **원칙 15. 입원원칙:** 입원치료가 필요한 경우, 가급적 강제입원을 피해야 한다.

- 시설에서의 입원치료가 필요한 경우, 강제입원을 피하기 위한 모

든 노력이 행해져야 한다.

• 정신의료시설에 대한 접근은 다른 질병으로 의료시설에 접근하는 것과 동일한 방식으로 이루어져야 한다.
• 비자발적으로 입원된 환자라 하여도 그가 강제입원 조건에 해당되지 않으면, 언제든 퇴원할 수 있어야 한다.

■ **원칙 16. 비자발적 입원:** 시설에 강제 입원시키거나 또는 자발적으로 입원한 사람을 강제입원환자로 전환시킬 경우 다음 사항에 따라야 한다.

• 강제로 입원될 때는 자·타해의 위험이 있거나 너무 손상이 심해 치료가 시급하다는 전문가의 판단이 있어야만 가능하다.
• 강제입원은 초기 관찰이나 예비적 치료를 위해 단기간만 행해져야 한다.
• 강제입원의 근거를 환자에게 설명해야 하고 이를 심의기관과 대리인에게 통보하며, 환자가 동의하면 가족에게도 그 근거를 알려야 한다.
• 환자가 강제 입원되는 시설은 법에 의해 적절한 전문가가 있다는 것이 확인된 시설이어야 한다.

■ **원칙 17. 심의기관:** 강제입원 시키거나 입원을 지속시키고자 할 때는 다음 기준을 따라야 한다.

• 심의기관은 사법적 기관 혹은 법적으로 독립된 기관으로 법에 정해진 절차에 의해 기능해야 한다. 이 기관에서 어떤 결정을 내릴 때는 1명 이상 전문가의 도움이나 충고를 참고해야 한다.
• 심의기관의 초기 심의결과 강제입원이 결정되면 가능한 한 빠르

게 입원시키고 이러한 절차는 법이 정한 대로 간단하고 신속한 절차를 따라 이루어져야 한다.

- 심의기관은 법이 정해 놓은 대로 일정기간마다 강제입원사례를 검토해야 한다.
- 강제 입원된 환자는 법이 정해놓은 대로 일정기간이 지나면 퇴원이나 자발적 입원을 요청할 수 있다.

WHO의 기준[5)]

WHO는 각국의 정신보건 관련법이 자발적, 비자발적 치료와 실험 및 조사대상이 되는 상황에서 정신장애인의 자율성과 자유권을 어떻게 보호할지 기준을 제시하고 있다.

■ 자발적 입원과 자발적 치료

- 입원치료가 필요한 경우 법은 반드시 자발적 입원을 보장해야 하고, 강제입원을 막기 위해 할 수 있는 모든 노력을 기울여야 한다.
- 자발적으로 입원한 환자가 퇴원을 원할 때 이를 막기 위해서는 현재 그의 상태가 강제입원 조건에 해당되어야만 한다는 것을 법이 규정하고 있어야 한다.
- 자발적으로 입원한 환자라 하여도 그들이 강제입원의 조건에 해당될 경우, 전문가가 그들의 퇴원을 불허할 수 있음을 입원 초에 미리 고지해야 한다.

---

5) WHO(2005)의 *WHO Resources Book on Mental Health, Human Rights and Legislation*, Geneva: WHO에서 발췌한 것임.

• 자발적 입원환자는 반드시 고지된 동의 후에 치료를 해야 한다.
• 동의능력이 있는 환자의 경우 반드시 고지된 동의가 치료 이전에 선행되어야 한다.

■ **동의능력은 없으나 저항하지 않은 환자의 치료**

• 법은 정신장애 때문에 무능하나, 치료를 거부하지 않는(non-protesting) 환자에게 치료와 입원에 대해 동의를 얻는 규정을 마련해야 한다.
• 이들의 입원기준은 강제입원보다 시급성이 약한 것이다. 예를 들어 '입원의 필요성' 혹은 '그들의 건강을 위해서' 정도이다.
• 환자가 치료나 입원에 동의하지 않으면 더 이상 '저항하지 않은 환자'가 아니다. 따라서 강제입원의 기준이 충족되는지 먼저 확인해야 하고, 치료과정에서 동의능력이 회복되었다면 더 이상 강제입원의 기준을 적용해서는 안 된다.
• 이 경우에도 강제입원과 마찬가지로 동의능력을 평가받을 권리, 이의를 제기할 권리 등을 보호하는 것이 매우 중요하다.
• 무능한 환자도 다른 환자와 마찬가지로 그들의 권리를 고지받을 권리, 사생활보호권리, 적절한 수준의 치료를 받을 권리 모두가 보장되어야 한다.

■ **비자발적 입원과 치료**

• 강제입원은 다음의 기준을 모두 만족하면서 치료를 거부하는 경우에만 허용된다.
  ⅰ) 어느 정도 이상의 심각한 정신장애가 있어야 한다.
  ⅱ) 치료하지 않으면 자·타해의 위험 혹은 심각한 손상의 가능

성이 있어야 한다.

iii) 입원은 치료적 목적이어야 한다.

iv) 반드시 정신병원에서의 입원치료가 필요할 때에만 적용되어야 한다.

- 강제입원의 절차는 다음과 같이 진행되어야 한다.

i) 두 명의 전문가(그중 한 명은 의사)가 강제입원의 조건을 확인해야 한다.

ii) 강제입원의 적용은 지역 내 문화와 조건에 맞아야 한다.

iii) 해당병원이 적절한 치료를 제공할 수 있음을 확신해야 입원이 가능하다.

iv) 독립된 심의기관에 권한이 있어야 하고 법은 심의기한을 명시해 두어야 한다.

v) 환자, 가족, 법적 대리인에게 강제입원의 근거와 법적 권리를 알려야 한다.

vi) 환자, 가족, 법적 대리인은 강제입원에 대해 이의나 재심을 청구할 수 있다.

- 독립된 심의기관이 정기적으로, 기한을 정해두고 강제입원을 계속 심사해야 한다.
- 더 이상 강제입원 조건이 충족되지 않으면 환자를 즉시 퇴원시켜야 하고, 이후 자발적 치료를 이어가야 한다.

■ 입원된 환자의 강제치료

- 강제치료의 조건은 치료하기 전에 충족되어야 한다.
- 강제치료의 절차는 다음과 같이 진행되어야 한다.

i) 치료는 충분한 지식과 경험을 가진 전문가에 의해 계획되어

야 한다.

ii) 독립적인 다른 전문가가 이 계획에 동의해야 한다.

iii) 독립된 심의기관이 가능한 한 빨리 계획을 검토하고, 정기적으로 강제치료의 필요성을 심의해야 한다.

iv) 제한된 시간 동안만 허락된 강제치료라면, 이를 연장하기 위해서는 추가적인 법적 허락을 받아야 한다.

v) 환자가 동의능력을 회복했거나 혹은 더 이상 강제치료가 필요하지 않다고 판단되면, 즉시 강제치료를 중단해야 한다.

vi) 환자, 가족, 법적 대리인에게 강제치료 결정을 알리고 가능한 한 치료계획에 참여하도록 요청한다.

vii) 일단 강제치료가 허용되면, 환자, 가족, 법적 대리인에게 심의, 이의제기할 권리가 있음을 알려야 한다.

■ 치료에 대한 대리동의

- 대리동의는 치료에 동의할 수 있는 대리인, 가족, 법적 후견인에 한한다.
- 대리동의로 강제입원을 시키는 경우 환자가 이의제기할 수 있는 장치가 마련되어 있어야 한다.
- 환자 자신이 무능력해졌을 때를 대비하여 미리 결정해두는 사전의사결정서(advance directives)가 필요하다. 만약 법적으로 이와 관련된 규정이 있을 경우 분명하고 일관성 있게 활용되도록 규정되어야 한다.

■ 지역사회 내 강제치료

- 지역사회치료명령이나 지역사회 지도감독 명령은 일반적으로 강

제입원보다 훨씬 덜 규제적인 환경에서 이루어져야 한다.

- 지역사회에서의 강제치료는 접근 가능하고, 충분히 준비된 지역사회 서비스 내에서 이루어져야 한다.
- 강제입원과 마찬가지로 지역사회 내 강제치료 역시 정기적으로 지속되어야 하는지 점검해야 한다.
- 지역사회 내 강제치료는 반드시 강제입원의 대안이어야 한다. 이것이 자발적 치료의 대안으로 활용되어서는 안 된다.

제 4 장 강제적 치료

정신장애인이 경험하는 강요

Szasz(2007: 4-8)는 정신장애라는 진단 자체를 '허구(fiction)'라 표현하면서, 정신장애인에게 행하는 강제치료는 결코 의학적 치료나 보호라 할 수 없고 죄인에게 벌을 주는 것과 동일하다고 하였다. 그는 아무리 좋은 상품과 서비스라 하여도 그것을 필요로 하는 사람의 동의 없이 유용성만을 근거로 강매할 수 없듯이, 개입의 효과성만을 무기로 동의 없이 정신장애인에게 치료를 제공할 수 없다고 하였다. 그는 이러한 일은 결코 자유사회(free society)에서 있을 수 없는 일이라 주장하였다.

이처럼 강제치료가 심각한 자유권 침해라는 사실에 동의하면서도 소비자, 보호자, 제공자 3자의 참석하에 공개적으로 이를 논의하는 기회는 매우 제한적이었다. 그 이유는 강제치료의 법적, 임상적 이슈들이 인권의 관점으로만 해결되기 어렵기 때문이다. 대부분의 국제법 기준에서 강제치료를 허용하는 중요한 근거가 자·타해의 위험성이다. 이를 근거로 강제치료가 이루어질 경우 다수의 안전과 상충되는 개인의 권리는 보장받기 힘들어진다. 그러나 위험성 때문에 강제입원이 이루어졌을 경우, 폐쇄병동에 입원한 것만으로 충분히 위험성은 해결된 것이다. 그럼에도 불구하고 강제입원 이후의 치료까지 위험성에 근거해 강제적으로 행해지는 것은 개인의 자유권을 심각하게 침해하는 것이다. 따라서 위험성을 근거로 입원되었다 하여도 입원 후 강제투약, 사생활 제한, 강박과 격리, 인간성을 존중하지 않는 직원의 태도는 강제입원과 별개로 다루어져야 한다(Thomas, 2012: 342). 아무리 위험성에 근거해 강제입원이 정당화되었다 하여도, 입원(소)된 시설에서의 강요까지 정당화되는 것은 아니다. 따라서 정신보건영역에서의 강요는 다차원적으로 논의될 필요가 있다.

정신보건영역에서의 강요 개념

강요(coercion)[1]는 자율성(autonomy)에 반대되는 개념으로 '어떤 표적 대상의 자유와 통제권을 제한함으로써 그 사람에게 영향력을 행사하는 것'(Carpenter, 2006)이다. 여기에는 직접적인 위협이나 강제(force) 등의 부정적인 압력(pressure)뿐 아니라 영향력 행사과정이 공정하지 않아 당사자의 의견이 충분히 존중되지 않은 것까지 포함된다. 강요의 개념 안에 설득(persuasion)이나 유도(inducement)가 포함되느냐 하는 것에는 논란의 여지가 있다. 초기 강요의 개념은 신체적 구속과 같은 폭력만을 의미했으나, 점차 개인의 의지에 반하는 모든 행동을 포함

---

1) 'coercive treatment'를 강제치료라 하지만 'coercion'은 강제라 해석하기에는 어색함이 있어 본서에서는 '강요'라 해석하였다. 그리고 기존의 연구들에서도 이를 강요라 하였기에 동일하게 사용하고자 하였다.

하는 것으로 규정되면서 설득도 강요의 한 유형일 수 있다는 논의가 진행되고 있다. 특히 정신보건 현장의 특성상 전문가의 설득은 개인의 의지와 상관없이 제안을 따를 수밖에 없도록 하는 무언의 압력이므로 명백한 강요의 한 형태로 보기도 한다(O'Brien and Golding, 2003).

Hoge 등(1998)은 압력을 강요와 동일한 개념으로 정의하고, 설득과 유도는 긍정적 압력(positive pressure), 위협과 폭력은 부정적 압력(negative pressure)이라 규정하였다. Monahan 등(1996) 역시 강요를 긍정적 강요와 부정적 강요로 구분하였다. 이들은 긍정적 강요는 정신장애인이 입원이나 치료를 할 경우 더 좋아질 수 있음을 알리려고 노력하는 것이고, 부정적 강요는 입원이나 치료를 받지 않으면 상황이 얼마나 더 나빠질지를 경고하는 것이라 하였다. 이들의 개념을 받아들일 경우, 입원해서 치료를 받으면 원하는 것을 해 주겠다 하거나 빨리 좋아질 수 있다고 말하는 것 혹은 입원하면 원할 때 언제든지 퇴원시켜주겠다고 말하는 것은 긍정적 강요이다. 반면에 치료를 받지 않으면 강제로 입원하게 되고 그러면 평생 병원에 있게 될 거라고 말한다면 부정적 강요이다(이진향, 2009). 그러나 Beauchamp와 Childress (1994: 164)는 타인에게 영향력을 행사하는 방식을 강요, 설득, 조정으로 구별하고 강요를 설득과는 명백히 다른 영향력 행사 유형이라 하였다. 그들은 강요를 타인을 통제하기 위해 고의로 심각한 위해와 폭력을 행사하는 것이라 정의하고, 설득과 유도는 이러한 폭력적 통제가 포함되지 않으므로 강요가 아니라고 하였다.

이처럼 강요의 범위에 설득을 포함시키느냐에 대해서는 이견이 많다. 그러나 강요가 개인의 자율성을 제한하는 방식으로 영향력을 행사하는 것이라 정의할 경우 폭력에서 설득까지 포괄적 스펙트럼이 존재하는 것만은 사실이다.

정신보건영역에서 강요유형

정신보건영역에서 강요를 분류하기 위해 Tschopp(2002)의 방법을 사용할 수 있다. 그는 강요를 사용하는 주체에 따라 공식적 강요와 비공식적 강요로 구분하였다. 먼저 공식적 강요에는 강제입원이나 지역사회치료명령(외래치료명령)과 같은 법적 명령, 조건부 프로그램 참여와 같은 법원의 명령이 포함된다. 이들은 연속선상 극단적인 강제유형으로 볼 수 있다. 비공식적 강요는 가족, 친지, 전문가로부터의 압력이 해당된다. 즉, 가족이나 치료자로부터의 설득, 위협 등이 포함된다. 주체에 따른 분류뿐 아니라 강요유형에 따라 객관적으로 관찰 가능한 강요행동과 표적대상이 주관적으로 지각하는 강요로 분류되기도 한다. 이렇게 두 기준으로 분류될 경우 〈그림 2-1〉과 같이 세 가지 강요유형이 나타난다. 즉, 강요주체에 따라 공식, 비공식 강요로 구별되고 강요유형에 따라 객관적 강요와 주관적 강요로 분류되어 세 가지 유형의 강요경험이 존재하게 된다.

세 유형 중 법적 상태가 가장 분명하다. 즉, 입원이나 치료가 법적 명령에 의한 것인지에 따라 명백히 구분된다. 다만 각국의 강제입원

〈그림 2-1〉 정신보건영역의 강요유형

기준이 다르므로 직접적 비교가 어려운 한계가 있다. 강요조치와 지각된 강요는 객관적인 타인의 강요행동이 표적대상자의 박탈감에 영향을 미치므로 별개의 개념으로 다루어지기 어렵다. 그러나 객관적인 강요가 반드시 주관적인 강요와 일치하는 것은 아니다. 즉, 객관적 강요조치가 있었다 하여 강요를 주관적으로 높게 인식하는 것은 아니다. 일반적으로 주관적으로 지각된 강요가 법적 상태나 강요조치와 같은 객관적인 강요보다 강요경험 연구에서 더 중요하게 다루어지는 이유는 치료에 대한 관심과 지속적인 치료순응에 대한 결정이 당사자의 주관적인 경험틀 내에서 이루어지기 때문이다. 개인이 강요를 어떻게 지각하느냐가 객관적인 강요보다 장기적인 결과를 예측하는 중요한 예측요인이 될 수 있다(Carpenter, 2006)는 것이다.

세 가지 강요유형을 보다 상세히 설명하면 다음과 같다.

■ **법적 상태**

법적 상태(legal status)는 각 나라의 정신보건관련 법에 따라 규정되는 강제입원을 의미한다. 그러나 나라마다 강제입원을 적용하는 기준이 다르고, 적용 기한도 모두 다르다. 뿐만 아니라 상당수의 입원환자들이 자신의 법적 상태를 모르는 경우가 많아 이것만으로 정신장애인의 강요경험을 전체적으로 이해하기는 어렵다. 강제 입원환자의 20% 이상이 병원에 온 것이 자신의 뜻이었고, 입원을 충분히 예상했다고 응답한 반면에, 자발적 입원환자의 40% 이상이 입원이 자신의 뜻이 아니었다 하고, 22%는 입원을 전혀 예상하지 못한 상태에서 입원되었다고 응답하였다(Hoge et al., 1997). 따라서 법적 상태는 비교적 명확하게 강제상태를 구분한다는 장점이 있지만 이것만으로는 입원과정의 복잡한 인과관계를 파악하기 어렵고, 정신보건영역에서의 강요를 단순히 강제입원과 자발적 입원으로 이분화할 경우 다양한 상호작용을 반영하지 못하는 한계가 있다(Hoge et al., 1998).

■ 지각된 강요

지각된 강요(perceived coercion)는 입원과 치료과정에서 정신장애인 당사자가 주관적으로 지각하는 강요를 의미한다. 지각된 강요는 법적 상태와 어느 정도 관련되어 강제입원의 경우 자발적 입원에 비해 지각된 강요가 높을 수 있으나, 이 두 가지 형태의 강요가 결코 동일한 개념은 아니다. 연구결과들(Nicholson et al., 1996; Bonsack and Borgeat, 2005)에 의하면 대략 강제입원 환자들의 1/4 정도가 낮은 지각된 강요를 보이거나 입원 시 강요가 거의 없었다고 응답하였다. 반면에 자발적 입원환자의 5~10%가 입원 시 강요를 지각하였다고 보고하고 있다. 객관적으로 측정되는 다른 강요유형과 달리 지각된 강요는 정신장애인 당사자의 주관적 경험에 근거하므로 강요의 결과를 예측하는 데 매우 유용하게 활용된다. 그러나 지각된 강요만을 지나치게 강조할 경우(Hoge et al., 1997), 첫째, 과장, 축소, 부인 등이 있을 수 있는데 이를 판단할 수 없고, 둘째, 실제 강요를 인식한다 하여도 자신의 성격적 구조에 의해 인식이 왜곡될 수 있다는 위험이 있다. 그럼에도 불구하고 지각된 강요는 개인적 인식과 경험을 바탕으로 하고 있어 주관적 경험을 반영하지 못하는 법적 상태의 한계점을 보완할 수 있는 장점이 있다. 그러나 지각된 강요가 정신장애인의 강요경험을 이해하는 데 아무리 중요하다 하여도 주관적 인식을 어떻게 측정할 것인가 하는 문제가 남게 된다. 기존의 연구들이 활용한 도구들을 소개하면 〈표 2-1〉과 같다.

〈표 2-1〉 지각된 강요의 측정도구

도구명	개발자	내용 및 문항 수
MacArthur Perceived Coercion Scale	MacArthur 재단	입원과정에서 스스로 영향력을 가질 수 있었는지(영향력), 결정할 수 있었는지(통제), 선택과 자유가 있었는지 그리고 자신의 생각이었는지에 대한 총 5문항
Perception of Mental Health Service Questionnaire	Tschopp (2002)	크게 두 파트로 나누어진다. 첫 번째는 지각된 강요, 부정적 압력, 긍정적 압력, 과정에서의 배제로 구성된 19문항, 두 번째는 치료적 제한척도(언어적 지도, 조건부 철회, 돈 관리, 외부적 압력, 강제입원)의 20문항
Perception of Coercion	Hoge et al. (1993)	대안(입원 이외에 다른 대안이 있는가), 선호(입원에 대한 욕구), 압력(타인으로부터의 압력), 선택의 부담(입원선택이 얼마나 부담인가)의 4차원으로 구성된 총 14문항
Perception of Coerciveness Scale	Wieselthier (2000)	치료를 받는 과정에서 정신장애인이 경험하는 압력, 위협, 보복에 대한 두려움을 질문하는 총 10문항. 모든 문항은 항상 그렇다(1점)~전혀 그렇지 않다(5점)로 측정된다.

■ 강요조치

객관적 강요조치(coercive measure)는 입원 시 신체적 폭력, 강제적인 약물 및 주사 투여, 강박, 격리, 경찰개입 등의 조치들을 경험한 정도를 의미한다. 따라서 이러한 사건들의 경험유무를 질문하고, 경험한 사건들을 점수화하여 사용한다(Iversen et al., 2007; Bindman et al., 2005). 이는 개인의 강요경험을 객관적으로 측정하기 때문에 주관적 사고 틀에 의해 왜곡되거나 과장 및 축소될 확률이 낮아 비교를 위한 객관적 지표로 활용될 수 있다.

각 유형별 강요의 경험

정신장애인이 경험하는 강요는 유형에 따라 조금씩 차이가 있다. 즉, 법적 상태가 강제입원이고 객관적 강요조치가 높다 하여도 지각된 강요는 낮을 수 있고, 강제입원이 아니라 하여도 입원과정에서 강요를 높게 지각할 수 있다. 세 가지 강요유형 중 특히 지각된 강요가 정신장애인의 강요경험을 이해하는 데 매우 유용하다. 그 이유는 지각된 강요는 표적 대상자가 주관적으로 지각하는 것이기 때문에 입원과정에서 강요가 개인에게 어떤 영향을 미쳤는지를 이해하는 데 있어 중요한 역할을 할 수 있기 때문이다(Monahan et al., 1995). 즉, 치료에 대한 관심과 치료순응도의 결정은 당사자의 주관적 틀 내에서 이루어지기 때문에 당사자가 강요를 어떻게 지각하였는가 하는 것이 강요의 효과를 예측할 수 있는 주요 요인일 수밖에 없다.

서미경 등(2011)은 MacArthur Perceived Coercion Scale(MPCS)을 통해 입원된 정신장애인의 지각된 강요를 측정하여 이것이 다른 강요유형과 어떤 관련성을 갖는지 분석하였다. 그 결과 지각된 강요와 강요조치의 관련성은 상관관계 r값 .243이다. 이는 지각된 강요가 높으면 강요조치의 경험도 높다는 것이다. 그러나 연합강도는 높지 않았다. 따라서 주관적인 강요경험과 객관적 강요조치가 유관한 관련성을 가지기는 하지만 동일 개념이라 할 수는 없음을 알 수 있다. 법적 상태와 지각된 강요, 강요조치의 관련성을 보면 〈표 2-2〉와 같다. 법적 상태가 비자발적 입원인 경우 자발적 입원에 비해 지각된 강요와 강요조치가 더 높음을 알 수 있다. 그러나 자발적 입원환자의 26.7%가 높은 지각된 강요를 보였고 22.2%가 높은 강요조치를 경험한 것으

〈표 2-2〉 강요유형들 간의 관계

		지각된 강요			강요조치		
		높음	낮음	계	높음	낮음	계
법적 상태	자발적 입원	8(26.7)	22(73.3)	30(100)	8(22.2)	28(77.8)	36(100)
	비자발적 입원	67(54.9)	55(45.1)	122(100)	66(47.5)	73(52.5)	139(100)
χ^2		7.689**			7.476**		

** *p*<.005

로 나타났다. 또한 비자발적 입원환자의 45.1%가 낮은 지각된 강요를 보였고 52.5%가 낮은 강요조치를 경험한 것으로 나타났다. 이러한 결과는 외국의 결과와 마찬가지로 우리나라 정신장애인이 경험하는 강요유형들이 서로 간에 의미 있는 관련성을 보이지만 연합강도가 낮아 매우 독립적인 개념임을 알 수 있다.

지각된 강요의 경험

지각된 강요는 강요유형 중 대상자의 경험을 가장 잘 설명할 수 있고, 강요의 장·단기 영향을 잘 예측할 수 있는 개념이다. 따라서 지각된 강요에 초점을 두어 이를 예측하여 부정적 영향을 감소시킬 대안을 제시하고자 한 연구들(Bennett et al., 1993; McKenna et al., 2003; McKenna et al., 1999)이 있다. 이러한 연구들에 의하면 무엇보다 절차정당성(procedural justice)[2)]이 지각된 강요를 가장 잘 예측하는 요인임을 알 수 있다. 입원환자를 대상으로 한 연구(McKenna et al.,

2) 절차정당성은 '정당한 의사결정과정에 참여했다고 느끼는 정도'를 의미하며 결정과정이 얼마나 정당했는지(fairness), 자신의 의견을 말할 수 있었는지(voice), 자신의 의견이 얼마나 진지하게 고려되었는지(validation), 얼마나 존중받고(respect), 순수한 관심을 받았는지(motivation)의 차원을 포함한다(McKenna et al., 2003).

2003)결과, 지각된 강요에 대한 절차정당성의 설명력은 45.2%였고, 대상자들 중 자발적 입원환자만을 대상으로 했을 때는 설명력이 52.6%로 더 높았다. Bennett 등(1993)은 157명의 입원환자를 대상으로 반구조화된 면담(semi-structured interview)을 실시하여 지각된 강요에 중요한 영향을 주는 요인으로 포용(inclusion), 동기(motivation), 선의(good faith)의 세 가지 요인을 지적하였다. 이 세 요인은 절차정당성의 차원들과 유사하다. 먼저 '포용'은 얼마나 치료과정에 의견을 표명하고 그 의견이 얼마나 반영되었는가 하는 측면이다. '동기'는 강요를 사용한 사람이 얼마나 환자에 대해 염려하였다고 지각하는가를 의미한다. 그리고 '선의'는 강요의 이유를 얼마나 진심이라 생각하는가를 의미한다. 따라서 얼마나 자신의 의견을 얘기할 수 있었는지, 의견이 어느 정도 존중받는다고 느끼는지를 의미하는 절차정당성과 유사하다. 그러나 다른 연구들과 달리 Sørgaard(2004)의 연구에서는 절차정당성보다 강제적인 조치, 특히 격리(seclusion) 경험과 우월적인 의사소통 태도가 지각된 강요에 더 의미 있는 예측요인으로 나타났다. 특히 격리조치가 가장 강력한 예측요인이라 하였다.

국내에서는 유일하게 서미경 등(2011)이 정신건강의학과에 입원한 환자 302명을 대상으로 정신장애특성(증상, 심리사회적 기능, 병식, 치료의 필요성)이 지각된 강요에 미치는 영향력을 분석하였다. 그 결과 〈표 2-3〉과 같이 BPRS나 GAF로 측정한 증상이나 심리사회적 기능은 지각된 강요에 의미 있는 예측력을 가지지 않았다. 그러나 치료의 필요성에 대한 인식과 병식은 의미 있는 예측력을 가지는 것으로 나타났다. 즉, 병식이 높을수록, 그리고 치료의 필요성을 높게 인식할수록 지각된 강요가 낮았다. 결국 증상이나 심리사회적 기능보다 자신의 장애를 어떻게 인식하며, 치료의 필요성을 얼마나 느끼는지가 중요하다는 것이다. 이 연구에서는 치료의 필요성과 병식을 구분하였지만, 많은 연구에서 병식의 개념에 치료필요성 인식을 포함시키므로 결국 병식이 주요 요인임을 알 수 있다. 또한 연구자들은 지각된 강요에 대한 장애특성의 설명력을 조현병 집단과 기타 집단으로 나누어 분석했다. 그 결과 회귀모형의 설명력이 각각 44.3%와 25.4%로 조현병 집단에서 독립 변수들이 더 의미 있는 예측력을 갖는 것으로 나타났다.

〈표 2-3〉 정신장애 특성이 지각된 강요에 미치는 영향

	지각된 강요				
	B	β	t	F	R^2 (Adjusted R^2)
BPRS	-.028	-.072	-1.313	36.75***	.340(.331)
GAF	-.447	-.103	-1.884		
병식	-.164	-.183	-2.867**		
치료필요성	-.860	-.437	-6.863***		

* *p*<.01 ** *p*<.05 *** *p*<.001

연구자들은 조사대상자가 입원 시 경험하는 절차정당성과 강요조치, 법적 상태와 같은 입원경험 특성이 지각된 강요에 어떠한 영향력을 미치는지 분석하였다. 그 결과 〈표 2-4〉와 같이 모든 변인이 의미 있는 예측력을 가지는 것으로 나타났다. 즉, 입원과정에서 절차정당성이 낮을수록, 강요조치를 많이 경험할수록, 법적 상태가 강제입원인 경우 지각된 강요가 높음을 알 수 있다.

〈표 2-4〉 입원경험이 지각된 강요에 미치는 영향

	지각된 강요				
	B	β	t	F	R^2 (Adjusted R^2)
절차정당성	-.550	-.232	-4.208***	17.17***	.151(.142)
강요조치	.276	.228	4.074***		
법적 상태(d)	-2.443	-.170	-3.029**		

* *p*<.01 ** *p*<.05 *** *p*<.001
(d): 더미 변수 - 준거집단: 강제입원

법적 상태와 지각된 강요의 관계

강요경험 중 법적 상태에 초점을 두어 법적 상태와 지각된 강요의 관계 그리고 법적 상태에 따른 임상적 특성을 비교한 연구들(Hoge et al., 1997; Poulsen, 1999; Kjellin et al., 1993)이 있다. 먼저 Poulsen (1999)은 i) 강제 입원된 환자, ii) 자발적으로 입원하였으나 이후 강제입원으로 전환된 환자, 그리고 iii) 자발적 입원(control group)환자의 지각된 강요(MAES로 측정), 증상정도(BPRS로 측정), 사회적 기능(GAF로 측정), 진단, 입원기간 등을 비교하였다. 그 결과 지각된 강요는 강제입원의 경우 가장 높았다. 그리고 진단에 따른 차이를 보면, 자발적 입원 환자군에서 기분장애 진단이 가장 많았고, 강제입원 환자군에서 조현병이 더 많았다. Hoge 등(1997)은 법적 상태에 따른 강제입원과 자발적 입원 환자의 입원과정에서의 경험을 비교하였다. 그 결과 자발적 입원의 56%에서 입원이 자신의 의지라고 하였으나, 44%는 자신의 생각이 아니라고 하였다. 그중 3%는 속았다고 하였으며, 자발적으로 입원하지 않았다면 강제로 입원되었을 거라 예측한 경우는 39%였다. 마찬가지로 강제입원의 경우에도 입원이 자신의 생각이었다고 한 경우가 22%였다. 결국 법적 상태가 개인의 주관적 입원경험을 충분히 반영하지 못하고 있음을 알 수 있다.

Kjellin 등(1993)은 환자와 가족을 대상으로 입원 시, 퇴원 후 3주, 퇴원 후 4~8개월에 추적 조사를 실시하여 법적 상태에 따른 이득(GAS로 평가)과 위해(약물부작용으로 평가)의 변화를 분석하였다. 그 결과 환자의 입장에서 얻은 이득으로는 강제 입원된 환자와 자발적 입원환자 모두 GAS는 향상되었고, 강제입원의 2/3 그리고 자발적 입원의 90%에서 입원을 수용하게 되었다고 하였다. 그러나 위해의 측면에서 부작용을 비교해보면, 강제입원에서 부작용을 더 많이 경험한 것으로 나타났다. 가족의 입장에서 얻은 이득을 보면, 강제입원의 26%, 자발적 입원의 21%에서 입원으로 인해 전문가와 이야기할 기회를 가질 수 있었고, 각각 12%(강제입원)와 7%(자발적 입원)에서 그들로부터 많은 지지를 받았다고 평가하였다.

지각된 강요와 강제입원에 대한 인식의 차이를 비교한 연구들(채정호 등, 1996; Hoge et al., 1993; Olofsson and Norberg, 2001; Hoge et al., 1998; Roe et al., 2002; Luchins et al., 2004)이 있다. 먼저 Hoge 등(1993; 1998)의 두 연구 모두 환자, 가족, 전문가 세 집단의 인식을 비교하였으나 지각된 강요를 측정하기 위해 사용한 도구가 다르다. 1993년 연구에서는 지각된 강요를 네 차원, 즉 대안, 선호, 압력, 결정으로 질문하였고 1998년의 연구에서는 MacArthur 재단의 지각된 강요도구를 사용하였다. 그 결과 입원 이외의 다른 대안이 없었다는 인식은 전문가, 가족, 환자의 순이었고, 절차정당성 역시 전문가와 가족에 비해 환자가 낮게 인식하였다. 지각된 강요는 가족이 가장 낮았고 환자가 가장 높았다. Olofsson과 Norberg(2001)는 지각된 강요와 치료적 접촉(human contact)의 관련성을 환자와 전문가의 입장에서 비교분석하였다. 그 결과 환자의 입장에서 치료적 접촉은 강요로 인한 불편함을 감소시켜주고 강요를 당한 상황에서도 비교적 안정감을 느끼도록 도와주는 경향을 보였다. 전문가의 입장에서도 치료적 접촉은 강요를 사용할 때 느끼는 불편함을 감소시켜주고 안정된 전문적 관계로 인해 강요조차도 긍정적인 행동으로 인식하도록 도왔다. 이러한 결과를 통해 볼 때, 불가피하게 강요조치를 사용하여도 환자-치료자 간의 신뢰관계가 형성되어 있다면 그 부정적 영향은 감소될 수 있음을 알 수 있다. Roe 등(2002)은 강제입원을 포함한 전반적인 정신장애인의 기본권에 대한 환자와 치료자의 인식차이를 비교하였다. 두 집단 간에 가장 뚜렷한 차이를 보인 부분이 강제입원과 강제치료에 관한 것으로 환자들은 권리 지향적(rights driven) 입장을 취하고 있으며, 치료자들은 온정주의적 입장에서 치료 중심적(treatment driven) 입장을 보이고 있었다.

강제치료의 정당성 논쟁

정신보건영역에서 강제치료가 정당한가에 대한 논쟁은 해결하기 어려운 과제이다. UN의 MI에서도 자·타해의 위험성이 있거나 너무 손상이 심하여 치료가 시급하다고 판단될 때 강제입원이 가능하다고 규정하고 있다. WHO의 정신장애인 인권보호 원칙에서도 심각한 정신장애와 자·타해의 위험성이 있는 경우 치료목적으로 강제입원시키는 것은 허용된다고 하였다. 이와 같이 대부분의 국제법들이 자발적 입원을 기본 원칙으로 하면서도 위험성과 치료의 절박성을 기준으로 강제치료의 가능성을 남겨두고 있다.

예외 없이 강제치료를 허용하는 기준은 '자·타해의 위험성'과 '손상의 심각성으로 인한 치료의 필요성'이다. 이 두 기준은 온정주의 전제를 수용하는 것이다. 즉, '자·타해의 위험성을 예방하기 위해' 그리고 '심각한 손상을 적기에 치료하기 위해' 무능한 정신장애인의 동의 없는 강제치료가 정당하다는 것이다. 이런 전제로 강제치료가 정당하기 위해서는 정말 강제치료를 받는 정신장애인이 무능하고, 위험하며, 손상이 심각한지 그리고 온정주의자들의 주장처럼 강제치료가 장기적으로 긍정적 결과를 가져올 수 있는지에 대한 검증이 필요하다.

강요의 온정주의 전제 검증

Seo 등(2011b)은 입원과정에서 정신장애인이 경험하는 강요가 온정주의에 의해 정당화되는지를 검증하고자 하였다. 연구자들은 조현병과 기분장애 진단을 받고 입원한 지 4주 이내의 정신장애인 247명을 대상으로 그들의 강요경험(법적 상태, 지각된 강요, 강요조치경험)이 온정주의의 세 가지 전제(무능력 전제, 위험성 전제, 손상의 전제)를 정당화하는지를 검증하였다.

■ 무능력의 전제

정신장애인이 정말 무능하여 강요를 경험하게 되는지를 알아보기 위해 대상자의 능력을 한국형 동의능력평가도구(KATOC)[3]로 평가

3) KATOC(Korean Assessment Tool of Competency to Consent to Psychiatric Hospitalization)의 내용은 제6장 정신장애인의 동의능력에 상세히 설명되어 있다.

하여 동의능력이 세 가지 유형의 강요와 어떤 관련성을 갖는지 분석하였다. 그 결과 〈표 2-5〉와 같이 무능력의 전제는 세 가지 강요유형 모두에서 어느 정도 정당화되는 것으로 나타났다. 즉, 강제입원, 높은 지각된 강요, 높은 강요조치에서 무능력의 비율이 더 높았다. 이는 무능력한 환자들이 세 가지 유형의 강요를 더 많이 경험한다는 것이다. 그러나 강제입원 환자의 39.4%, 높은 지각된 강요경험 집단의 36%, 높은 강요조치경험 집단의 33.8%에서 동의능력이 있다는 것으로 나타났다. 이는 최소 1/3 이상의 환자들이 동의능력이 있음에도 불구하고 세 가지 형태의 강요를 높게 경험한다는 것이다. 이는 '높은 강요경험 집단에 무능력이 많다는 것' 이상으로 의미 있는 결과이다. 따라서 통계적으로는 무능력의 전제가 어느 정도 지지되었다 하더라도 30% 이상의 환자들이 능력이 있음에도 불구하고 강제입원이 된다는 점은 간과할 수 없는 결과이다.

〈표 2-5〉 무능력의 전제 검증

	법적 상태			지각된 강요			강요조치		
	자발	강제	x^2	높음	낮음	x^2	높음	낮음	x^2
능력	27 (67.5)	82 (39.4)	10.740***	27 (36.0)	47 (61.0)	9.540**	25 (33.8)	52 (51.5)	5.431*
무능력	13 (32.5)	126 (60.6)		48 (64.0)	30 (39.0)		49 (66.2)	49 (48.5)	

* $p<.01$ ** $p<.05$ *** $p<.001$

■ 위험성의 전제

정신장애인이 정말 위험하여 강요를 경험하는지 검증하기 위해 위험성을 언어적, 신체적 공격성과 자·타해의 위험성으로 나누어 평가하였다. 그리고 이 네 가지 위험성이 세 가지 강요유형과 어떤 관련성을 갖는지 분석한 결과 〈표 2-6〉과 같이 어느 것도 통계적으로 의미 있는 차이를 보이지 않았다. 이러한 결과는 위험성의 전제가 세 가지 강요유형 모두에서 정당화되지 못한다는 것을 의미한다. 즉, 위험성의 네 가지 하위 요인 모두 강요유형에 따른 의미 있는 차이를 보이지 않아 강요를 많이 경험하는 사람이라 하여 더 위험한 것은 아니라는 것이다.

〈표 2-6〉 위험성의 전제 검증

척도	법적 상태			지각된 강요			강요조치		
	자발	강제	F	높음	낮음	F	높음	낮음	F
언어 위험	5.70 (10.37)	7.37 (10.48)	0.856	7.89 (10.66)	7.32 (11.23)	0.105	8.93 (11.51)	7.43 (11.05)	0.760
신체 위험	4.68 (10.82)	3.60 (8.08)	0.522	3.33 (7.81)	4.22 (9.56)	0.392	4.19 (9.78)	4.20 (8.28)	0.000
자해	1.48 (5.27)	2.09 (7.69)	0.232	1.63 (6.22)	2.78 (9.08)	0.830	3.23 (9.44)	2.05 (7.74)	0.823
타해	3.48 (8.87)	2.99 (8.57)	0.108	2.37 (7.02)	2.83 (7.17)	0.158	2.96 (8.74)	3.50 (9.16)	0.157

■ 손상의 전제

‘강요를 경험하는 사람들의 증상이 더 심각한가?’를 검증하기 위해 정신과적 증상을 BPRS로 평가하였고 심리사회적 기능의 손상 정도를 GAF로 측정하였다. 그 결과 〈표 2-7〉과 같이 손상의 전제는 세 가지 강요유형 중 법적 상태와 지각된 강요에서는 정당화되지 못했다. 다만 강요조치에서는 경험이 높은 집단이 낮은 집단에 비해 증상이나 기능의 손상이 더 심한 것으로 나타났다. 이러한 결과는 손상의 전제가 법적 상태와 지각된 강요에서는 지지되지 못하고 강요조치에서만 지지되어 부분적으로 검증되었다 할 수 있다.

〈표 2-7〉 손상의 전제 검증

척도	법적 상태			지각된 강요			강요조치		
	자발	강제	F	높음	낮음	F	높음	낮음	F
BPRS	23.80 (13.33)	27.16 (14.73)	1.800	25.27 (15.54)	25.38 (13.90)	0.002	30.37 (15.34)	25.48 (13.51)	4.963*
GAF	47.68 (14.56)	44.79 (12.49)	1.685	44.34 (13.06)	47.56 (11.98)	2.508	42.53 (12.76)	47.61 (12.67)	6.844**

* *p<.01* ** *p<.05* *** *p<.001*

결과적으로 Seo 등(2011b)의 연구결과 온정주의 세 가지 전제가 강요유형에 따라 〈표 2-8〉과 같이 검증되었다. 즉, 세 가지 강요유형 모두 위험성을 전제로는 정당화되지 못했고 손상 전제는 강요조치만이 정당화되었다. 중요한 것은 무능력의 전제가 모든 강요유형에서 정당화되는 것으로 나타났다. 그러나 앞에서도 언급했듯이 대상자의 1/3에서 동의능력이 있음에도 불구하고 높은 강요를 경험한 것으로 나타나 설득력이 상당히 부족함을 알 수 있다. 따라서 강제치료가 온정주의자들의 주장처럼 무능하고, 위험하며, 증상이 심각한 환자에 한해서 이루어지고 있다고 보기 어렵다. 물론 이 연구는 측정도구 개발이 매우 제한적인 한국 상황에서 검증된 것이고 연구가 허락된 몇몇 병원만을 대상으로 하였기에 결과를 일반화하는 데 매우 조심스러운 해석이 필요하다.

〈표 2-8〉 강요유형에 따른 온정주의 전제 검증결과

강요유형	온정주의 전제		
	무능력 전제	위험성 전제	손상 전제
법적 상태	○	×	×
지각된 강요	○	×	×
강요조치	○	×	○

정신보건영역에서의 강요의 효과

정신건강의학과 치료에서 강요가 온정주의자들이 주장하는 것처럼 긍정적 결과를 가져올 수 있을지에 초점을 두어 법적 상태와 지각된 강요가 장기적으로 어떠한 결과를 가져오는지를 분석한 연구들이 있다. 이와 관련된 연구들은 크게 긍정적 결과를 가져온다고 결론짓는 연구들(Beck and Golowka, 1988; Kane et al., 1983; Priebe et al., 2009; Gove and Fain, 1977 등)과 반대로 긍정적 결과를 가져올 수 없다거나 혹은 부정적인 결과를 야기한다고 결론짓는 연구들(Rain et al., 2003a; 2003b; Kaltiala-Heino et al., 1997; Nicholson et al., 1996; Iversen et al., 2007; Bindman et al., 2005; Bonsack and Borgeat, 2005; Swartz et al., 2003 등)로 나누어진다. 이러한 연구결과들에서 사용한 강요의 개념, 대상, 연구방법 등을 요약 정리하면 〈표 2-9〉와 같다. 즉, 강요의 긍정적 효과를 지지하여 온정주의적 입장을 취하는 연구들은 대부분 법적 상태에 초점을 두었고 부정적 효과를 예측한 연구들은 지각된 강요에 주로 초점을 둔 경향이 있다.

■ 강요의 긍정적 효과

- **강제치료에 대한 생각의 변화분석:** 강제 입원환자와 자발적 입원환자의 강제입원에 대한 생각의 변화를 분석한 연구들(Beck and Golowka, 1988; Kane et al., 1983)이 있다. 이 연구들은 입원당시에는 입원에 반대하지만 치료가 된 후, 오히려 강제치료에 감사하게 된다는 Stone의 “thank you theory”를 검증하고자 하였다. 그 결과 입원 당시에는 ‘입원이 자신에게 이익이 되지 않는다’고 응답한 환자 중 일부분이 퇴원 시 ‘입원이 자신에게 유익했다’고

응답하였다. 그러나 나머지는 생각에 변화가 없어 Stone의 이론은 일부만 지지되었다.

- **역할의 변화분석:** 자발적 입원환자와 강제입원 환자의 도구적, 대인 관계적 역할의 호전된 정도를 비교분석한 결과(Gove and Fain, 1977)에 의하면, 강제입원 되었던 환자가 더 많은 호전을 보여 장기적으로 강제치료가 긍정적인 결과를 가져올 수 있음을 시사하였다.
- **재입원율과 정당성 평가 분석:** 법적 상태뿐 아니라 지각된 강요를 함께 사용하여 강제 입원환자의 1년 후 재입원율과 '강제치료의 정당성 평가'에 영향을 미치는 요인들을 분석한 연구(Priebe et al., 2009)가 있다. 그 결과 1년 후 전체의 15%가 다시 강제로 입원되었고 40% 이상이 자신들의 강제입원이 정당하다고 인식하는 것으로 나타났다. 특히 혼자 살고, 치료만족도가 높을수록 정당화하는 비율이 높았으나 사회기능이 좋은 경우 오히려 정당화하는 비율이 낮았다. 이 연구에서는 혼자 사느냐 아니면 다른 사람과 같이 사느냐 하는 것이 매우 중요한 변수로 나타났는데 혼자 사는 경우 강제 재입원율도 낮았고 강제입원을 더 긍정적으로 정당화하는 경향을 보였다. 이에 대해 연구자들은 혼자 사는 경우 강제입원이라 하여도 입원하여 다른 사람들과 함께 지내는 것이 더 많은 사회적 지지를 받게 되어 입원을 긍정적으로 인식하는 것으로 해석하였다.

■ 강요의 부정적 효과

- **치료 순응도에 미치는 영향:** Rain 등(2003a; 2003b)은 "낮은 강요경험" 집단과 "높은 강요경험" 집단의 퇴원 후 치료순응도

(treatment adherence)를 비교하였다. 그 결과 지각된 강요는 약물 복용과 외래치료의 지속성과 무관하였다. 다만 퇴원 후 한 달까지는 지각된 강요가 높을수록 임상적 치료의 지속성이 높았다. 그러나 변화는 지속되지 않았다. 이러한 결과를 바탕으로 연구자들은 강제적 개입이 장기적으로 치료 순응도를 높인다는 주장은 가능하지 않다고 결론지었다. Gardner 등(1999)도 지각된 강요가 장기적으로 병원치료를 수용하는 데 도움이 될지에 대해 조사하였다. 그 결과 입원당시 입원이 '필요 없다'고 했던 환자의 51%가 입원이 '필요하다'로 그리고 입원이 '필요하다'고 했던 환자의 5%만이 '필요 없다'로 신념이 바뀌었다. 그러나 이처럼 입원 필요성에 대한 긍정적 인식변화에도 불구하고 입원과 병원에 대한 부정적인 태도는 변함이 없었다. 즉, 지각된 강요는 시간이 지나도 변화지 않는 경향이 있고, 지각된 강요가 입원이 필요했었다고 생각을 변화시킨다 하여도 입원치료를 고맙게 생각하지는 않는다면서 Stone의 이론을 반박했다.

- **임상적 상태에 미치는 영향:** 강제적 개입이 임상적 상태, 즉 사회적 기능과 증상 정도, 병식이나 치료 순응도에 미치는 영향을 분석한 연구들이 있다. 전반적으로 강제입원이라 하여도 입원기간 동안 사회적 기능(GAS로 측정)이 증가하고 병식도 일부 증가하였지만 지각된 강요와는 상관없는 변화인 것으로 나타났다. 지각된 강요는 추적조사 시 치료적 효과를 가져오지 못할 뿐 아니라 오히려 낮은 심리사회적 기능이나 낮은 병식을 예측하는 것으로 나타났다(Kaltiala-Heino et al., 1997). 또한 강요조치 경험이 치료적 관계를 부정적으로 변화시키고 낮은 심리사회적 기능, 높은 증상, 그리고 낮은 지역사회서비스 이용률을 예측하게

된다고 하였다(Bindman et al., 2005). 추적조사를 한 연구는 아니라 하더라도 Bonsack와 Borgeat(2005)는 법적 상태가 강제입원인 경우 퇴원 시 증상회복정도를 주관적으로 더 낮게 평가한다고 하였다. Iversen 등(2007)은 세 가지 강요유형을 함께 평가하여 이러한 강요경험들이 전반적인 치료만족(전문적 관계, 치료환경, 치료프로그램, 치료결과에 대한 주관적 평가)에 미치는 영향을 분석하였다. 그 결과 강요조치만이 전반적으로 만족도를 저하시키는 부정적 영향을 미치는 것으로 나타났다. 그러나 법적 상태나 지각된 강요는 만족도에 의미 있는 영향력을 가지지 않았다.

- **치료요청에 미치는 영향:** Swartz 등(2003)은 강요에 대한 두려움이 지역사회 정신보건서비스를 이용하는 데 어떠한 영향을 주는가를 알아보기 위해 85명의 임상가와 104명의 조현병과 관련된 질환을 가진 사람들을 비교조사하였다. 그 결과 임상가와 환자 간의 뚜렷한 의견 차이를 보였다. 임상가의 78%가 법적 강제치료가 치료를 지속하게 할 것이고, 81%가 강제치료가 자발적 치료요청을 방해하지 않을 거라 응답하였다. 반면에 환자의 36%는 강제치료에 대한 경험은 강제에 대한 두려움을 가지게 하여 치료요청을 방해하게 된다고 하였다. 실제 환자들의 경우 강제치료 경험은 자발적 치료요청을 심각하게 방해하는 것으로 나타났다.

〈표 2-9〉 강요 결과에 관한 국외의 선행연구정리

연구자 (연도)	강 요			f/u 여부	결과변수	온정주의 지지 여부
	LS	PC	CM			
Priebe et al.(2009)	■	■		■	GAF, BPRS 치료전반에 대한 ct의 평가 강제입원의 정당성평가	○
Iversen et al.(2007)	■	■	■		GAF, BPRS 만족도(전문적 관계, 주관적인 결과평가, 병동환경, 치료프로그램, 정보와 영향, 치료계획, 강박과 강제적 치료)	×
Bindman et al.(2005)	■	■		■	GAS, insight 지속적 치료여부	×
Bonsack and Borgeat(2005)	■	■			입원동안의 주관적인 improvement 입원에 동의하는 정도 perceived need of hospitalization	×
Swartz et al.(2003)	■	■			증상정도(SCHIZOM) 자신의 정신장애에 대한 인식과 치료의 필요성, 자발적 정신건강의학과 치료요청	×
Rain et al.(2003a)	■	■		■	약물치료 순응도 치료프로그램 순응도(치료 세션 참석)	×
Rain et al.(2003b)	■	■		■	약물 및 주사치료 순응도 외래치료프로그램 순응도	×
Gardner et al.(1999)	■	■		■	병원치료가 필요하다고 생각하는가? procedural justice positive/negative pressure	×
Kaltiala-Heino et al.(1997)	■	■	■	■	치료적 관계, GAS, BPRS, 미래 치료욕구와 치료결과에 대한 기대 정신건강의학과치료에 대한 태도	×
Nicholson et al.(1996)	■	■			GAS, consumer satisfaction survey (입원의 이득, 존중, 프로그램 참여도, staff에 대한 인식, 입원환경에 대한 인식, solitude에 대한 인식)	×
Beck and Golowka(1988)	■				mental status(임상가가 평가) 입원이 benefit하다고 생각하는가?	○
Kane et al.(1983)	■				증상정도 강제입원이 필요하다고 생각하는가?	○
Gove and Fain (1977)	■				사회적 경제적 자원 증상호전(도구적, 대인관계의 역할)	○

* LS(legal status): 법적 상태, PC(perceived coercion): 지각된 강요, CM(coercive measure): 객관적 강요조치, f/u 여부: 추적조사여부.

■ 강요효과에 관한 국내 연구결과

Seo 등(2013)은 정신장애인이 경험하는 지각된 강요와 강요조치가 온정주의자들의 주장처럼 장기적으로 치료적 이득(증상완화와 병식증가)을 증가시키는지 알아보고자 하였다. 연구자들은 정신병원에 입원한 지 4주 이내의 환자 266명을 대상으로 입원 시의 강요경험을 조사하고 이러한 강요경험이 6개월 후 그리고 1년 후의 치료적 이득에 어떤 영향을 미치는지 추적 조사하여 잠재적 성장모형으로 그 결과를 분석하였다. 시간이 지나면서 대상자들의 증상과 병식 모두 감소하였다. 일반적으로 증상이 호전되면 병식이 향상될 것으로 생각할 수 있으나 이 연구에서는 증상과 병식의 관련성이 매우 낮아 상호 독립적인 변인임을 알 수 있다. 핵심질문은 지각된 강요와 강요조치가 증상과 병식 변화에 긍정적 영향을 미치는가이다. 연구결과 시간이 지나면서 증상이 줄어드는 경향을 보이지만 이러한 증상변화에 두 가지 유형의 강요경험이 의미 있는 영향력을 미치지 않았다. 결국 강요가 증상감소에 긍정적 영향을 미칠 것이라는 온정주의자들의 주장은 지지되지 않았다. 그러나 병식에서는 연구자들의 예상과 다른 결과가 도출되었다. 강요조치는 병식향상이 의미 있는 영향력을 가지지 않았으나 지각된 강요는 병식향상에 긍정적 영향을 미친 것으로 나타났다. 즉, 시간이 지나면서 대체로 병식이 감소하는데 지각된 강요가 높은 경우 오히려 병식이 향상되었다. 이에 대해 연구자들은 두 가지 해석이 가능하다고 보았다. 먼저 지각된 강요가 병식향상에 긍정적 영향을 미친다는 것을 그대로 수용하여 온정주의 주장이 일부 정당하다고 보는 것이다. 따라서 지각된 강요가 병식향상이라는 이득을 가져온다고 결론내리는 것이다. 그러나 다른 해석도 가능하다. 즉,

병식의 변화는 병에 대한 인식이 변화된 것이지 이것만으로 강제적 치료에 대한 인식까지 변화되었다 보기는 어렵다는 것이다. 온정주의자들의 주장은 강요를 경험한 정신장애인이 시간이 지나면서 강제치료를 긍정적으로 생각하게 되고 심지어 이것을 고맙게 생각한다는 것이다. 그러나 병식의 긍정적 변화는 어디까지나 병에 대한 인식향상이지 치료에 대한 생각까지 변화되었다고 결론내릴 수 없다는 것이다.

우리나라 강제치료의 현실

정신보건법에서의 강제입원

우리나라의 정신보건법은 1968년 대한신경정신의학회가 '정신위생법(안)'을 작성하여 정부에 건의하면서 법안건의가 시작되었다. 이후 여러 차례 입법건의가 이루어졌으나 정신보건법의 악용소지, 인권문제, 요양소의 양성화 반대, 예산의 비책정 등의 문제로 거부되어 왔다(양옥경, 2006: 267). 1992년 보건사회부가 정신보건법 입법을 재추진할 계획을 발표하였으나 전문가들의 반대가 심해 유보하다가 민주당에서 당안으로 논의되던 것을 의원입법안으로 국회에 제출하면서 법안이 통과되었다. 이처럼 우여곡절을 겪은 이유는 법안이 건의되던 때가 군사정권 시대였기 때문에 정신장애인의 인권뿐 아니라 일반인의 인권이 정치적으로 악용될 소지가 있었기 때문이다. 더욱이 법안에 대한 발의가 어떤 때는 정신장애인의 인권보호를 위해, 또 다른 때는 정신장애인의 범죄로부터 대중을 보호하기 위한 목적으로 발의되어 일관성이 없었다. 즉, 구금된 정신장애인의 인권침해실태를 고발하는 매스컴의 보도로 인해 자극되어 발의되기도 하였고, 때로는 여의도광장질주사건과 같은 정신장애인의 범죄를 예방하기 위한 목적으로 발의되기도 하여 그 성격이 모호하였다.

양옥경(2006: 263)은 정신보건법이 사회복지법은 아니지만 내용은 사회복지법의 성격을 지녔다고 하였다. 즉, 이 법은 정신장애인을 규제하는 것이 아니라 기본적으로 정신장애를 가진 사람들에게 주어져야 할 복지혜택의 근거를 마련하기 위한 법이라는 것이다. 따라서 정신보건법의 기본 취지는 퇴원 후 사회복귀를 위한 재활치료 및 사회복지서비스에 대한 법적 근거를 마련하고, 그들의 인권과 복지를 골자로 하는 삶의 질 보장과 정신장애 예방에 대한 법적 근거를 제공하여야 한다고 하였다.

1995년 정신보건법이 국회를 통과하여 1997년 시행되던 시점부터 강제입원에 대한 논란은 지속되고 있다. 어쩌면 이런 논란은 법 제정 이전부터 있어왔던 정신장애인 인권침해에 대한 논란과 무관하지 않다. 기본이념으로 '항상 자발적 입원을 권장할 것'을 규정하면서도 '자신의 건강 또는 안전이나 타인의 안전을 위하여 입원을 필요로 하는 경우' 보호의무자에 의한 입원, 시장·군수·구청장에 의한 입원, 응급입원과 같은 강제입원을 법적으로 허용하고 있다. 법 시행초기에는 정신보건법이 오히려 인권을 침해할 소지가 있다는 우려가 있었으나 여러 차례 법이 개정되면서 조금씩 정신장애인의 인권을 보호하는 차원으로 더디게 움직이고 있다. 강제입원과 관련된 정신보건법의 변화를 추적해보면 다음과 같다.

■ 1996년~2000년 이전 초기 정신보건법

초기 정신보건법에서는 입원유형이 자의입원, 동의입원, 평가입원, 시·도지사에 의한 입원, 응급입원으로 나누어져 있었다. 당시 법 제24조에 의하면 자의입원인 경우에도 '정신건강의학과전문의가 당해 정신질환자에 대하여 계속입원이 필요하다'고 진단하는 경우에는 입원한 환자로부터 퇴원신청이 있다 하여도 이를 중지할 수 있었다. 이 경우 정신의료기관장은 응급입원, 동의입원, 시·도지사에 의한 입원으로 변경하도록 하고 있었다. 당시 강제입원의 유형은 다음과 같았다.

- **동의입원:** 보호의무자의 동의를 얻어, 정신건강의학과전문의가 입원이 필요하다고 진단한 경우에 한하여 입원시키는 것이다. 이 경우 입원기간을 6개월 이내로 하고, 6개월 경과 후에도 계속 입원치료가 필요할 경우 정신의료기관의 장이 매 6개월마다 시·도지사에게 계속입원치료에 대한 심사를 청구하게 된다. 이때는 계속입원이 필요하다는 정신건강의학과전문의의 진단과 보호의무자의 입원동의서가 있어야 한다.
- **평가입원:** '정신질환으로 자신 또는 타인을 해할 위험이 있다고 의심되는 자'를 발견한 정신건강의학과전문의 또는 정신보건전문요원은 시·도지사에게 해당 환자의 진단 및 보호를 신청하면 평가입원이 이루어진다. 이때 평가결과 입원이 필요하다고 판단되면, 2주 이내로 제한된 입원이 가능하고 그 결과를 보호의무자에게 통지해야 한다.
- **시·도지사에 의한 입원:** 평가입원의 결과 입원이 필요하다는 2인 이상의 정신건강의학과전문의의 일치된 소견이 있는 경우

국가나 지방자치단체가 운영하는 정신의료기관 혹은 시·도지사가 지정하는 정신의료기관에 입원시킬 수 있다. 이와 같은 시·도지사에 의한 입원의 기간은 3개월 이내이며 3개월이 지난 후, 2인 이상의 전문의에 의한 진단결과 아직 위험성이 남아 있다고 판단되면 다시 3개월을 연장하여 입원이 가능하다.

- **응급입원:** '정신질환자로 추정되는 자로서 자신 또는 타인을 해할 위험이 큰 자를 발견한 자는 그 상황이 매우 급박하여 동의입원이나 시·도지사에 의한 입원을 시킬 수 없는 때'에 의사와 경찰관의 동의를 얻어 응급입원이 가능하다. 이 경우 72시간 범위 내에서만 입원이 가능하고 전문의의 진단결과 계속입원이 필요하다면 동의입원이나 시·도지사에 의한 입원으로 전환하여야 한다.

■ 2000년~2008년 이전의 중기 정신보건법

정신보건법이 시행되면서 발생된 몇 가지 문제점을 보완하여 2000년 일부 개정되었다. 이때부터 동의입원이 보호의무자에 의한 입원으로 바뀌었고 평가입원 조항이 삭제되었다. 개정법에서 입원과 관련된 것 중 중요한 것을 정리하면 다음과 같다.

- **자의입원:** 개정된 법에서는 자의입원으로 입원한 환자로부터 퇴원신청이 있는 경우 지체 없이 퇴원시켜야 한다. 또한 '정신건강의학과전문의가 당해 정신질환자에 대하여 계속입원이 필요하다고 진단하는 경우에는 입원한 환자로부터 퇴원신청이 있다 하여도 이를 중지할 수 있다'는 조항이 삭제되었다. 이는 자의입원으로 입원된 환자를 강제입원으로 전환할 수 없도록 규정한

것이다.

- **보호의무자에 의한 입원:** 이전의 동의입원에 해당되는 것이다. 이는 보호의무자의 동의가 있을 때 전문의가 입원이 필요하다고 진단한 경우에 한하여 입원이 가능하다. 그러나 이 입원이 가능하기 위해서는 보호의무자로부터 반드시 입원동의서와 더불어 보호의무자임을 확인하는 서류를 함께 받아야 한다. 이때 동의한 보호의무자가 퇴원을 신청하는 경우 지체 없이 퇴원시켜야 하지만 전문의가 위험성을 고지하는 경우 의료기관의 장은 퇴원을 중지할 수 있다. 이 경우 보호의무자는 즉시 지방정신보건심의위원회에 이의를 신청할 수 있다.
- **시·도지사에 의한 입원:** 과거 평가입원과 합쳐져 '정신질환으로 자신 또는 타인을 해할 위험이 있다고 의심되는 자'의 진단 및 보호를 신청하여 만약 입원이 필요하다고 판단되는 경우 2주간 이내로 입원시킨다. 평가결과 계속입원이 필요하다고 2인 이상의 전문의가 일치된 소견을 보이는 경우 3개월간의 입원이 가능하다. 이때 국가나 지방자치단체가 운영하는 정신의료기관 혹은 시·도지사가 지정하는 정신의료기관이 없다면 그 외의 정신의료기관에 입원치료를 의뢰할 수 있는 것으로 개정되었다.

■ 2008년 이후의 정신보건법

2008년 개정되어 2009년부터 시행된 정신보건법 일부 개정안은 상당히 많은 변화를 가져왔다. 변화된 사항 중 중앙과 지방으로 나누어져 있던 정신보건심의위원회가 시·도지사 소속의 광역정신보건심의위원회, 시장·군수·구청장 소속의 기초정신보건심의위원회로 변경되었다. 이로 인해 입원유형도 변화되었고 그 내용도 일부 개정되었다. 구체적인 강제입원의 내용은 〈표 2-10〉과 같다.

〈표 2-10〉 현행 정신보건법에서의 강제입원

입원유형	입원요건
보호의무자에 의한 입원	정신질환자의 보호의무자 2인의 동의가 있고 정신건강의학과전문의가 입원 등이 필요하다고 판단한 경우, 보호의무자의 동의를 얻어 입원
시장·군수·구청장에 의한 입원	정신질환자가 자신 또는 타인을 해할 위험이 있다고 의심되는 자를 발견한 정신건강의학과전문의 또는 정신보건전문요원이 시장·군수·구청장에게 진단 및 보호를 신청
응급입원	정신질환자로 추정되는 자로서 자신 또는 타인을 해할 위험이 아주 큰 자를 발견한 자는 그 상황이 매우 급박할 경우 의사와 경찰관의 동의를 얻어 정신의료기관에 72시간 이내에 응급입원을 의뢰

출처: 정신보건법 제24조~26조.

• **자의입원**

앞의 조항에 추가된 것은 정신의료기관의 장이 자의입원한 환자에게 1년에 1회 이상 퇴원 등을 할 의사가 있는지 여부를 파악하여 이를 진료기록부에 기재하도록 하고 있다.

• **보호의무자에 의한 입원**

개정법에서는 보호의무자 2인의 동의가 있는 경우 입원이 가능하도록 개정하였다. 물론 보호의무자가 1인인 경우에는 1인의 동의를 얻지만 보호책임을 느끼지 못하는 보호의무자 1인의 강제입원 결정을 막기 위해 2인 이상의 보호의무자를 확인하여 동의서를 얻도록 하고 있다. 보호의무자의 퇴원신청이 있는 경우 즉시 퇴원시켜야 하지만 전문의가 위험성을 고지한 경우 의료기관의 장은 퇴원을 중지할 수 있다. 이 경우 보호의무자는 즉시 기초정신보건심의위원회에 이의를 신청할 수 있다. 정신의료기관의 장이 퇴원을 거부하는 경우 지체 없이 환자와 보호의무자에게 거부사유를 알리고 퇴원 등의 심사를 청구할 수 있음을 서면 또는 전자문서로 통지하여야 한다.

- **시장 · 군수 · 구청장에 의한 입원**

  시 · 도지사에 의한 입원이 시장 · 군수 · 구청장에 의한 입원으로 변경되었고 내용은 동일하다.

- **응급입원**

  응급입원을 필요로 하는 경우는 동일하다. 다만, 응급입원된 자를 진단한 결과 강제입원으로 전환하는 경우 단순히 '계속입원이 필요한 경우'가 아니라 '자신 또는 타인을 해할 위험으로 인하여 계속입원이 필요한 때'로 좀 더 복잡한 요건을 추가하였다. 또한 입원을 시키는 때에 보호의무자 또는 보호를 하고 있는 자에 대하여 지체 없이 입원사유, 기간 및 장소를 서면 또는 전자문서로 통지하여야 한다는 조항이 신설되었다.

우리나라 강제입원 현황

우리나라의 입원유형현황에 관한 〈표 2-11〉을 보면, 입원(소)환자 수는 해마다 증가하고 있다. 즉, 2000년 59,032명에서 2011년 78,637명으로 25% 증가하였다. 그럼에도 불구하고 정신보건법 통과 이후 지역사회중심의 서비스는 활성화되고 그에 소요되는 국가예산도 해마다 증가하였다. 결국 우리나라 정신보건서비스는 지역사회중심으로 서비스 패러다임은 변화되었으나 여전히 시설중심의 서비스가 증가하는 모순된 이중구조로 진행되고 있다.

강제입원의 비율을 보면, 2000년 강제입원과 자의입원의 비율이 94.3%와 5.8%였던 것에 비해 2011년에는 78.1%와 23.7%로 자의 입원의 비율이 현저히 증가하였다. 그러나 여전히 입원(소)된 정신장애인의 70~80%가 본인의 의사에 반하는 입원치료를 통해 자유권이 제한되고 있다. 특히 보호의무자에 의한 입원이 강제입원의 절대 다수를 차지하고 있어 보호의무자에 의한 입원규정이 지나치게 느슨함을 알 수 있다. 2008년 이후 보호의무자에 의한 입원 규정을 강화하여 2인의 동의를 얻도록 하였으나 그 비율이 현저히 줄어들지 않은 것으로 미루어 볼 때 그 효용성은 크지 않다고 볼 수 있다.

〈표 2-11〉 입원유형현황 (단위: 명, %)

연도	총 입원 환자 수	자의입원	보호의무자에 의한 입원	시장・군수・구청장에 의한 입원	응급입원
2000	59,032(100)	3,393(5.8)	55,639(94.3)	-	-
2001	60,079(100)	4,041(6.7)	56,035(93.3)	-	-
2002	61,066(100)	3,946(6.5)	57,120(93.5)	-	-
2003	64,083(100)	4,182(6.6)	59,901(93.4)	-	-
2004	65,349(100)	5,024(7.7)	60,325(92.3)	-	-
2005	67,895(100)	6,036(8.9)	61,859(91.2)	-	-
2006	70,967(100)	6,534(9.2)	64,431(90.8)	-	-
2007	70,516(100)	6,841(13.0)	63,675(90.3)	-	-
2008	72,325(100)	9,387(16.1)	62,790(86.8)	112(0.2)	37(0.1)
2009	74,919(100)	12,087(20.3)	62,580(83.5)	176(0.2)	76(0.1)
2010	75,637(100)	15,271(21.4)	59,651(79.2)	251(0.3)	109(0.1)
2011	78,637(100)	16,833(23.7)	61,431(78.1)	323(0.4)	50(0.1)

출처: 중앙정신보건사업지원단(2011), 중앙정신보건사업지원단 보고서, p. 101 재구성.

이러한 우리나라의 강제입원율을 OECD국가와 비교해보면 〈그림 2-2〉와 같이 현저히 높은 수준이다. 물론 국가마다 강제입원을 규정하는 법이 다르기 때문에 이러한 직접적 비교는 해석의 문제를 낳을 수도 있다. 그러나 규정의 차이를 고려한다 하여도 우리나라의 강

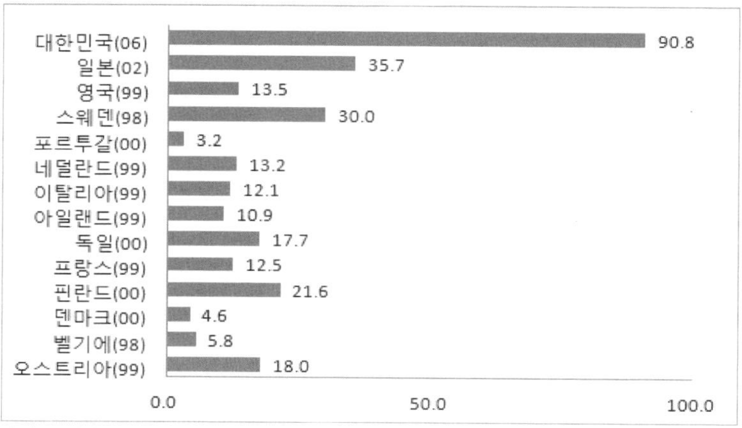

출처: 국가인권위원회(2008b), "국제기준에서 바라본 우리나라의 정신보건현황과 사회적 낙인" 자료집, p. 140.

〈그림 2-2〉 우리나라와 OECD 국가의 강제입원 비율

제입원비율은 상당히 높다. 특히 다른 국가의 통계는 '98~'02년도의 것이고, 우리나라의 통계는 2006년의 것임을 감안한다면 문제가 더 심각하다는 것을 알 수 있다.

시설 내 자유권 침해 현황

시설 내에서의 자유권 침해는 강제입원과정과 무관하지 않다. 즉, 강제입원과 계속입원 혹은 전원과 관련되어 자유권이 침해되고, 시설 내 행동의 자유가 제한되어 자유권이 침해된다. 우리나라 현행 정신보건법은 강제입원인 경우 시설 내에서의 강제치료를 묵인하는 경향이 있다. 일단 강제 입원되면 시설 내에서 강제적으로 약물치료에 순응해야 하고 시설 내 프로그램에 참여하도록 압력 받게 된다. 그러나 시설 내의 인권침해의 현황을 파악하기는 매우 어렵다. 시설의 폐쇄

성과 대상자의 정보보호 문제로 조사가 쉽지 않기 때문이다.

2003년부터 2012년까지 국가인권위원회에 진정된 199사례 434건의 진정내용을 분석한 결과 입원과 관련된 내용은 〈표 2-12〉과 같이 총 152건이다. 이 결과는 서미경 등(2008a)이 2003~2007년의 진정사례를 분석한 결과에 이후 5년간의 사례를 더해 동일한 분석 방법을 사용한 것이다[4]. 입원 관련 진정건수 중 강제입원과 관련된 것이 118건으로 가장 많았다. 이 중 '보호자 자격이 없는 사람으로부터의

〈표 2-12〉 강제입원과 관련된 국가인권위원회 진정건수(2003~2012)

<table>
<tr><th>내용</th><th colspan="3">세부 내용</th><th>건수</th></tr>
<tr><td rowspan="15">입원</td><td rowspan="8">강제적인 입원</td><td colspan="2">보호의무자 동의 없음</td><td>10</td></tr>
<tr><td rowspan="2">자격 없는 보호의무자</td><td>친/인척</td><td>23</td></tr>
<tr><td>시설장/직원/전처/이웃 등</td><td>17</td></tr>
<tr><td colspan="2">자의입원서 허위 작성</td><td>2</td></tr>
<tr><td colspan="2">입원절차무시</td><td>15</td></tr>
<tr><td colspan="2">보호의무자 2인 동의 위반</td><td>14</td></tr>
<tr><td colspan="2">입원 시 억압</td><td>2</td></tr>
<tr><td colspan="2">입원 시 행정절차 미비</td><td>35</td></tr>
<tr><td rowspan="3">계속 입원</td><td>자격 없는 보호의무자의 계속입원 심사 동의</td><td>친척/시설장/이웃 등</td><td>15</td></tr>
<tr><td colspan="2">보호의무자 동의 없음</td><td>6</td></tr>
<tr><td colspan="2">전문의 진단 없음</td><td>1</td></tr>
<tr><td rowspan="2">전원</td><td colspan="2">전원절차 무시(임의 전원)</td><td>5</td></tr>
<tr><td colspan="2">전원(퇴원명령 회피)</td><td>1</td></tr>
<tr><td rowspan="2">퇴원</td><td colspan="2">퇴원거부 사유 통지 위반</td><td>1</td></tr>
<tr><td colspan="2">자의입원자 퇴원요청거부/퇴원조치불이행</td><td>5</td></tr>
<tr><td colspan="4">합 계</td><td>152</td></tr>
</table>

4) 추가분석은 한국 도박문제관리센터 경남센터 박근우 박사의 도움으로 시행되었다.

동의' 혹은 '보호자의 동의가 없는 것' 등 보호의무자와 관련된 것이 가장 많았다. 계속입원심사와 관련된 진정에도 '자격 없는 보호의무자'와 '보호의무자의 동의 없음'이 가장 심각한 문제로 나타났다. 그리고 입원절차나 행정절차가 미비한 것도 상당히 중요한 비중을 차지하였다. 이러한 절차 위반은 전원과 퇴원과정에서도 계속되었다. 또한 2008년 개정된 정신보건법에 규정된 '보호의무자 2인 이상의 동의'를 위반한 경우도 14건이었다.

우리나라 강제입원의 가장 많은 비중을 차지하는 것이 '보호의무자에 의한 입원'인데, 이와 관련된 진정이 가장 많다는 것은 주목할 만한 사실이다. 정신보건법에서 규정하고 있는 보호의무자는 민법 제974조에 의한 부양의무자이며 이는 직계혈족과 배우자, 생계를 같이 하는 친족을 의미한다. 그러나 진정내용 중에는 보호의무자가 될 수 없는 '생계를 같이하지 않는 친족'에 의한 입원이 있었는데 이들 중에는 조카, 사위, 시동생, 매형, 올케, 고모, 형수, 며느리, 처남, 조카, 이모, 숙모, 백부, 사촌누나, 이종누나, 숙부, 제수 등 다양하다. 이들에 의한 입원 시 병원에서는 보호의무자임을 확인하는 과정을 거치지 않았고 이는 다른 병원으로 전원할 때에도 마찬가지였다. 또한 자격이 없는 보호의무자로 친족이 아닌 경우도 있었는데 여기에는 목사, 시설장, 시설간호사, 친구, 전 남편, 원무과 직원, 교회 성도, 주민, 경찰서 형사 등이 있고 심지어 '환자 아들 친구의 아버지'가 보호의무자인 경우도 있었다.

제5장 최소한의 규제 속 강제치료: 지역사회치료명령

인간에게 있어 자유권은 천부적 속성을 가진 보편적 권리로 인정되고 있으며, 특히 취약계층의 자유권 보장은 그 사회의 인권보장지수를 가늠하는 중요한 척도가 되고 있다. 이런 측면에서 사회적 소수자인 정신장애인의 자유권을 최소한 규제하면서, 정신보건의 목적인 회복을 효과적으로 추구하기 위해 오늘날 여러 나라에서 외래치료명령 혹은 지역사회치료명령 제도를 채택하고 있다. 각 나라에서 사용하는 용어는 'community treatment order', 'involuntary outpatient commitment', 'coerced community treatment' 등 다양하지만 그 기본 철학과 목적은 비슷하다. 즉, 정신장애인 자신과 공공의 안전을 위해 그들의 자유권과 존엄성을 최소한 침해하면서 지속적인 치료를 보장하여 그들의 회복을 돕는 것이다(McIvor, 1998). 본 장에서는 여러 용어 중 가장 많은 국가에서 사용하고 있는 지역사회치료명령이라는 용어를 사용하였다. 지역사회치료명령은 탈시설화 이후 잦은 재발과 재입원으로 나타나는 회전문 현상을 막고, 지속적인 치료를 보장하기 위해 정신장애인에게 지역사회에서 치료받을 것을 법적으로 명령하는 제도이다. 이는 시설에 입원하는 것보다 자율성이 덜 침해되고 지역사회 내 치료적 자원과의 연결을 효과적으로 보장하여, 궁극적으로 회복을 촉진시키는 유용한 대안으로 여겨진다. 따라서 뉴질랜드, 호주, 영국뿐 아니라 미국의 40여 개 이상의 주에서 적극적으로 활용하고 있는 제도이다.

지역사회치료명령의 찬반논쟁

지역사회치료명령은 정신장애인의 치료적 이득을 위해 최소한의 규제를 보장해야 하는 지역사회에서 그들의 자율성을 제한하는 전형적인 온정주의적 개입의 한 형태이다. 이에 대한 찬반논쟁은 과거 강제입원치료의 정당성에 대한 논쟁이 탈시설화되면서 지역사회로 옮겨온 양상이다(O'Reilly, 2004).

찬성: 강제입원의 유용한 대안으로서 지역사회치료명령

지역사회치료명령을 지지하는 사람들은 입원시설에서의 강제치료보다 지역사회에서의 강제치료가 정신장애인의 자율성과 자유를 더 많이 존중할 수 있고, 정신장애의 특성상 이러한 개입조차 없을 경우 진정한 자유권을 보장할 수 없다(Geller, 1986)는 논리를 편다. 이러한 논리에 따라 상당히 많은 나라에서 탈시설화 이후 강제입원의 대안으로 지역사회치료명령을 선택하고 있다. 사용하는 용어는 달라도 입원치료가 아니면 통제하기 어려웠던 비자발적 정신장애인을 입원시키지 않고 지역사회에서 치료하기 위한 공통적 목적을 가지고 있다. 따라서 이 제도를 찬성하는 사람들은 강제입원의 대안으로 지역사회치료명령이 입원횟수와 전반적인 재원일수를 감소시키고 병식과 치료 순응도를 향상시킬 수 있다고 기대한다. 특히 약물에 효과적으로 반응하는 조현병의 특성상 치료에 순응적이지 못하고 시설 선호적 경향(hospitalphilia)을 보이므로 이들에게 구조(structure)와 동기(motivation)를 제공하는 방법으로 지역사회치료명령은 매우 적절하다(Geller, 1995)는 주장이다.

이러한 주장을 뒷받침하는 경험적 연구들이 있다. 먼저 매사추세츠주 지역사회치료명령제도의 효과성을 분석한 연구(Geller et al., 1998)가 있다. 연구자들은 인구통계학적 변인과 임상변인(입원기간, 재원횟수 등)을 통제한 상태에서 대응집단(matched sample)과 지역사회치료명령의 재원기간, 재원횟수를 사전, 사후 비교하였다. 그 결과 지역사회치료명령 집단이 재원횟수, 재원기간 모두 의미 있게 감소하였다. 캐나다 토론토 지역의 지역사회치료명령의 효과성을 분석한 연구(Hunt et al., 2007)도 지역사회치료명령 집단과 통제집단을 비교하였다. 그러나 여기서는 인구통계학적 변인까지 통제하지는 못하였다. 이 연구는 두 집단의 입원 전 사전조사와 퇴원 후 6개월마다 2번 추적 조사로 이루어졌다. 그 결과 명령 집단의 입원기간이 짧았고, 통제집단에 비해 사례관리 서비스와 지속적인 의료서비스를 더 적극적으로 받았다. 중요한 것은 이러한 효과가 명령을 받은 6개월 이후부터 나타나고 일단 효과가 나타나면 명령이 해제된 이후에도 지속된다고 보고하고 있다.

또한 통제집단 없이 지역사회치료명령 시행 전과 후를 비교한 연구들이 있다. 호주 지역사회치료명령제도의 효과성을 분석한 연구(Muirhead et al., 2006)에서는 지역사회치료명령을 받아 온 조현병 환자 94명의 명령 전후 1년간의 프로파일을 분석하였다. 그 결과 서비스 접촉 수는 증가하였고, 입원횟수는 감소했으며, 재원기간 역시 감소하였다. 응급출동서비스 이용률과 다른 재발요인들도 모두 감소하는 경향을 보였다. 유사한 방식으로 O'Brien과 Farrell(2005)은 캐나다 지역사회치료명령 집단의 명령 전후를 비교하였다. 그 결과 명령 이후 입원횟수와 재원기간이 감소하였고, 지지적 지역사회서비스와 지지적 주거서비스의 활용이 증가하였다. 그러나 앞의 연구들과 달리 이 연구에서는 명령의 효과가 최소 1년 이상 지속되어야만 나타나고, 명령이 해제되면 효과 역시 줄어든다고 하였다. 따라서 연구자들은 효과가 지속되기 위해서는 명령도 지속되어야 한다고 하였다.

이처럼 지역사회치료명령을 찬성하는 사람들은 스스로를 돌보지 못하는 사람들을 국가가 돌보아줄 의무가 있고, 그 의무의 한 형태가 명령이라고 생각한다. 탈시설화로 인해 치료가 필요한 사람을 입원시키지 않고 치료할 수 있는 유용한 대안으로 지역사회치료명령의 정당성을 주장하는 것이다. 증상이 지속되고 자신의 병에 대한 인식이 부족한 사람들에게 자발적 서비스 요청을 기대하기 어렵고, 무엇보다 효과적이라는 연구결과는 있어도 부정적 결과를 초래한다는 경험적 연구가 없다는 것에 근거하여 찬성 주장을 펼친다(O'Reilly, 2004).

반대: 지역사회치료명령은 지역사회로의 강제성 확대

지역사회치료명령을 반대하는 사람들은 지역사회치료명령이 시설에 적용되던 강제성을 지역사회로 확대한 것이고, 누구에게나 존재하는 치료거부권 행사를 방해하는 인권침해라고 주장한다. 이들은 적극적이고 잘 통합된 지역사회 서비스로 충분히 해결할 수 있는 문제들을 자원개발 없이 강제로 치료순응도만을 높이기 위해 지역사회치료명령을 활용한다고 비판한다(O'Reilly, 2004). 그들은 명령이 임상적으로 긍정적 효과가 있다는 연구결과들은 연구방법의 엄격성이 떨어지므로 신뢰하기 어렵다고 비판(Kisely and Campbell, 2006)한다. 즉, 인구통계학적 변인과 임상적 변인 모두 동일함에도 불구하고 왜 누구는 지역사회치료명령 집단이고 누구는 아닌지에 대해 설명하지 못하고 있다. 또한 지역사회치료명령 전후를 비교한 연구들 역시 지역사회치료명령 기간 내에 받은 다른 서비스와 지역사회자원의 영향력을 고려하지 않았으므로 나타난 효과들이 반드시 지역사회치료명령 때문이라 단정하기 어려운 한계가 있다는 것이다. 오히려 연구의 엄격성을 지키기 위해 무작위 표집으로 실험집단과 통제집단을 구성한 뉴욕의 연구(Steadman et al., 2001)와 노스캐롤라이나의 연구(Swartz et al., 1999; 2001)에서는 지역사회치료명령 집단과 통제집단 간에 의미 있는 차이가 없어 지역사회치료명령이 효과적이라 평가할 수 없다고 결론내리고 있다.

먼저 뉴욕의 연구에서는 입원환자 142명을 대상으로 퇴원 시 무작위로, 78명은 지역사회치료명령 집단에, 64명은 통제집단에 배정하였다. 두 집단 모두 지역사회 내 일련의 서비스(퇴원 후 포괄적인 치료, 지속적인 사례관리, 외래서비스를 담당하는 코디네이터의 지속적인 감독 등)를 받았다. 퇴원 11개월 후에 사후조사를 한 결과, 인구통계학적 변인과 임상적 변인을 통제한 상태에서 실험집단과 통제집단 간에 재입원율, 구속률(arrest), 희생률(vicimization), 삶의 질, 증상, 치료순응도, 폭력행동 등에 의미 있는 차이가 나타나지 않았다. 동일한 결과변수를 활용하여 노스캐롤라이나에서도 연구가 수행되었다. 여기서도 퇴원을 앞둔 331명의 환자를 무작위로 지역사회치료명령 집단과 통제집단으로 배정하였다. 두 집단 모두 외래서비스와 사례관리 서비스를 지속적으로 받았다. 명령 집단은 초기 90일간 명령을 받고 다시 180일을 연장하여 명령을 받는 것으로 규정하였다. 그 결과 뉴욕 연구와 마찬가지로 두 집단 간에 구속률, 외래치료기간, 입원기간 등에 의미 있는 차이가 없었다. 다만 지역사회치료명령 기간이 길어지고 집중적인 지역사회서비스를 받을 경우에는 명령 집단의 입원기간, 치료순응도, 공격적 행동에서 약간의 효과를 보이는 것으로 나타났다. 따라서 연구자들은 지역사회치료명령이 효과적이기 위해서는 집중적인 지역사회서비스가 지속적으로 제공될 때만 가능하고, 이것을 순수한 명령의 효과라 보기는 어렵다고 결론지었다.

지역사회치료명령의 허와 실

선행연구들(Swartz and Swanson, 2004; Allen and Smith, 2001)에 의하면 지역사회치료명령으로 인해 나타나는 공통적 효과가 '서비스 접촉의 증가'이다. 즉, 명령으로 인해 서비스 접촉이 증가하거나 혹은 접촉증가를 전제로 할 때만 지역사회치료명령이 효과를 보인다는 것이다. 그러나 서비스 접촉증가를 명령의 효과라고 하기는 어렵다. 왜냐하면 서비스를 지속적으로 접촉하는 것이 바로 명령의 핵심내용이므로, 법적으로 이러한 명령을 받은 대상자는 당연히 통제집단에 비해 많은 접촉을 할 수밖에 없기 때문이다. 따라서 이것으로 지역사회치료명령의 효과성을 언급하는 것은 '벌거숭이 왕'에 비유될 만큼 어리석은 해석이다(Kisely and Campbell, 2006).

대부분의 국가에서 지역사회치료명령 적용의 주요 기준으로 '자·타해의 위험성'을 들고 있다. 그러나 이것 자체가 지역사회치료명령의 모순이라는 지적도 있다(Dawson et al., 2003). 즉, 강제입원치료의 기준 역시 위험성이므로 만약 위험하다고 평가된 정신장애인이라면 입원치료를 적용해야 한다. 만약 위험하지 않다고 평가되면 어떠한 형태의 강제치료도 적용될 이유가 없다는 것이다. 결과적으로 위험성은 강제입원치료의 기준이므로 지역사회치료명령의 기준이 될 수 없다. 이것이 지역사회치료명령제도가 가지고 있는 자기모순(self-defeating)이다. McIver(1998) 역시 일단 입원시키지 않고 지역사회에서 치료받을 수 있다고 판단되었다면 그 환자는 자·타해의 위험성이 적고, 어느 정도 치료를 결정할 수 있는 사람이 아니겠는가 하는 의문을 제기하였다. 따라서 치료하기 어려운 환자나 치료에 동의하지 않는 환자에게 자발적 동의를 구하려는 노력 없이 쉽게 지역사회치료명령을 적용할 위험이 있음을 경고하였다.

Allen과 Smith(2001)는 지역사회치료명령을 '판도라 상자(Pandora's Box)'에 비유하며 그 위험성을 지적하고 있다. 그들은 지역사회치료명령제도 자체에 다음과 같은 다섯 가지 의문이 제기된다며 이러한 문제들 때문에 헌법상 보장되어 있는 정신장애인의 자유권이 심각하게 침해될 수 있음을 경고하고 있다.

- 지역사회치료명령을 지지하는 사람들이 예상하는 것처럼 대중의 안전, 치료순응도, 재입원 등에 효과적이라는 경험적 증거가 부족하다.
- 지역사회치료명령을 통해 얻고자 하는 치료목표들은 잘 통합된 지역사회서비스로 충분히 해결될 수 있다.
- 지역사회치료명령은 그에 상응하는 지역사회자원이 병행되지 않으면 성공하기 어렵다. 그럼에도 불구하고 제한된 자원 내에서

명령을 시행할 경우, 명령을 받은 정신장애인에게 자원이 집중되어 다른 환자들에게는 충분한 서비스가 전달되지 못할 수 있다.

- 명령이 지속되는 동안은 치료순응도를 강제적으로 확보할 수 있지만, 치료적 관계가 손상되어 장기적으로는 자발적 서비스 요청 행동이 저하되어 궁극적 목표인 회복을 방해할 수 있다.
- 대부분의 정신장애인은 지역사회치료명령을 받을 만큼 위험하지 않고, 다만 병식이 부족할 뿐이다. 그런데 '병식이 부족하다'는 규정으로 법적 명령을 적용하기에는 기준이 너무 모호하고 불분명하다.

지역사회치료명령의 효과적인 적용

지역사회치료명령이 효과적으로 적용되기 위해서는 무엇보다 구체적인 적용기준과 적용과정에서 지속적인 지역사회서비스 제공이 매우 중요하다.

■ 적용대상

Geller(1995)는 약물에 반응을 잘 하지만 순응도가 떨어지고 시설을 선호하는 조현병 환자가 주요 대상이 될 수 있다 하였다. 이들에게 지역사회치료명령은 지속적이고 일관성 있는 환경구조를 제공할 뿐 아니라 병원에 입원하지 않고도 치료에 순응하는 동기를 제공할 수 있다는 것이다. 그는 비순응적 환자와 시설선호 환자에게 적용하는 지역사회치료명령의 가이드라인이 다르다며 다음과 같은 기준을 제시하였다.

- 비순응 환자의 기준
  - 대상자가 지역사회에서 생활하는 것에 관심을 보여야 한다.
  - 과거 지역사회에서의 생활에 실패한 경험이 있어야 한다.
  - 지역사회치료명령을 이해하고 지역사회치료명령 계획에 동의할 정도의 능력은 갖추고 있어야 한다.
  - 지역사회에서 대상자의 상태를 모니터링하고, 치료에 참여시키기 위해 노력하는 지역사회서비스 기관이 있어야 한다.
  - 지역사회가 대상자의 욕구에 맞는 서비스를 제공할 능력을 가지고 있어야 한다.

- 시설선호환자의 기준
  - 개인적 기능과 대인관계 영역의 결함이 있는 사람으로 지역사회보다 시설에 더 많은 의미를 부여하는 환자들이어야 한다.
  - 지역사회치료명령이 생활의 구조를 제공해야 한다.
  - 모든 치료계획이 대상자에게 이해 가능해야 하고, 일관성 있게 제공되어야 하며, 정기적으로 계획을 검토하는 모임이 있어야 한다.
  - 지역사회치료명령이 장기적으로 적용될 가능성을 염두에 두어야 한다.

이처럼 구체적인 가이드라인을 제시하지는 않았지만 지역사회치료명령을 적용하는 주요 기준으로 병식의 중요성을 강조하거나(Dawson and Mullen, 2008) 치료순응도와 위험성을 중요한 요인이라 강조(Geller, 1986)한 사람들도 있다. Romans 등(2004)도 정신건강의학과의사들이 지역사회치료명령 적용을 판단할 때는 치료순응도와 위험성을 주요 기준으로 판단해야 한다고 주장하였다.

■ **지속적인 지역사회서비스 제공**

적용 대상 기준 이외에 효과적인 지역사회치료명령 실행에 필수적 요인으로 지역사회 내 서비스 역량을 들 수 있다. 즉, 지역사회치료명령이 지역사회 내 서비스를 대체하는 것이 아니라 포괄적이고 통합적인 지역사회서비스가 지역사회치료명령과 병행될 때만 그 효과를 기대할 수 있다는 것이다(Swartz and Swanson, 2004). 이 중에서도 특히 안정된 주거프로그램이 중요한데 이는 다른 삶의 질 영역을 향상시키는 데 있어 매우 결정적 역할을 한다(Gibbs et al., 2006). Romans 등(2004) 역시 효과적인 지역사회치료명령을 위해서는 충분한 지지적 주거확보, 대상자를 모니터링하고 명령내용을 따르도록 동기를 제공할 수 있는 훈련된 직원, 심리적 지지, 대상자의 충분한 여가활동 프로그램, 지리적 접근성 등의 문제가 선행되어야 한다고 하였다.

각국의 지역사회치료명령

미국의 지역사회치료명령[1)]

1960년대 탈시설화 이후 퇴원한 정신장애인의 치료가 적절히 이루어지지 않아 회전문현상(revolving door phenomenon)이 일어나자 이를 해결하기 위한 대안으로 비자의적 외래치료(involuntary outpatient treatment: IOT) 또는 비자의적 외래의무(outpatient commitment)를 도입하였다. 미국 대부분의 주에서 이를 시행하고 있으나 각 주마다 적용기준, 적용과정에 상당한 차이가 있다. 많은 주에서 활용하는 기준과 과정을 정리하면 다음과 같다.

■ **적용기준**

외래치료명령의 주요 기준은 자신과 타인에 대한 위험성이다. 이외에 이 명령을 받는 사람들은 주로 i) 지역사회에 살기 원하며 ii) 과거력상 치료에 실패한 경험이 있으며 iii) 정해진 치료에 참여할 능력이 있고 iv) 외래치료가 환자에게 도움이 되고 또한 지역정신보건기관에서 서비스가 지속적으로 제공되며 v) 지역사회에서 살 수 있는 능력이 있어야 하며 vi) 치료가 강제적으로 이루어져야 할 필요성이 있는 환자이다.

1) 미국의 지역사회치료명령제도에 관한 내용은 국가인권위원회(2009b)의 『정신장애인 인권개선을 위한 각국의 사례연구와 선진모델 구축』의 pp. 59-63의 내용을 요약한 것임.

■ 적용과정

외래치료명령을 내리는 기간은 지역에 따라 차이가 있다. 일반적으로는 180일이 가장 일반적이지만 다음으로 365일이 많다. 오하이오나 웨스트버지니아주에서는 2년 동안 관찰기간을 두고 있으며 뉴햄프셔주에서는 5년 동안의 관찰기간을 두고 있다. 인디애나, 유타, 버몬트주에서는 영구적으로 외래치료명령이 가능하도록 되어 있다. 외래치료명령 기간이 정해져 있다 하더라도 대부분 기간이 완료되면 반복적인 연장이 가능하도록 되어 있다. 대부분의 주에서 강제 입원된 환자를 대상으로 또는 정신건강의학과 의사가 판단하여 필요하다고 생각하는 경우, 법원을 통해 명령이 결정되며, 관찰기간이 지나면 법원에서 재심의하여 연장여부를 결정한다.

호주의 지역사회치료명령[2)]

호주에서는 1986년의 정신보건법(Mental Health Act)에 의해 지역사회치료명령이 시행되고 있다. 각 주마다 조금씩 다른 형태의 명령제도가 시행되고 있지만 대체로 다음과 같은 적용기준과 과정으로 시행되고 있다.

■ 적용기준

지역사회치료명령이 내려지기 위해서는 다음의 몇 가지 기준이 충족되어야 한다. ⅰ) 정신질환이 있어야 한다. ⅱ) 즉각적인 치료를

2) 호주의 지역사회치료명령제도에 관한 내용은 국가인권위원회(2009b)의 『정신장애인 인권개선을 위한 각국의 사례연구와 선진모델 구축』의 pp. 171-174의 내용을 요약한 것임.

요하며 비자발적 치료명령을 통해서만 치료받을 수 있는 상황이어야 한다. iii) 비자의적 치료가 당사자의 안전과 건강을 위해 필요해야 한다. iv) 대상자가 치료에 동의하지 않거나 그러한 능력이 없어야 한다. v) 자발성을 존중하는 방법으로는 적절한 치료가 이루어질 수 없어야 한다.

■ **적용과정**

지역사회치료명령이 결정되는 과정은 두 가지이다. 하나는 입원한 상태에서의 명령이고 다른 하나는 입원하지 않는 상태에서의 명령이다. 먼저 입원한 상태에서의 명령은 입원 시 24시간 관찰한 내용을 바탕으로 지역사회치료명령을 통해 퇴원이 앞당겨질 수 있는지를 결정하게 된다. 이 경우 환자와 퇴원 후 치료계획을 세우고, 지역사회치료명령에 대한 정보를 제공하며, 퇴원 후 치료할 치료진과의 연계가 이루어진다. 입원하지 않은 상태에서의 명령은 지역사회에서 거주하지만 치료가 필요한 환자를 정신보건전문가가 평가하여 명령을 내리게 된다. 지역에 따라 12개월로 기간이 규정되어 있지만 치료목표를 달성하기 위해 필요하다면 연장이 가능하며, 상당수의 환자들은 수년 이상 지속적으로 명령을 받기도 한다. 명령해제는 지역에서 치료한 정신건강의학과의사가 더 이상 명령이 필요하지 않다고 생각하는 경우 심판위원회에 의견서를 제출하여 종결을 판단한다.

뉴질랜드의 지역사회치료명령[3)]

1992년 뉴질랜드 정신보건법은 강제평가와 치료(Compulsory Assessment and Treatment)과정을 규정한 법이다. 강제입원이나 지역사회치료명령과 같은 강제치료를 시행하는 주요 원칙은 i) 강제평가와 치료는 매우 제한된 상황에서만 실시하고, ii) 반드시 필요한 경우에만 한정하여 입원치료를 실시하며 iii) 가급적 최소한의 규제를 보장한 지역사회에서의 보호를 최우선으로 한다(Mackenzie and Shirlaw, 2002)는 것이다. 따라서 정신장애를 가지고 있는 사람에게 강제치료를 시행하기 위해서는 먼저 여러 번의 평가과정을 통해 강제적 치료가 필요한지 결정한다. 강제치료가 필요하다고 결정되면, 먼저 지역사회에서의 강제치료 가능성을 평가한다. 평가결과 지역사회에서 치료하기 어렵거나 여러 가지 지역사회 내 자원이 유용하지 않다고 판단될 경우에 한해서 입원치료를 명령하게 된다(서미경, 2007). 즉, 뉴질랜드에서는 강제입원 이전에 지역사회치료명령을 먼저 고려하여 강제입원의 대안으로 지역사회치료명령이 활용된다. 2008년도 통계(Ministry of Health, 2009)에 의하면 인구 10만 명당 전체 강제치료 대상자가 81명이고, 그중 22%만이 입원치료를 받았으며, 나머지 78%인 63명이 지역사회치료명령을 받았다.

■ 적용기준

뉴질랜드 정신보건법에 의해 지역사회치료명령을 판정하기 위해서는 다음의 네 가지 기준에 해당되어야 한다(Dawson and Romans, 2001).

---

3) 뉴질랜드의 지역사회치료명령제도는 서미경(2010), "외래치료명령제도에 관한 연구—뉴질랜드 CTO의 적용기준, 과정, 인권보호방안을 통하여"(정신보건과 사회사업 35권, pp. 111-140)의 내용을 요약한 것임.

- 정신장애가 있어야 한다.
- 현재 강제치료가 필요한 상태여야 한다.
- 자발적으로 외래에서 필요한 치료를 적절히 받을 수 없는 상태여야 한다.
- 정신장애인에게 그들의 욕구에 적절한 치료와 보호를 제공할 수 있는 지역사회 내 자원이 확보되어 있어야 한다.

이상의 네 가지 기준 중 네 번째 기준이 뉴질랜드 지역사회치료명령의 특징적 조건이다. 이를 강조하기 위해 정신보건법 제12조 1항에서는 '지역사회치료명령을 내리기 전 법원은 정신장애인의 욕구에 적절한 치료와 보호가 지역사회에서 제공될 수 있는지 요건을 확인해야 한다'는 것을 분명히 하고 있다. 특히 이러한 요건 중 주거프로그램의 확보가 가장 중요하다고 판단한다(Romans et al., 2004).

■ 적용과정

해당 정신장애인이 앞의 기준에 맞을 경우 지역사회치료명령을 적용하게 되는데 이때 두 가지 경로가 존재한다(Dawson and Romans, 2001). 먼저, 담당 임상가(responsible clinician)가 강제입원치료를 지역사회치료명령으로 전환하는 것이다. 즉, 더 이상 입원치료가 필요하지 않고 외래로 치료받는 것이 가능하다고 판단되면 퇴원 후 지역사회에서의 치료로 전환하기 위해 지역사회치료명령을 요청하는 것이다. 둘째, 지역사회에 있는 정신장애인에게 강제치료가 필요하다고 생각될 경우 강제평가과정을 거쳐 판사가 지역사회치료명령을 명하는 것이다. 이때 강제치료가 필요한지 그리고 지역사회 환경이 정신장애인의 욕구만족에 충분한지를 심의(hearing)하여 결정한다. 뉴질랜드 법에서는 지역사회치료명령 적용의 전 과정에서 담당 임상가의 역할과 재량이 매우 크다. 우선, 대상자가 되기 위한 주요 조건인 정신장애 유무와 자·타해의 위험성을 판단하는 기준이 모호하여 상당부분 임상가의 재량에 맡겨져 있다. 그리고 명령내용을 결정하는 치료계획 역시 담당 임상가의 역량에 달려 있다(Mullen et al., 2006). 따라서 담당 임상가의 판단 오류를 예방하기 위해 해당 정신장애인 상태가 지역사회치료명령을 필요로 하는지 그리고 담당 임상가의 치료계획이 대상자에게 도움이 되는지를 재심판결(Review Tribunal)하도록 되어 있다. 이때는 담당 임상가가 아닌 새로운 정신건강의학과의사를 지정하여 평가하도록 규정하고 있다. 최초 명령은 6개월간 유효하고 이 기간 동안 대상자는 담당 임상가가 정한 치료계획을 따라야 한다. 이후 6개월마다 재심을 거쳐 연장할 수 있다.

지역사회치료명령을 받은 대상자에게 다음의 몇 가지 요구가 주어진다(Gibbs et al., 2005).

- 지역사회 치료팀의 일원인 지지워커(support worker)의 방문을 허락해야 한다. 이 지지워커는 정신장애인의 거주공간을 방문하여 그들의 약물복용, 일상생활, 증상, 사회적 관계망 등을 관리한다.
- 외래치료에 참석해야 한다.
- 처방된 약을 먹어야 한다.
- 제한된 주거공간에 머물러야 한다.
- 허락 없이 특정 지역을 벗어난 여행을 해서는 안 된다. 이처럼 주거지역을 한정하는 것은 치료계획 안에 구체적으로 어느 기관

에서 어떤 서비스를 제공할 것인지가 정해져 있기 때문이다. 만약 지역을 벗어날 경우 그러한 서비스가 제공되기 어렵다.

• 약물의 오남용을 해서는 안 된다. 만약 해당 정신장애인이 이 조건을 위반하였을 때, 강제입원시켜야 할지를 담당 임상팀에서 결정하게 된다.

한국의 외래치료명령

최소한의 규제 속에서조차 강제적으로 치료하는 것이 인권 침해일 수 있다는 논란 속에서 지역사회치료명령이 제도화된 다른 선진국과는 달리, 우리나라에서는 별다른 논란 없이 법제화되었다. 의료계뿐 아니라 국가인권위원회의 연구보고서에서도 장기입원의 대안으로 외래치료명령의 필요성을 제안하였다. 의료계(홍진표, 2007; 조수철, 2009)에서는 외래치료명령이 정신장애로 인한 안전사고를 예방하고, 비의료적 이유로 장기 입원된 환자들에게 지역사회에서 치료받을 수 있는 권리를 보장할 수 있는 효율적 방법이라 하였다. 그리고 정신장애 범죄인의 급성증상을 치료하고 퇴원 후에도 지속적인 치료를 보장할 수 있으므로, 이중처벌이라 비난받고 있는 사회보호법의 대안으로서 외래치료명령이 유용하다고 제안하기도 하였다(인도주의실천의사협의회, 2005). 국가인권위원회의 "정신장애자 인권개선을 위한 법제 연구"라는 보고서(홍진표 · 윤탁, 2006)에서도 장기입원과 재입원율을 줄이고, 범법행위를 한 정신장애인의 재범방지와 보호자의 보호부담 경감을 위한 대안으로 지역사회치료명령제도가 필요하다고 하였다. 2009년도 보고서(홍선미 등, 2009)에서도 장기입원을 줄이기 위한 대책으로 외래치료명령의 필요성을 제안하며 이를 계속입원심사처럼 연장할 수 있도록 제도를 보완할 필요가 있다고 하였다.

그러나 서웅진(2009)의 글을 통해 한국장애인단체총연맹에서는 현행 외래치료명령이 보호의무자의 동의를 필요로 한다고 하지만 결국 정신건강의학과 의사에게 막대한 권한을 부여하는 것이므로 또 다른 인권침해의 수단이 될 수 있다고 경고하였다. 무엇보다 원칙 없이 무분별하게 적용되거나, 아니면 반대로 분명하고 명확한 기준이 없는 상태에서 사문화될 가능성이 있음을 지적하고 있다. 또한 인권침해의 핵심적 문제인 강제입원에 대한 근원적 해결 없이 동일한 특성을 내포하고 있는 지역사회에서의 강제치료는 실효성을 거둘 수 없다고 주장하였다. 따라서 외래치료명령을 실행하기에 앞서 강제입원과 관련된 문제를 선결하고 정신건강의학과 치료환경 개선을 우선적으로 선행할 것을 촉구하였다.

■ 적용기준

우리나라 외래치료명령의 적용기준은 정신보건법 제37조의 2에 〈표 2-13〉과 같이 제시되어 있다. 즉, 외래치료명령의 대상은 '동법 24조(보호의무자에 의한 입원)와 25조(시장·군수·구청장에 의한 입원)에 의한 비자발적 입원을 한 환자 중 정신병적 증상으로 인해 입원을 하기 전 자신 또는 타인을 해한 행동을 한 자'이다. 이들을 정신의료기관의 장이 보호의무자의 동의를 받아 시·군·구청장에게 외래치료명령을 청구할 수 있다. 따라서 대상은 '강제 입원된 환자 중 과거력상 자·타해의 위험을 보인 자'라 할 수 있고 청구자는 해당 정신의료기관장이고 명령자는 기초단체장이다. 법 조항에서 대상을 대통령령으로 정하는 자라 규정하고 시행령에서는 이를 '의료급여법, 국민건강보험법이나 지방자치단체 또는 그 밖의

〈표 2-13〉 외래치료명령에 관한 법조항

제37조의 2 외래치료명령	① 정신의료기관의 장은 제24조 및 제25조에 따라 입원 등을 한 환자 중 정신병적 증상으로 인하여 입원 등을 하기 전 자신 또는 타인을 해한 행동을 한 자로서 보호의무자의 동의를 받아 시장·군수·구청장에게 1년 이내에서 외래치료를 명할 수 있다. ② 시장·군수·구청장은 제1항에 따른 외래치료명령의 청구를 받은 때에는 기초정신보건심의위원회의 심의를 받아 1년 이내에서 외래치료를 명할 수 있다. ③ 시장·군수·구청장은 제2항에 따라 외래치료명령을 한 때에는 지체 없이 본인 및 그 보호의무자와 외래치료명령을 청구한 정신의료기관장에게 그 사실을 서면 또는 전자문서로 통지하여야 한다. ④ 시장·군수·구청장은 제2항에 따라 외래치료명령을 받은 자가 그 외래치료명령에 불응하여 치료를 중단할 때에는 그 자가 자신 또는 타인을 해할 위험성의 정도에 대한 평가를 위하여 그 자에게 국·공립의료기관에서 평가를 받도록 명할 수 있다.

다른 기관이나 단체로부터 진료비를 지원받을 수 있는 사람'으로 한정하고 있다.

결국 우리나라의 외래치료명령은 '과거력상 자·타해의 위험성'과 '진료비 부담능력'을 기준으로 적용되며 대상자는 입원환자이다. 이러한 우리나라의 외래치료명령 적용기준에는 몇 가지 문제점이 있다(서미경, 2010).

- 자·타해의 위험 기준인 '입원 전'이 언제까지를 의미하는 것인지에 대한 명확한 기준이 없다. 예를 들어 '최근 36개월' 혹은 '최근 48개월'과 같은 특정기간으로 한정되어 있지 않아 오래전에 한 번 있었던 폭력행동이 지속적으로 해당 정신장애인의 자율성을 제한하는 근거로 활용될 가능성이 있다. 즉, 현재의 기능이 아닌 불특정 과거의 기능으로 최소한의 규제를 보장해야 하는 지역사회에서조차 정신장애인의 자유를 제한하는 것은 상당한 인권침해의 소지가 있다.

- 청구권자가 의료기관의 장으로만 되어 있어 강제입원 후 퇴원 시 명령이 적용되는 것으로 한정되어 있다. 이러한 규정은 입원 이전에 강제입원의 대안으로 명령이 활용될 여지를 처음부터 배제하는 것이다. 결국 현행법으로는 강제입원되었던 환자가 퇴원 이후에도 강제치료를 받는 것이므로 명백히 '강제성의 지역사회로의 확대'로 해석할 수 있다.
- 위험성만을 근거로 하고 있어 외래치료명령을 받은 정신장애인은 매우 위험하다는 사회적 편견을 강화시킬 우려가 있다. 또한 현행 제도로서는 위험성을 예방하는 차원이므로 애초의 이 제도의 필요성이 제기되었던 장기입원의 문제를 해결할 수 있을지 의문이 든다. 왜냐하면 대부분 장기입원 환자들은 그렇게 위험하지 않기 때문에 위험성을 기준으로 할 경우 이들을 외래치료명령으로 전환하는 것이 가능할지 의문스럽다. 무엇보다 위험성은 정확히 예측하기 어렵고, 명령과정에서 범죄행위가 발생할 때 책임소재가 분명하지 않는 한, 의사들이 이러한 명령을 청구하기란 쉽지 않다(서웅진, 2009).
- 진료비 부담 가능한 자로 대상을 한정시킴으로 외래치료명령에 대한 국가적 책무를 인정하지 않고 있다. 또한 재평가가 필요한 경우 이에 대한 경비부담을 누가 할 것인지에 대한 언급이 없어, 경제적 계층에 따라 재평가의 기회가 달리 제공될 수 있다. 이는 또 다른 차별을 낳게 된다.

■ 적용과정

정신보건법 시행규칙에 의하면 외래치료명령의 청구는 정신의료기관장이 하고 이에 대한 관리는 시·군·구청장이 하며 승인은 기초정신보건심의위원회가 하도록 되어 있다. 그리고 해당 정신장애인이 명령에 불응할 경우, 시·군·구청장이 국·공립정신병원에 평가를 요청할 수 있다. 정신의료기관장이 외래치료명령을 청구하기 위해 작성해야 하는 별지 서식에는 입원당시의 주요 증상과 주요 입원경과 그리고 퇴원 후 계획을 각각 한 줄 씩 적도록 되어 있다.

결국 현행법상 적용과정은 명령청구에 대해서만 규정하고 있을 뿐 진행과정과 연장 그리고 해제에 관해서는 어떠한 언급도 없는 상태이다. 이런 상태에서는 명령제도가 실효성을 거두기 어렵다. 구체적으로 적용과정상의 문제점을 분석하면 다음과 같다(서미경, 2010).

- 가장 중요한 것이 치료계획이다. 치료명령에는 약물치료, 지역사회치료 등에 관한 상세한 치료계획이 포함되어야 하는데 이에 관한 규정이 없다. 뿐만 아니라 명령청구서에는 퇴원계획을 한 줄 안에 작성하도록 되어 있어 상세한 계획이 포함될 여지가 없다. 이런 상황에서는 약물치료 외의 대상자 욕구를 반영한 통합적 서비스 제공을 계획할 수가 없다. 결국 회복을 위한 지역사회서비스에 대한 구체적 계획 없이 강제적인 약물복용만을 명령하는 것이다.
- 명령의 승인을 정신보건심의위원회가 하도록 되어 있는데 현재 각 기초단체별 심의위원회가 이런 승인을 할 역량이 되는지 의문이 제기된다. 현재 담당하고 있는 계속입원심사 과정에서도

충분한 사정없이 소수의 위원들이 단시간에 너무 많은 사례를 담당하여 심판과정 자체가 인권침해라 비판받는 상황(권오용, 2010)이다. 여기에 외래치료명령까지 담당하는 것은 결국 명령을 청구하는 의료기관장의 재량에 모든 것이 결정될 수 있음을 의미한다. 이는 강제입원을 결정했던 사람이 그 연장선상에서 지역사회에서의 강제치료를 결정하는 결과를 초래한다.

- 명령을 받은 사람을 누가 모니터링할 것인지에 대한 규정이 없다. 즉, 어느 기관의 누가 명령진행과정을 지속적으로 모니터링을 할지, 그리고 모니터링 결과를 명령청구 기관과 어떻게 공유해야 할지에 대한 지침이 없는 한 제도의 실효성을 기대하기 어렵다. 또한 명령에 불응할 경우, 시·군·구청장이 국·공립정신병원에 평가를 의뢰한다고만 할 뿐 구체적으로 어떤 조치를 취할 수 있는지에 대한 규정이 없다. 명령에 불응할 경우 누가 어디에 보고할 것이며 이를 어떻게 국·공립정신병원이 평가할지에 대한 지침 역시 제공되어야 한다.
- 현재로서는 명령이 1년간 내려진다는 것 외에 이를 어떻게 연장하고 무엇을 기준으로 해제할 것인지에 대한 지침이 없다. 홍선미 등(2009)도 강제입원의 기준에 맞춰 최초 명령을 6개월로 하고 매 6개월마다 연장이 가능하도록 하는 것이 필요하다고 하였다. 따라서 이 경우 누가 이를 요청하고 심사할 것이며, 무엇을 기준으로 명령을 연장하고, 또 무엇을 기준으로 명령을 해제할 것인지에 대한 구체적인 지침이 요구된다.
- 명령과정에서 정신장애인에게 요구되는 것이 무엇인지에 대한 규정이 필요하다. 외래치료명령이 법적 명령으로서 효력을 갖기 위해서는 대상자가 명령기간 내에 무엇을 해야 하고 어떠한 공

권력을 수용해야 하는지에 대한 요구사항이 필요하다. 그래야만 대상자 역시 이 명령을 따르지 혹은 이의를 제기할 지에 대한 결정이 가능해진다.

- 법 적용과정에서 정신장애인의 인권이 어떻게 보호될 수 있는가에 대한 문제가 제기된다. 정신보건법은 '모든 정신질환자는 인간으로서의 존엄과 가치를 보장받는다'를 기본이념으로 규정하고 있다. 그러나 외래치료명령과 관련된 조항에서는 명령결과를 '지체 없이 본인 및 보호의무자에게 통지해야 한다'고 규정할 뿐 최소한의 규제 속에서의 강제치료를 시행함에 있어 정신장애인의 존엄과 가치를 보장하기 위한 노력을 찾기 어렵다. 즉, 명령청구 시 치료계획에 대상자의 개인적 욕구와 계획이 어떻게 포함될지 그리고 명령시행과정에 정신장애인이 동의하지 않을 경우 이를 어떻게 보호할지에 대한 제도적 장치가 없다. 이는 정신장애인의 권리보장에 대한 특별한 고려 없이 강제입원이 이루어지고 있는 우리나라의 현실이 그대로 지역사회로 확대될 위험성을 시사한다. 따라서 정신장애인의 참여권, 알 권리 등을 법조항에 충분히 포함시켜 인권보호에 대한 국가적 책무를 다하기 위한 노력이 필요하다.

제6장 정신장애인의 동의능력

정신장애의 특성과 동의능력

현대 철학의 거장인 Kant는 인간이 자신의 운명을 스스로 결정할 권리는 무조건적인 권리라고 주장하였다(Loewenberg and Dolgoff, 1996: 197 재인용). 그러나 휴먼서비스를 제공하는 실천영역에서 클라이언트의 자기결정권을 100% 존중한다는 것은 망상이라고(Perlman, 1965) 할 정도로 자기결정권 존중에는 많은 제약이 따른다. 따라서 클라이언트의 자기결정권(self-determination)을 최대한 존중하기 위해 '고지된 동의(informed consent)[1]'라는 서비스 전문직의 윤리적 실천원칙이 존재하는 것이다. 이 원칙에 따르면 서비스를 제공하는 모든 전문가는 결정하는 데 필요한 정보를 충분히 클라이언트에게 제공한 후 이를 바탕으로 클라이언트가 자발적으로 자신의 가치에 가장 적합한 결정

1) 'informed consent'는 정보를 충분히 고지한 후 동의를 하는 것이므로 본서에서는 고지된 동의라 해석하였다. 그러나 이 용어를 실천영역에 따라 그냥 '동의' 혹은 '사전 동의' 등 다양하게 번역하여 사용하기도 한다.

을 내리도록 도와야 한다.

이 원칙을 보건영역에 적용하려면, 치료를 결정하는 데 필요한 정보가 환자에게 제공되어야 하고, 환자는 이러한 정보를 활용하여 합리적으로 자신의 가치관에 맞는 결정을 내려야 한다. 이와 같은 고지된 동의를 하기 위해서는 자발적으로 결정을 내릴 수 있는 능력이 전제되어야 한다. Loewenberg와 Dolgoff(1996)는 고지된 동의의 구성요소를 충분한 정보, 어떠한 강요도 없는 자발성, 결정을 할 수 있는 능력을 들었다. 이 중 자발성과 충분한 정보는 치료자들의 윤리적 실천의지와 책임의식으로 어느 정도 확보될 수 있다. 그러나 환자의 결정능력은 임상적 판단에 따라 다양하게 평가될 수 있어 가장 논란의 여지가 많은 구성요소이다. 만약 임상적으로 결정능력이 없다 판단되어 대리결정이 이루어질 경우, 동의 없는 강제치료가 시행될 수 있고 이는 모든 인간의 보편적 권리인 자기결정권을 심각하게 침해하는 것이다. 따라서 대상자의 치료 동의능력을 객관적으로 신뢰성 있게 평가하는 것은 아무리 강조해도 지나치지 않다.

동의능력 평가의 중요성은 보건영역 중에서도 특히 정신보건영역에서 더욱 강조된다. 일반적으로 신체질환을 치료할 때는 특별한 능력평가 없이도 성인의 동의능력을 인정한다. 그러나 정신장애를 치료할 때는 '능력이 없다'고 판단할 만한 특별한 근거가 없어도 제안한 치료를 거부하면 무능력한 것으로 판단하는 경향이 있다. 결국 같은 보건영역에서도 신체질환과 정신장애에 적용하는 자율성 인정기준이 다른 것이다(Cairns et al., 2005). 이처럼 객관적인 평가 없이 정신장애가 있다는 이유만으로 무능력으로 간주하는 것은 심각한 인권침해의 논란을 가져올 수 있다. 역사적으로 정신장애인은 병식이 부족하고 인지와 사고 기능에 장애가 있다는 이유로 치료뿐 아니라 삶의 전반에서 결정주체로 인정받지 못했던 것이 사실이다. 여기에 정신장애인은 예측하기 어렵고 위험하다는 사회적 편견까지 더해 그들의 시민적 자유권을 너무나 쉽게 제한받아 왔다.

20세기 중반까지만 해도 정신보건전문가들은 '정신장애인은 무능력하다'고 여겨 치료전반의 결정주체로 인정할 수 없다는 전제를 가지고 있었다. 그러나 최근 이러한 전제는, 증상으로 인한 일부 능력의 손상을 모든 영역의 무능력으로 과잉일반화한 것이라는 각성이 생기게 되었다. 이처럼 정신장애가 있다는 이유만으로 무능력하다 단정할 수 없고, 일부 능력이 무능력하다 하여 다른 모든 능력까지 제한하는 것은 그들의 권리 침해라는 인식이 확산되면서(Grisso and Appelbaum, 1991) 정신장애인의 치료 동의능력을 객관적으로 평가하고자 하는 노력이 시작되었다. 더욱이 사회전반에 소비자 권리가 강조되면서 의학적 치료 역시 의료서비스라는 인식이 생기게 되었다. 따라서 정신장애인을 서비스 소비자로 인정하게 되고, 그들에게 치료를 선택하고 거부할 수 있는 권리가 있다는 사실을 수용하게 되었다. 이제는 정신장애인의 동의능력을 객관적으로 평가하는 것이 정신보건전문직의 법률적, 도덕적 의무로 여겨지게 되었다.

동의능력의 개념과 측정도구

동의능력 개념

정신장애인의 동의능력을 평가하기 위해 일반적으로 현병력, 과거력과 같은 사회조사(social study)와 정신상태 검사, 기억력 테스트 등이 사용되어 왔다. 기억력 테스트는 전적으로 무능력한 사람을 가려내는 데는 유용하게 활용된다. 그러나 기억력은 온전하여도 상황을 이해하거나 합리적으로 정보를 다루는 것에 무능력한 사람을 구별해내지는 못한다(Appelbaum and Roth, 1981). 정신상태 검사는 정신장애인 기능 평가에는 유용한 방법이지만 그것만으로는 임상적으로 의미 있는 동의능력자와 무능력자를 구별하는 데는 한계가 있다(Barton et al., 1996).

따라서 많은 연구자들이 타당성 있는 치료동의능력을 평가하기 위해 법적 기준에 의해 네 가지 하위능력으로 나누어 평가하고 있다. 즉, 〈그림 2-3〉과 같이 자신의 선택을 표현하고 주어진 정보를 이해

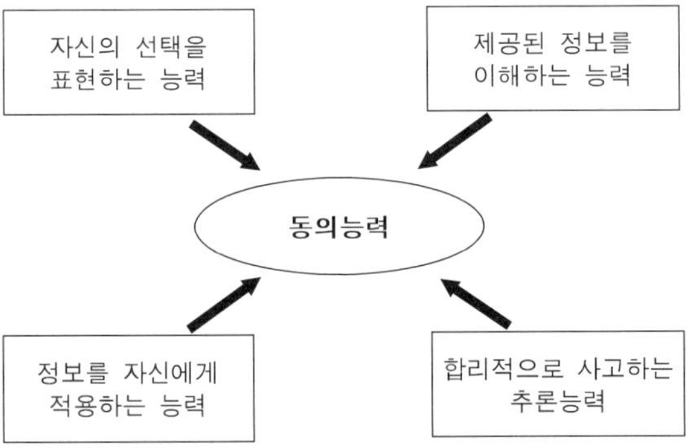

출처: Appelbaum and Grisso, 1995, “The MacArthur treatment competence study Ⅰ”, *Law and Human Behavior,* p. 109.

〈그림 2-3〉 치료 동의능력의 구조적 모형

하며 이러한 정보를 자신의 상황에 적용시켜 합리적으로 치료결정을 내리는 능력이 있어야만 동의능력이 있는 것으로 간주한다. 이 네 가지 능력은 개별적으로 평가되어야 하고 한 가지 능력이 부족하다고 하여 다른 능력이 결핍되었다고 일반화하여 판단해서는 안 된다.

동의능력의 네 가지 차원을 구체적으로 설명하면 다음과 같다 (Appelbaum and Roth, 1982; Appelbaum and Grisso, 1995; Bean et al., 1994; Grisso and Appelbaum, 1995; Appelbaum, 2007).

■ 표현능력

표현능력(expressing a choice)은 동의능력을 평가하는 최소한의 기준으로 이 능력이 결핍되었다면 전반적으로 능력이 없는 것으로 간주되어야 한다. 정신장애로 인해 자신의 선택을 표현하지 못하거나, 다른 사람에게 선택을 부탁하거나, 설사 선택을 하였다 하더라도 치료과정에서 계속 마음이 바뀐다면 표현능력이 있는 것으로 간주되기 어렵다. 표현능력을 방해하는 정신과적 증상으로는 타인에게 정확한 의사를 전달하지 못하는 무언증(mutism), 긴장성 혼미(catatonic stupor), 심각한 우울증, 긴장성 흥분(catatonic excitement), 조증, 심각한 사고장애(예. psychotic word salad), 혼란(confusion), 뚜렷한 양가감정(ambivalence), 심각한 강박적 상태(obsessive state)가 있다. 이런 경우 자신의 선호를 분명히 밝히기 어려워 표현능력이 무능력한 것으로 평가되고, 표현능력의 무능력은 전반적인 무능력으로 해석된다.

■ 이해능력

이해능력(understanding)은 '동의 당사자에게 제공된 정보를 이해하는 능력'으로 동의능력 평가에서 가장 중요한 영역이다. 정신장애인에게 제공되는 정보에는 i) 정신장애인의 장애 상태, ii) 제안된 치료의 특성, iii) 치료를 통해 얻을 수 있는 이득, iv) 발생할 수 있는 위험과 불편함, v) 대안적 치료와 그 치료의 이득과 위험에 대한 정보가 포함된다. 이러한 정보를 동의 당사자인 정신장애인이 어느 정도 이해하였는지에 따라 능력·무능력으로 평가된다. 그러나 이 능력을 평가하기 위해서는 무엇보다 치료진이 대상자의 수준에 맞는 정보를 충분히 제공하였다는 것이 전제되어야 한다. '충분한 정보'가 되기 위해서는 제안된 치료를 받지 않았을 때의 예후(prognosis)와 제시한 치료대안들의 성공률과 실패율에 대한 정보가 다 같이 주어져야 한다. 만약 정보가 충분히 제공되지 않은 채 결정이 내려졌다면, 진실로 고지되었다 보기 어렵고, 이를 바탕으로 이해능력을 평가하는 것은 의미 없는 일이다. 이해능력은 주로 주어진 정보를 회상하고 이를 재진술하도록 요구하여 평가한다. 이해능력에 영향을 주는 정신장애인의 상태에는 지능과 일상생활 수행기술, 언어적 기술, 주의력, 지남력 등이 있다. 지능은 지적장애로 손상되고, 일상생활기술은 오랫동안의 시설생활로 인해 손상될 수 있으며, 주의력은 뇌손상, 급성 중독 상태 혹은 심한 정신증 때문에 손상될 수 있다. 또한 일부 만성 조현병에서 기억력 손상이 나타나기도 한다. 이 경우 모두 이해능력이 무능력한 것으로 간주된다.

■ **적용능력**

적용능력(appreciation)은 '이해하고 있는 정보를 자신의 상황에 적용시킬 수 있는 능력'을 의미한다. 즉, 장애와 치료에 대한 정보가 주어졌을 때 이러한 정보들이 자신의 상황에 적용되는 것임을 인정하는 것이다. 따라서 병식과 밀접히 관련된다. 일반적으로 적용능력은 자신의 장애를 인정하는 것과 치료의 필요성을 인정하는 것으로 나누어진다. 여기서 장애를 인정하는 것은 관련된 증상들이 있음을 인정하는 것이다. 적용능력을 방해하는 중요한 정신병적 기제는 부인(denial), 즉 병식의 결핍이다. 여기에는 장애 존재 자체를 부정하는 것뿐 아니라 그 심각성을 인정하지 않는 것까지 포함한다. 추상적 사고능력도 적용능력과 관련되는데 이때는 정신장애인의 교육수준과 성숙도를 함께 고려하여 평가해야 한다. 이외에도 허무주의, 무력감 등이 병적 수준인 경우에도 이 능력이 방해받을 수 있다.

■ **추론능력**

추론능력(reasoning)은 '이해한 정보를 활용하여 결정내리는 능력'을 의미한다. 즉, 이해한 정보를 질병의 심각성에 비추어 이득과 위험을 논리적으로 비교해본 후 치료에 동의 혹은 반대를 결정하는 능력이다. 중요한 것은 이해를 충분히 하지 못했어도 나름대로 정보를 논리적으로 활용하여 결론을 내렸다면 추론능력은 있는 것으로 간주되어야 한다. 또한 정보를 이해한 상황에서 내린 결정이 다소 비합리적이라 하여도 정신병적 증상에 의한 것이 아니라면 타당한 것으로 받아들여야 한다. 예를 들어 정보를 이해하고서도 자신의 종교 때문에 필요한 치료를 거부할 경우 그것은 능력 있는 결정으로 인정해야 한다. 따라서 결정을 내리게 된 이유가 증상(망상이나 환각)이나 치료진에 대한 근거 없는 불신 혹은 지나친 무력감으로 인한 것이 아니라면 추론능력에 문제가 없는 것으로 간주된다.

정신장애인의 동의능력을 평가할 수 있는 도구

앞에서 설명한 동의능력의 네 가지 하위개념들을 평가하는 도구 중 보편적으로 활용되고 있는 것들을 소개하면 다음과 같다.

■ MacArthur Competency Assessment Tool - Treatment (MacCAT-T)

MacCAT-T는 MacArthur 연구재단으로부터 지원받아 개발(Appelbaum and Grisso, 1995; Grisso et al., 1995; Grisso and Appelbaum, 1995)된 MacArthur Treatment Competency의 간단형이다. 초기 자료는 의무기록지를 활용하여 수집하고 반구조화된(semi-structured) 20분 정도의 면담을 통해 정신장애인의 이해, 적용, 추론, 표현능력을 측정하도록 구성되어 있다. 이 도구는 각 차원의 능력을 개별적으로 평가할 뿐 전반적인 능력, 무능력을 구분하지는 않는다. MacCAT-T는 신뢰도도 높고, 모호한 능력을 효과적으로 평가하여 임상에서 쉽게 활용할 수 있는 매우 유용한 도구로 인정되고 있다(Sturman, 2005). 여기서는 한 가지 능력이라도 무능력으로 판단되면, 결정능력이 부족한 것으로 간주한다.

평가절차와 각 하위능력의 평가기준(Vollmann et al., 2003)은 다음과 같다.

- **정보제공:** 정신장애인에게 증상과 진단, 치료에 대한 정보를 제공한다. 이때 제공하는 치료의 특성, 이득, 위험뿐 아니라 대안적 치료에 대한 정보까지 함께 제공되어야 한다.
- **이해능력 평가:** 이해능력을 평가하기 위해 주어진 정보를 자신의 말로 재진술하도록 요구한다. 이때 평가자는 그 진술의 정확성을

측정하면 된다. 이해능력은 0~6점까지 가능하다. 무능력의 기준은 4점 미만이다.

- **추론능력 평가:** 추론능력은 치료의 찬성 혹은 반대가 자신의 삶에 어떤 영향을 미칠지에 대해 이해하고 있는지 그리고 여러 가지 치료대안들을 비교하여 논리적으로 결론내릴 능력이 있는지를 측정한다. 추론능력은 0~8이 가능하다. 무능력의 기준은 3점 미만이다.
- **적용능력 평가:** 적용능력은 장애에 대한 적용능력과 치료에 대한 적용능력으로 나누어 측정한다. 장애에 대한 적용능력은 의학적 정보를 자신의 장애에 적용 가능한지 그리고 구체적인 정신병리를 인식하고 있는지를 평가하는 것이다. 치료에 대한 적용능력은 제안한 치료를 통해 얻을 수 있는 이득을 인식하고 있는지 평가한다. 대상자가 제안된 치료를 거부한다 하여도 주어진 정보를 자신의 장애와 치료에 적절히 적용할 수 있으면 적용능력은 있다고 평가하여야 한다. 적용능력은 0~4점(장애적용 0~2점, 치료적용 0~2점)이 가능하다. 무능력의 기준은 각 적용능력이 0점인 경우이다.
- **표현능력 평가:** 이러한 과정을 모두 거쳐 제안된 치료를 할 것인지 아니면 말 것인지 결정하도록 요구하고 그것을 표현할 수 있는 경우 표현능력이 있다고 평가한다. 이 능력을 평가하는 데는 최종적으로 내려진 결정이 이전의 과정과 논리적으로 일치되느냐가 기준이 된다. 표현능력은 0~2점이 가능하다. 무능력의 기준은 0점이다.

■ **Structured Interview for Competency and Incompetency Assessment Testing and Raking Inventory(SICIATRI)**

SICIATRI는 일본에서 개발된 동의능력평가 도구로 입원, 약복용, 검사 등 치료에 관한 전반적인 동의능력을 네 가지 차원(이해, 적용, 추론, 표현)에서 측정할 수 있다. SICIATRI는 Kitamura와 Kitamura(1993)가 정신건강의학과 입원에 대한 동의능력을 평가하기 위해 개발한 것을 Tomoda 등(1997)이 신뢰도와 타당도를 검증하면서 보편적으로 활용되기 시작했다. 총 12개의 질문을 3점 척도로 평가하여, 4단계로 능력수준을 구분한다. 먼저 환자에게 필요한 정보를 주고 그 내용에 대해 12가지 질문을 한다.

질문내용(Kitamura et al., 1998)은 다음과 같다.

- 제안된 치료의 목적과 본질을 얼마나 알고 있는가?(1문항)
- 자신에게 치료를 수용 혹은 거부할 권한이 있다는 사실을 알고 있는가?(1문항)
- 제안된 치료 수용 여부에 대해 "예", "아니오"로 답할 수 있는가?(1문항)
- 스스로 결정권을 행사할 것인가? 아니면 누구에게 위임할 것인가?(1문항)
- 치료자가 설명한 치료의 이득, 위험, 대안을 얼마나 회상할 수 있는가?(3문항)
- 회복하기를 원하는가? 즉, 회복되기를 원하여 내린 결정인가?(1문항)
- 정신과적 증상 때문에 현실검증력이 왜곡된 상황은 아닌가?(1문항)
- 제안한 치료를 거부했을 때 발생할 이득과 위험에 대해 알고 있

는가?(2문항)

• 현재 자신의 상태를 어떻게 평가하는가(병식평가)?(1문항)

이런 방식의 평가는 치료자가 어떤 치료를 제안하였고 얼마나 많은 정보를 주었는지에 따라 그 결과가 달라질 수 있다. 따라서 SICIATRI에서 평가자는 의사가 정보를 얼마나 제공하였는지에 대한 평가를 병행한다. SICIATRI를 이용하여 동의능력을 평가할 때는 Ranking Inventory for Competency로 수준을 구분한다. 즉, 능력·무능력으로 평가하는 것이 아니라 능력의 연속성을 4개의 수준으로 구분한다. 이것이 이 도구의 한계라 할 수 있다. 물론 많은 정신장애인들이 능력, 무능력의 어느 양 극단보다 그 중간선상에 어디에 위치해 있겠지만 동의 없는 치료를 결정하기 위해서는 법적으로 능력·무능력을 구분해야 한다. 따라서 능력수준을 여러 단계로 보는 도구는 그만큼 활용도가 떨어질 수밖에 없다.

■ Competency Questionnaire(CQ)

CQ는 정신장애인의 입원동의능력을 평가하기 위해 Appelbaum 등(1981)이 개발한 도구이다. 총 15개의 문항으로 이루어져 있고 각 문항을 3점 척도로 평가한다. 15개의 문항은 7가지의 개념적 범주로 나누어지는데 구체적인 내용(Appelbaum et al., 1981)은 다음과 같다.

• 자신의 상태에 대한 평가(3문항 예: 정신과적 문제가 있는가, 정신과 치료가 필요하다고 생각하는가 등)
• 입원의 본질에 대한 정신장애인의 인식(3문항 예: 병원에 있는 동안 의사와 약물이 도움을 줄 것이라 생각하는가 등)

- 입원을 권유한 이유에 대한 이해(1문항)
- 치료계획에 협조할 수 있는 능력(1문항)
- 입원환경 속에서 스스로를 보호할 수 있는 능력, 즉 어려움을 직원이나 의사에게 이야기할 수 있는 능력(1문항)
- 입원 시 서면동의서에 나와 있는 자신의 권리를 인식할 수 있는 능력(4문항 예: 원하지 않는 약물의 거부와 필요한 경우 변호사를 만날 권리 등)
- 입원으로 인해 발생할 수 있는 부정적인 결과를 인식하는 능력(2문항 예: 자유의 상실, 편견 등)이다.

각 문항의 점수는 0점에서 2점까지 평가된다. 평가 시 0점은 질문에 잘못 대답하거나 전혀 상황에 맞지 않게 답하여 수용할 수 없는 경우에 해당된다. 1점은 일부 맞기는 하지만 그렇다고 하여 전적으로 능력이 있다고 수용하기 어려움이 있는 경우에 해당된다. 2점은 완전히 수용 가능한 응답일 때 주어진다. 도구개발자들은 무능력의 절단점(cutoff score)을 8점으로 제시하고 있다(Fraguas et al., 2007).

한국형 동의능력평가도구(KATOC)[2)]

한국의 높은 강제 입원율은 실제 '이 정도로 높은 강제입원이 정당할 만큼 우리나라 정신장애인이 무능력한가?' 하는 의문을 제기한다. 만약 그렇게까지 무능한 것이 아니라면, 동의능력을 평가하려는 노력

---

2) '한국형 동의능력 평가'에 관한 내용은 Seo 등(2011a), "Developing a Tool to Assess Competency to Consent to Psychiatric Hospitalization(KATOC): Reliability and Validity"(Psychiatry Investigation, 8: 39-48)의 논문을 요약한 것임.

없이 가족의 동의만으로 강제입원을 결정한 치료자의 태도를 비난하게 된다. 혹은 입원 이외의 다른 지역사회 대안을 갖추지 못한 우리나라 정신보건정책에 비난이 쏟아질 수밖에 없다. 따라서 우리나라 정신장애인의 동의능력을 객관적으로 평가하려는 노력은 매우 중요하다. 객관적이고 구조화된 도구로 정신장애인의 동의능력을 평가하는 것은 무엇보다 평가의 신뢰도를 확보할 수 있고(Appelbaum, 2007) 치료자들이 보다 윤리적으로 실천하도록 도울 수 있다. Seo 등(2011a)은 기존의 연구들에서 가장 많이 활용되고 있는 MacCAT-T를 참고로 한국형 입원동의능력을 평가할 수 있는 도구 KATOC(Korean Assessment Tool of Competency to Consent to Psychiatric Hospitalization)를 개발하였다. 각 하위능력측정도구의 신뢰도와 타당도를 확보하기 위해 신뢰도를 검증하고, 구성개념 타당화를 분석하였으며, K-MMSE, 병식, 추정지능, 증상정도(BPRS)와의 준거관련 타당화를 분석하였다. 또한 평가도구의 효용도를 검증하여 동의능력자와 무능력자를 구분하는 절단점을 제시하였다.

■ **KATOC 내용**

Seo 등(2011a)이 개발한 한국형 입원동의능력평가도구인 KATOC는 평가자가 피평가자에게 광범위한 정신장애 증상과 치료방법에 관한 스크립트를 읽어주고 그 스크립트 내용에 대한 질문을 통해 대상자의 이해능력, 적용능력, 표현능력, 추론능력을 평가하는 것이다. 스크립트의 내용은 정신증의 일반적 증상(집중력 저하, 불면, 우울, 불안, 환청 등), 치료 방법(약물 치료), 치료의 장점(증상 개선에 관한 내용), 치료를 받지 않았을 때의 문제점(증상 악화와 재발 등), 입원 시 장점(규칙적인 약물 치료, 다른 치료와의 병행 등)에 관한 것이다. 증상이나 치료방법은 어느 특정 장애에 국한된 것이 아닌 광범위한 범주를 포함하여 정신증 증상이 있는 환자라면 누구나 사용가능하도록 했다. 이 스크립트는 초등학교 졸업수준이면 이해 가능한 문장으로 이루어져 있다. 스크립트를 읽어줄 때는 기계적으로 읽는 것이 아니라 환자들이 이해하기 쉽도록 천천히 이야기하듯이 읽어주며, 스크립트에서 중요한 단어는 강조하여 읽어준다.

스크립트에 대한 질문 문항은 능력의 하위차원에 따라 〈표 2-14〉와 같이 구성되어 있다. 이해능력과 적용능력의 각 문항은 0~2점으로 측정되어 이해능력은 0점에서 최대 10점까지, 적용능력은 0점에서 최대 14점까지 주어진다. 표현능력과 추론능력은 함께 평가하였는데 먼저 표현능력의 4문항을 질문하여 각 문항에 대한 yes/no를 답할 수 있는지 평가한다. 답할 수 있는 경우 1점, 답하지 못하는 경우 0점이 주어진다. 그리고 표현능력을 평가하기 위한 각 문항에 yes 혹은 no라고 답한 이유를 6문항으로 질문하여 추론능력을 평가한다. 추론능력은 문항에 따라 0~1점 혹은 0~2점으로 측정되어 0점에서 최대 8점까지 주어진다.

〈표 2-14〉 KATOC의 하위차원과 문항내용

차원	문항 수	내 용
이해능력	5	증상, 제안한 치료, 치료의 이득과 위험 그리고 대안적 치료와의 비교 등에 대한 내용을 기억하고 이해하고 있는가?
적용능력	7	치료와 입원이 필요하다 생각하는지, 치료를 받을 경우 어떤 증상들이 개선될 것이라 생각하는지 그리고 치료를 받지 않으면 어떤 문제가 발생할 거라 생각하는지?
표현능력	4	제안한 치료를 따르겠는지, 이러한 결정을 스스로 하기 원하는지 그리고 본인 스스로 입원하고 그러한 결정 권한이 자신에게 있다고 생각하는지?
추론능력	6	치료여부를 결정한 이유가 무엇인지, 그런 결정이 어떠한 영향을 미칠 것이라 판단하는지?

■ KATOC의 신뢰도·타당도

평정자간 신뢰도를 알아보기 위해 동의능력 평가 결과를 검사 개발에 참여한 2명의 평가자가 나누어 재채점을 실시하였다. 평정자간 일치도(ICC: Intraclass correlation coefficient)와 내적일관성 신뢰도 계수는 〈표 2-15〉와 같다.

〈표 2-15〉 KATOC 신뢰도

차원	ICC	Cronbach's α
이해능력	.859~.983	.77
적용능력	.671~.90	.81
표현능력	.78~1.0.	.70
추론능력	.70~.80	.70

이 도구의 준거타당화 검증을 위해 관련 변인들과의 상관관계를 보면 〈표 2-16〉과 같이 하위능력 중 표현능력을 제외한 모든 능력들이 추정지능, 병식, K-MMSE와 의미 있는 관련성을 가진다. 즉, 지능이 높을수록, 병식이 높을수록, 정신상태가 양호할수록 동의능력이 높은 것으로 나타났다. 그러나 정신병적 증상정도를 평가하는 BPRS는 동의능력의 하위 요인 어느 것과도 의미 있는 관련성을 보이지 않았다. 결국 증상의 심각성은 동의능력과 의미 있는 관련성을 가지지 않는다고 해석할 수 있다. 이는 관례적으로 증상의 심각성만으로 동의능력이 없다 판단하여 강제치료를 결정하는 우리나라 정신보건현장에 많은 시사점을 줄 수 있다.

■ KATOC의 능력·무능력 절단점

KATOC를 활용하여 입원동의능력여부를 평가할 수 있는 효용도를 분석한 결과 '입원동의능력이 있다'고 판단되기 위해서는 이해

〈표 2-16〉 준거타당화를 위한 요인들과의 상관관계

동의능력차원	추정지능	BPRS	병식	K-MMSE
전체능력	.345(**)	-.105	.412(**)	.424(**)
이해능력	.272(**)	-.147	.212(*)	.425(**)
적용능력	.323(**)	-.058	.433(**)	.355(**)
표현능력	.035	-.016	.033	-.008
추론능력	.264(**)	-.051	.409(**)	.281(**)

능력은 6.65 이상, 표현능력은 3.81 이상, 적용능력은 10.5 이상, 추론능력은 4.5 이상인 조건을 모두 만족시켜야 한다. 절단점보다 낮은 점수를 얻은 하위척도가 하나라도 있을 경우 '동의능력이 없는 것'으로 간주할 수 있다. Seo 등(2011a)이 강제 입원된 정신장애인 103명을 대상으로 동의능력을 평가한 결과 동의능력이 있는 경우가 35%(36명)이고 무능력자가 65%(67명)였다. 결과적으로 강제 입원된 대상자의 35%는 동의능력이 있음에도 불구하고 자신의 의지에 반하는 입원을 하였다고 평가할 수 있다.

정신장애인은 정말 무능한가?

강제치료는 대상자가 치료결정 능력이 없다는 전제하에 이루어진다. 즉, 정신장애로 인해 인지기능이 손상되었다거나 혹은 정신과적 증상으로 인해 현실검증력 또는 판단력이 현저히 저하되어 동의능력을 인정하기 어렵다는 것을 전제한다. 이러한 전제로 강제치료가 이루어질 경우, 치료를 넘어 일상생활의 결정과 연구 참여까지 확대되어 무능력이 과잉 일반화된다. 그러나 정말 정신장애인이 스스로 치료와 연구 참여를 결정할 수 없을 만큼 무능력한가에 대해서는 논란의 여지가 있다. 정신장애인의 능력을 일반인(지역사회 일반인구 혹은 신체질환 환자)과 비교하거나 정신장애 유형별 능력을 비교한 연구들을 고찰하면 다음과 같다.

정신장애인과 일반인구의 치료동의능력 비교

정신장애가 있는 사람과 없는 사람의 치료동의능력을 비교한 연구들을 보면 다음과 같다.

■ Grisso와 Appelbaum(1991)의 연구

동의능력 중 이해능력에 초점을 두어 MUD(Measuring Understanding of Disclosure)[3]를 활용하여 정신장애가 있는 51명(조현병 26명과 우울증 25명)과 정신장애가 없는 51명(심장질환자 26명과 건강검진을 받으러 온 25명)을 비교하였다. 비교내용은 두 집단의 정신장애에 관한 정보나 일반적인 의학적 정보에 대한 이해능력이다. 평가 결과, 정신장애 집단의 이해능력이 정신장애가 없는 집단에 비해 의미 있게 낮았다. 그러나 정신장애 집단의 경우, 일반적인 의학적 정보보다 정신장애에 대한 정보의 이해능력이 더 높아 자신과 관련된 정보에 더 잘 반응한다는 것을 알 수 있었다.

---

3) MUD는 Grisso(1986)가 이해능력을 평가하기 위해 개발한 도구이다. 여기서는 5문단으로 구성된 정보를 제공하고 이런 정보들을 어느 정도 정신장애인이 유지하고 있는지 그리고 그것을 얼마나 자신의 언어로 다시 표현할 수 있는지를 평가하는 것이다.

■ Kitamura 등(1998)의 연구

SICIATRI를 이용하여 자발적으로 입원한 정신건강의학과 환자 25명과 일반 내과환자 23명의 치료동의능력을 비교하였다. 그 결과 정신건강의학과 환자의 동의능력이 내과환자보다 약간 낮았다. 그러나 담당의사가 환자에게 준 정보를 Disclosure Content Check List(DCCL)에 의해 분석해볼 때, 치료에 관한 정보가 내과환자에 비해 정신건강의학과 환자에게 덜 주어지고 있음이 밝혀졌다. 따라서 연구자들은 정보가 불평등하게 주어졌기 때문에 동의능력이 낮아진 것일 뿐 결코 정신건강의학과 환자가 내과환자보다 치료동의능력이 낮다고 할 수 없다고 하였다. 하지만 연구자들도 인정하였듯이 모두 자발적으로 입원한 정신건강의학과 환자를 대상으로 하였기 때문에 이 결과를 일반화하는 데는 한계가 있다.

■ Janofsky 등(1992)의 연구

정신건강의학과 환자 25명과 내과환자 16명을 대상으로 MMSE 그리고 HCAT(Hopkins Competency Assessment Test)[4]를 이용하여 치료동의능력을 비교하였다. 비교분석 결과 MMSE와 HCAT는 정신건강의학과 환자와 내과환자 간에 의미 있는 차이가 없었다.

4) HCAT는 Janofsky 등(1992)이 치료결정 능력을 평가하기 위해 개발한 도구이다. 이는 매우 간단하고 10분 정도의 시간만이 소요되어 누구나 쉽게 활용할 수 있는 유용한 도구로 인정받고 있다. 그러나 이해능력만을 평가한다는 한계가 있다. 이는 대상자의 교육수준에 따라 달리 에세이를 제시하고 그 내용에 관한 6가지 질문을 한다. 질문은 6가지이지만 피평가자가 답해야 하는 것은 10가지이다. 모든 질문은 '예', '아니오'로 답하도록 되어 있어 0점~10점으로 평가된다. 여기서 3점 미만인 경우 무능력으로 간주된다.

정신장애 유형 간 치료동의능력 비교

정신장애가 있는 사람들 간의 치료동의능력이 어떻게 차이가 나는지 그리고 동의능력이 임상적 변수들과 어떤 관련을 갖는지를 비교분석한 연구들을 정리하면 다음과 같다.

■ **Vollmann 등(2003)의 연구**

치매, 조현병, 우울증 환자의 치료동의능력을 비교한 결과 치매환자의 능력이 가장 많이 손상되었고, 다음이 조현병이고 우울증이 가장 적게 손상되었다고 하였다. 이들은 MacCAT-T로 동의능력을 평가하였는데 그 결과 세 집단 모두 적용과 표현능력보다 이해와 추론의 능력이 더 낮았다. 특히 조현병 집단의 추론능력이 현저하게 낮았다고 분석하였다. 임상적 평가와의 관련성을 보면 치매의 경우 이해, 추론, 적용능력이 MMSE와 중간정도의 상관관계를 보였으나 조현병의 경우 BPRS로 측정된 증상정도가 추론이나 적용능력과 비교적 높은 상관관계를 보였다. 특히 장애에 대한 적용능력이 증상과 가장 높은 상관관계를 보이는 것으로 나타났다. 이러한 결과는 Seo 등(2011a)이 KATOC로 평가한 결과와는 다소 차이가 있다.

■ **Grisso와 Appelbaum(1991)의 연구**

우울증 환자와 조현병 환자의 동의능력을 비교하였다. 그 결과 우울증 환자의 동의능력이 더 높았다. 이 연구에서는 지능과 동의능력의 관련성을 분석했는데 특히 언어적 지능이 MUD로 측정한 동의능력과 의미 있는 관련성을 보인다고 하였다. 조현병의 경우 BPRS로 본 증상이 동의능력과 부적 상관관계를 보였고 BDI로 측정한 우울정도는 정신장애가 있는 사람뿐 아니라 정신장애가 없는 사람에게서도 동의능력과 의미 있는 관련성을 보이는 것으로 나타났다.

■ Cairns 등(2005)의 연구

정신장애인 112명을 MacCAT-T로 측정하여 능력 있는 자와 없는 자를 분류하여 임상적 변수와의 관련성을 분석하였다. 그 결과 무능력 비율이 우울증보다 정신증(psychosis)에서 더 높다고 하였다. 흥미로운 것은 양극성 정동장애가 정신증보다 의미 있게 무능력비율이 더 높았다. 또한 MMSE와 BPRS에 의한 증상정도가 무능력 집단에서 더 높았고 환청과 망상이 있는 것도 무능력 집단에서 더 많았다. Expanded Schedule for assessment of Insight(SAI-E)로 측정한 병식 역시 무능력 집단에서 더 낮았고 이러한 병식은 정신병리와 의미 있는 관련성을 보였다. 따라서 정신병적 증상이 있을수록 병식이 낮고 이러한 낮은 병식은 다시 동의능력과 의미 있는 관련성을 보이는 것으로 나타났다.

■ Fraguas 등(2007)의 연구

이들은 CQ의 8점을 기준으로 능력·무능력집단을 구분하였다. 그리고 무능력으로 판단된 45명 중 퇴원 시 능력으로 판단된 사람들을 능력향상집단(improved competency: 이하 IC)으로, 퇴원 시 여전히 무능력 상태에 있는 사람들을 능력이 향상되지 않은 집단(non-improved competency: 이하 NIC)으로 재분류하였다. 그리고 이 두 집단의 진단과 증상의 심각성을 Severity Psychiatric Illness Scale (SPIS)과 Acuity of Psychatric Illness Scale(APIS)를 가지고 비교하였다. 그 결과 처음 무능력으로 진단받은 45명 중 IC 집단(CQ 점수가 입원 시 평균 5.5에서 퇴원 시 평균 9.9로 향상)이 24명, NIC 집단(CQ 점수가 입원 시 평균 4.3에서 퇴원 시 평균 4.6으로 거의 향상되지 않음)이 21명이었다. 그리고 IC 집단이 NIC 집단에 비해 조현병으로 진단받을 확률이 더 낮았고, 치료참여와 치료동기가 더 높았다. 그러나 IC 집단에서 NIC 집단보다 자살의 잠재력이 더 높게 나타나 앞으로 더 주의 깊은 연구가 필요하다고 제안하였다. IC와 NIC 모두 입원 시에는 전반적인 증상정도에 별 다른 차이가 없었으나 퇴원 시에는 IC 집단의 증상정도가 더 낮아 치료동의능력이 결코 임상적 상태와 무관하지 않다고 하였다. 또한 동의능력은 항상 일정한 상태가 아니라 상황에 따라 얼마든지 향상될 수 있는 것이므로 치료 참여를 통해 동의능력이 향상되도록 돕는 임상가들의 노력이 필요하다고 주장하였다.

연구 동의능력

연구에 대한 동의능력을 평가한 연구들(Palmer et al., 2007; Carpenter et al., 2000; Wirshing et al., 1998; Appelbaum et al., 1999; Kim and Caine, 2002; Saks et al., 2002; Appelbaum and Roth, 1982)은 동의능력이 부족한 정신장애들이 연구대상이 되는 과정에서 자신들의 이익을 충분히 보호하지 못할 것이라는 전제를 가지고 있다. 따라서 정신장애 특성들이 연구 동의능력과 어떤 관련성을 갖는지 조사한 결과, 정신장애를 가진 집단 중 양극성기분장애와 조현병 집단은 비슷하게 낮은 동의능력을 보였다(Palmer et al., 2007). 건강한 집단과의 비교에서도 조현병과 기분장애 집단이 현저하게 낮은 동의능력을 보였다. 특히 연구에 관한 동의능력은 정신장애인들 중에서도 인지기능의 손상이 클수록, 음성증상이 많을수록, 동의능력이 더 낮은 것으로 나타났다(Saks et al., 2002). 그러나 연구과정에 대한 상세한 교육이 정신장애인의 연구 동의능력을 건강한 집단만큼 향상시킬 수 있다고(Carpenter et al., 2000) 하였다. 또한 연구과정의 프로토콜(protocol)을 최소한 3번 이상 반복하여 설명하면 대부분의 조현병 환자들도 거의 100% 이해하게 되므로(Wirshing et al., 1998) 반복적인 설명과 교육으로 동의능력을 향상시키려는 노력이 필요하다고 주장하였다.

동의능력 향상을 위한 노력

'정신장애인은 정말 무능력한가'라는 질문에 답을 얻기 위해 문헌을 고찰한 결과, 답은 정신장애가 없는 집단에 비해서 무능력할 수 있다는 것이다. 그러나 기존의 연구들에서 밝혀졌듯이 정신장애 유형에 따라 동의능력이 다르고, 증상이나 병식에 따라 능력에 차이가 있음을 알 수 있다. 무엇보다 어떤 정보가, 어떻게 주어졌느냐에 따라 동의능력이 다르게 평가될 수 있다는 것은 전문가가 능력향상을 위해 어떤 노력을 해야 하는지를 시사한다.

- 충분한 정보제공: 동의대상자의 눈높이에서 필요한 정보를 반복적으로 상세히 설명하고, 충분히 시간을 가지고 정보를 제공해야 된다. 이것이 동의능력 향상을 위해 가장 우선적으로 선행되어야 할 노력이다.
- 병식향상: 동의능력의 중요한 예측요인이 병식이다. 따라서 동의대상자의 병식을 향상시키기 위한 노력 없이 강제 입원되었다

하더라도 치료과정에서 병식향상을 위한 노력을 지속해야 한다. 그 결과 동의능력이 향상되었다면 그 능력을 재평가해야 한다.

- 증상조절: 동의능력과 증상과의 관련성은 연구자에 따라 다소 이견이 있지만 증상과 동의능력이 결코 무관하다 할 수 없으므로 증상조절이 동의능력향상에 중요한 선결요건이라 할 수 있다.

제 3 부

평등을 향한 긴 여정

제7장 정신장애인의 평등권 보호와 사회적 차별

평등권과 차별

UN의 인권선언 제1항에는 "모든 인간은 평등한 존엄성과 권리를 가지고 태어난다"고 규정하고 있다. 여기서 모든 인간의 '평등한 권리'는 어떠한 조건에 대해서도 차별받지 않는 것을 의미한다. 이러한 차별로부터의 보호는 다른 사람들과 동등한 법적 권리를 누릴 수 있는 최우선적 전제조건이다. 따라서 평등은 비차별(non-discrimination)과 직접적으로 연결된 개념이다(Perlin et al., 2006: 383). 기본권 중 특히 경제적, 사회적, 문화적 권리인 적극적 권리들은 비차별이 전제되어야만 실현 가능하다. 뿐만 아니라 양육권, 결혼할 권리, 강제로 불임하지 않을 권리, 선거권 등 소극적 권리 또한 차별로부터의 보호가 우선되어야 한다.

평등의 개념과 유형

비차별이 사회적 평등을 이루는 방법이라는 것에는 이의가 없으나 비차별에 접근하는 방식에 따라 세 가지 형태의 평등이 있다(Degener and Quinn, 2000; Callard et al., 2012: 33 재인용).

- **공식적/법률적 평등:** 이 접근은 '모든 인간은 평등하다'는 전제로 개인적인 속성(정신장애가 있고, 없고)에 따른 차이를 무시한다. 따라서 속성에 따른 불평등이 왜 발생하는지에 대한 구조적 원인에는 관심을 갖지 않는다. 이러한 접근방식은 사회적 약자(개인적 속성)들의 평등한 권리를 위해서는 특별한 조치가 필요하다는 사실을 간과하고 있다.

- **결과의 평등:** 결과의 평등을 달성하기 위한 접근방식이다. 즉, 장애가 있는 사람과 없는 사람의 취업률(결과)을 동등하게 하는 것이다. 이것이 '할당(quato)'제도의 근거가 된다. 이러한 접근방식은 개인적 속성에 따른 차이를 인정하고, 결과의 평등을 위해 특별한 조치가 필요하다는 것을 수용한다. 그러나 결과의 평등은 생산성에 초점을 두는 노동시장에서 현실적으로 수용되지 못하는 한계가 있다.

- **평등한 기회/구조적 평등:** 동등한 결과와 상관없이 동등한 기회를 보장하는 것이다. 이 접근법은 불평등을 지속시키는 구조적 장벽을 설명하는 데 가장 유용하다. 특히 장애인의 사회참여를 설명하는 데 매우 적절하다. 이 모델에 의하면 더 이상 장애인은 사회적 동정의 대상이 아니라 사회정의 차원에서 적극적으로 사회에 참여

하는 주체로 이해된다. 따라서 평등한 참여를 실현하기 위해서는 사회적 구조가 변화되어야 한다는 것을 전제한다. 이러한 접근방식은 개인적 속성에 따른 차이는 인정하지만 그로 인한 차별은 수용하지 않는다. 즉, 모든 개인의 속성과 상관없이 비차별적으로 동등한 기회를 부여하는 것이다. 이것이 국제적 기준의 평등개념이다. 이 개념을 적용할 경우, 차별이란 명백하게 특정 기회를 주지 않는 것에서부터 기회를 제공하긴 하나 미묘하게 배제, 분리시키는 것까지 모든 수준의 차별을 포함한다. 예를 들어 동등한 교육기회는 제공하지만, 신체장애를 가진 학생이 강의실에 접근할 수 있는 편의시설이 없다면, 이것은 명백한 차별이고 불평등이다.

사회적 차별의 개념과 유형

일반적으로 차별(discrimination)은 특정한 속성을 집어내어 그 속성에 부정적 용어를 붙여, 그 집단을 다르게, 부당하게 대우하는 것을 의미한다. 여기에는 직접적 차별(direct discrimination)과 간접적 차별(indirect discrimination)이 있다(Callard et al., 2012: 25-26).

- **직접적 차별**: 어떤 사람이 특정 집단에 속해 있다는 이유만으로 혹은 속해 있을 거라 추정하여 덜 우호적으로 혹은 부당하게 대우하는 것을 의미한다. 예를 들어 정신장애가 있다는 이유로 많은 나라에서 운전이나 여행을 자유롭게 하지 못하게 하는 것이 여기에 해당된다. 이때 그 집단에 속해 있는 사람의 특성상 해당 기능을 수행할 수 없는 명백한 손상이 있어 제한하는 것이라면, 차별에 해당되지 않는다. 그러나 이런 차별이 정당화되기 위해서는 손

상과 기능의 연관성이 매우 명백해야 한다.

- **간접적 차별:** 특정 집단에 속해 있는 사람에게 부적절하고 불필요한 장벽이나 부담을 부여할 때 간접적 차별에 해당한다. 예를 들어 모든 사람에게 동등하게 취업의 기회를 제공하였다 하더라도, 남 앞에서 발표하는 것이 어려운 불안장애를 가진 사람에게 업무와 아무런 상관없는 공개발표를 하도록 하여 부담을 주는 것은 명백한 차별에 해당된다.

차별의 근거가 중복되는 경우 더 심각한 차별을 예상할 수 있다. 예를 들어 차별의 속성인 정신장애와 동성애 두 가지를 다 가진 경우 혹은 그 이상의 차별적 속성을 가진 경우 다중차별(multiple-discrimination)이 발생할 수 있다. 다중차별은 각 속성에 대한 차별에 두 속성이 상호작용하여 발생하는 교차차별(intersectional discrimination)까지 더해 매우 심각한 차별양상이 나타나게 된다. 예를 들어 정신장애를 가진 흑인 남성의 경우 정신장애에 대한 편견에 흑인에 대한 편견이 합쳐지고, 이 두 속성이 상호작용하여 '위험하다'는 인식을 심각하게 강화시키게 된다. 따라서 다중차별의 경우 개인의 평등권은 더 심각하게 침해된다(Callard et al., 2012: 30).

평등권보호와 차별극복을 위한 국가적 의무

Perlin 등(2006: 385-390)은 장애를 가진 사람들의 평등권을 보호하고 그들에 대한 과거, 현재, 미래의 차별을 극복하기 위해 각국의 정부는 다음의 조치를 법적으로 보장해야 한다고 제안하였다.

■ **차별철폐조치:** UN의 ICCPR에서 보장하고 있는 평등권을 국내법을 통해 보호해야 한다. 그러나 여기서 평등은 단순히 다른 사람과 동등한 것이 아니다. 국제법이 요구하는 평등한 기회를 보장하기 위해서는 장애인 차별에 대한 단호하고 특별한 보호조치가 요구된다.

■ **적절한 편의제공:** 평등권을 보호하기 위해 제공되는 모든 서비스나 기회가 장애인의 욕구에 맞아야 한다. 그러기 위해서는 서비스나 절차, 시설 등이 장애인의 욕구에 맞게 수정되어야 하고, 이것이 법적으로 보장되어야 한다. 여기서 '적절하다'는 것은 다른 사람에게 큰 부담을 주지 않은 상황에서 수정되는 것을 의미한다. 혹은 다른 사람에게 주어지는 부담을 정부가 대신 맡아 해주는 것을 의미한다. 예를 들어 정신장애인의 아침 출근시간을 좀 늦춰주고 다른 시간에 이를 보충하도록 하여, 약으로 인해 아침에 일어나지 못하는 정신장애인의 욕구를 만족시켜주는 것이다.

■ **과잉조치금지의 원칙**(rule of proportionality)**과 정당한 법적 절차:** 특정 대상 집단에 대한 분리가 합법적인 목적을 위한 것이라면 정당하다. 그러나 이때 과잉조치금지의 원칙에 의해 정부는 정당한 법적 절차를 거쳐야 한다. 이처럼 차별을 묵과하거나 권리를 제한하는 것은 시라쿠사원칙[1]에 의한 경우로 제한된다. 그러나 이 경우도 국내법에 이와 관련된 절차규정이 명확해야 한다.

---

1) 시라쿠사원칙(Siracusa Principle): 본서 제1장에서 설명된 개념으로 '자신의 권리가 존중받기 위해서는 타인의 권리를 보장해야 한다'는 원칙이다.

- **지역사회통합(community integration) 권리:** 지역사회에 완전히 참여하기 위해 필요한 의료적, 사회적 서비스를 제공받을 권리는 차별로부터 보호받기 위한 가장 기본적 권리이다. 따라서 국제적 인권기준에서 볼 때, 가장 큰 차별은 지역사회로부터 분리된 시설화이다. 시설화는 지역사회로의 참여기회 자체를 차단시키는 가장 심각한 차별인 것이다. 또한 부적절한 후견인(guardianship) 제도 역시 지역사회에서 장애인의 결정기회를 제한하여 참여를 방해하는 주요 요인이 된다. 여기서 부적절하다는 것은 결정능력이 약간 부족한 상황에서 '전적 후견인(plenary guardianship)'을 법적으로 지정하여 잔존 결정능력까지 제한하는 것을 의미한다. 따라서 법으로 후견인을 지정할 때는 필요한 영역에 한해서 후견업무를 보도록 하고, 스스로 결정할 수 있는 기회를 최대한 보장해야 한다.

정신장애와 사회적 차별

정신장애 특성과 차별

일반적으로 인간은 의료적 결과가 사회적, 문화적, 정치적, 경제적, 역사적 요인들에 의해 얼마나 영향 받는지 인식하지 못한 채 살고 있다. 그러나 실제 이러한 요인들은 우리 일상의 삶, 선택, 다양한 사회적 기회에 지속적으로 영향을 미친다(Jennifer et al., 2012: 113). 예를 들어 어느 가난한 지역의 한 젊은 여성이 도시로 와서 단 한 번의 성관계로 에이즈에 걸렸다고 가정해보자. 이 결과에 영향을 미친 것이

성관계뿐일까? 이 여성이 고향을 떠나 도시로 올 수밖에 없었던 요인, 도시에서 일자리를 찾지 못해 몸을 팔 수밖에 없었던 요인, 그녀에게 사회적 지지원이 없었다는 사실 등이 모두 에이즈라는 결과에 영향을 미친 요인이다. 정신장애 역시 이와 같은 논리로 이해할 수 있다.

정신장애는 임상적으로 중요한 행동적, 심리적 증후군이지만 어떤 장애나 질병에 비해 사회문화적 요인에 의해 질병경과가 심각하게 영향 받는 사회적 장애이기도 하다. 즉, 정신장애로 인해 개인적 삶이 방해받고 사회적 맥락에서 취할 수 있는 이득과 기회를 놓치게 된다. 이와 같은 기회상실로 인한 스트레스는 개인의 정신장애를 발병 혹은 악화시키게 하는 주요요인으로 정신장애 경과를 이해하는 데 있어 매우 중요하다. 특히 정신장애인에 대한 사회적 태도는 정신장애 경과에 가장 심각한 영향을 미치는 사회적 요인이다. 일반적으로 주요 정신장애의 질병경과는 만성적이고 순환적이어서 상당한 심리사회적 기능손실이 발생한다. 그로 인해 사회적 역할수행에 장해가 초래되고 다양한 사회적 기회로부터 배제된다. 따라서 이들의 사회통합을 위해서는 특별한 사회적 노력이 필요하다. 그러나 정신장애의 진단기준은 문화적으로 허용되지 않거나 인정되지 않는 일탈된 행동을 보이는 것이기 때문에 이러한 그들의 행동과 정서를 대중들은 이해하기 힘들 수밖에 없다. 뿐만 아니라 대중매체를 통해 보도되는 정신장애인의 이해할 수 없는 폭력과 살인 등의 범죄행동은 일반인으로 하여금 정신장애인에 대한 막연한 두려움과 불안을 갖게 한다. 정신장애인에 대한 이러한 대중의 부정적 태도는 질병으로 인해 사회적 기능이 손상되어 있는 정신장애인을 더욱 고립시켜 그들의 사회통합을 심각하게 방해한다.

역사적으로 정신장애인에 대한 대중의 시각은 치료와 재활을 포함한 정신장애인 복지 전반에 영향을 미쳐왔다. 중세기 동안에는 원시적인 미신과 귀신론이 존재했다. 정신장애를 신이 정해놓은 금기(taboo)를 어겨 벌을 받은 것으로 간주하거나, 악령이 몸 안에 들어가 그 사람의 행동과 감정을 조정한다고 보았다(양옥경, 1998: 34). 이후 히포크라테스가 정신장애를 신체적 질병으로 규정하고, Philippe Pinel이 도덕적 치료를 주장하면서 그들을 보호하고 치료하기 위해 시설에 수용하게 되었다. 1950년부터 1969년 사이, 인도주의적 이념과 항정신성 약물의 개발을 계기로 정신장애인들에게 '최소한의 규제(the least restrictive)와 정상화(normalization)'를 보장하기 위한 지역사회정신건강(community mental health) 운동이 시작되었다. 이러한 움직임이 시작되면서 치료의 중심이 시설에서 지역사회로 이동하고, 치료의 초점 역시 증상 중심에서 재활 및 사회복귀 차원으로 변화하게 되었다. 그러나 정신장애인의 재활 및 사회복귀는 무엇보다도 지역사회로부터의 수용이 전제되어야 한다. 그러므로 정신장애인에 대한 일반인의 편견과 차별을 극복하는 것이 정신장애인의 사회통합 실현에 가장 중요한 선결요건이다. 만약 일반인들의 시각이 지속적으로 부정적이라면 정신장애인은 지역사회에 적응하지 못한 채 시설에 수용될 수밖에 없다. 이럴 경우 정신장애인들의 사회통합과 지역사회정신건강은 실천되지 못하는 하나의 이념으로 남을 수밖에 없다.

일반적으로 정신장애를 근거로 차별한다는 것은 다음과 같은 속성에 대한 차별을 의미한다(Callard et al., 2012: 29). 즉, 현재의 정신건강문제뿐 아니라 과거와 미래의 정신건강문제로 인해 차별받는다. 또한 이러한 문제를 가지고 있는 사람뿐 아니라 그 사람과 관련되어 있다는 이유로 차별받는 것까지 모두 포함된다.

- 개인이 현재 가지고 있는 정신건강문제
- 개인이 과거 가지고 있던 정신건강문제
- 개인이 앞으로 가질 것으로 예상되는 정신건강문제
- 실제 정신건강문제를 보이지 않아도, 있다고 넘겨짚은 경우
- 현재 혹은 과거 정신건강문제가 있는 혹은 있다고 추정되는 사람과 관련되어 있는 경우

그러나 정신장애인에 대한 사회적 태도나 편견은 각국의 문화나 사회적 특성에 따라 다양하게 나타난다. 이러한 차이를 만드는 요인은 다음과 같다(Callard et al., 2012: 20).

- 국가가 얼마나 적절한 정신보건서비스를 제공하고 있는가에 따라 사회적 태도가 달라진다. 일반 신체적 질병에 대한 의료서비스와 정신보건서비스의 질에 차이가 있다면 이미 그 나라의 의료서비스가 불평등하게 배분되고 있음을 의미한다.
- 각국의 정신보건서비스가 정신장애인의 욕구에 얼마나 적합한가에 따라 사회적 태도가 달라진다. 욕구가 많이 반영될수록 효과적인 서비스 결과를 예측할 수 있고, 그에 따라 사회적 태도도 긍정적으로 변화된다.
- 실제 존재하는 서비스를 얼마나 많이 활용하는가에 따라 태도가 달라진다. 물론 활용하기 때문에 태도가 달라지는 것인지, 아니면 태도가 긍정적이므로 서비스를 활용하게 되는지는 알 수 없으나 서비스 활용도에 따라 사회적 태도는 매우 상이하다.

정신장애인에 대한 차별 발생과정

정신장애인에 대한 사회적 차별은 오랫동안 형성되어 온 그들에 대한 고정관념에 부정적 정서반응이 합쳐져, 사회적 거리감을 유지하면서 발생한다. 이러한 과정을 Overton과 Medina(2008)는 〈그림 3-1〉과 같이 구조적 스티그마 과정(structural stigma process)으로 설명하였다. 이 모형은 고정관념, 편견, 차별 등 오랫동안 혼란스럽게 사용되어 오던 개념들을 분명하게 정리하는 장점을 가지고 있다.

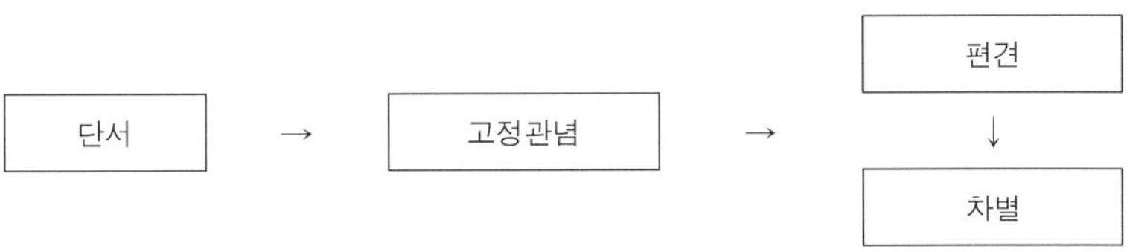

〈그림 3-1〉 구조적 스티그마 과정

이 과정을 단계별로 설명하면 다음과 같다.

- **첫 번째 단계:** 정신장애를 가지고 있다는 단서(cue)를 인식하는 것이다. 단서에는 여러 가지 형태가 있을 수 있다. 흐트러진 외모를 통해 한눈에 정신장애가 있음을 알아 볼 수도 있고, 증상이나 결핍된 사회적 기술을 단서로 정신장애인을 알아볼 수 있다. 그러나 이러한 단서는 추측일 뿐 정신장애인이라는 확신을 갖게 하지는 못한다. 가장 명백한 단서는 정신건강의학과에서 치료나 진단을 받는 것이다. 즉, 정신보건서비스를 이용하는 것이 가장 분명한 단서이다.
- **두 번째 단계:** 누군가에게서 단서를 발견하게 되면, 그동안 자신

이 가지고 있던 사고구조 내의 고정관념(stereotype)이 발동한다. 고정관념은 자신이 속한 집단이나 문화로부터 오랫동안 학습되어 온 생각이다. 즉, 정신장애에 대한 문화적 신념이 나타나는 것이다. 예를 들어 '정신장애인은 위험하니 어울리지 않는 것이 좋다'는 얘기를 오랫동안 들어왔다면 그것이 고정관념이 되어, 정신장애 단서를 보이는 사람에게 적용하는 것이다. 물론 사람에 따라 이러한 문화적 신념이 잘못 되었다 판단하여 수용하지 않을 수도 있다. 그러나 이를 받아들일 경우 다음 단계로 이동하게 된다.

- **세 번째 단계:** 고정관념에 정서적 반응을 포함한 편견(prejudice)이 나타나게 된다. 일반적으로 사람들은 고정관념에 의해 반사적 행동을 하게 되고 이것이 반복되면서 특정상황에 대한 규칙적 반응으로 고정된다. 이것이 편견이다. 즉, 정신장애인이 위험하다는 고정관념에 따라 그들을 피하다 보면, 점차 두려움을 가지게 되고 이런 두려움이 규칙적인 반응으로 고정되어 편견이 나타나는 것이다. 이러한 편견이 다음 단계의 차별을 이끌게 된다. 사람에 따라서는 동정이나 연민과 같은 반응을 보일 수도 있다. 그러나 동정과 연민 역시 두려움과 유사한 편견반응이다.
- **마지막 단계:** 차별(discrimination)은 편견에 의한 정서적 반응과 신념이 행동으로 나타나는 것이다. 가장 많이 보이는 행동적 반응이 개인적, 사회적 관계를 회피하며 거리감을 두는 것이다. 즉, 다수 집단에는 긍정적 반응을 보이면서 정신장애 집단에만 부정적 반응을 보여 집단 간에 벽을 쌓는 것이다. 이러한 회피적 반응이 결국 정신장애인을 소외집단으로 규정하도록 만든다.

차별 혹은 동정?: 귀인-정서 모형

Weiner의 귀인-정서이론(attribution affection theory)은 특정 질병의 원인에 대한 인지가 정서에 영향을 미치고, 그것이 대상자를 어떻게 대할지를 결정한다는 것이다. 이러한 전제를 정신장애에 적용하면 정신장애의 원인을 어떻게 인지하느냐에 따라 대상자에 대한 감정이 달라지고 그것이 행동을 결정한다는 것이다(Watson, 2001). Watson(2001)과 Corrigan 등(2003)은 귀인-정서이론을 정신장애에 적용하여 정신장애인에 대한 대중의 이타적 행동과 차별행동을 〈그림 3-2〉와 같이 설명하였다. 즉, 특정 진단이나 증상을 보이는 정신장애의 원인을 통제 가능한 것(예, 나쁜 성격, 나약한 의지, 불법 약물사용 등)으로 인식할 경우 개인적 책임이라 보고 분노를 느껴 무시하거나 차별하는 행동이 일어난다는 것이다. 반대로 정신장애의 원인을 통제가능하지 않은 것(예, 사고로 인한 두부손상, 뇌 장애 혹은 유전 등)으로 인식할 경우 개인적 책임이라 볼 수 없기 때문에 동정을 느껴 돕는 행동이 나오게 된다는 것이다.

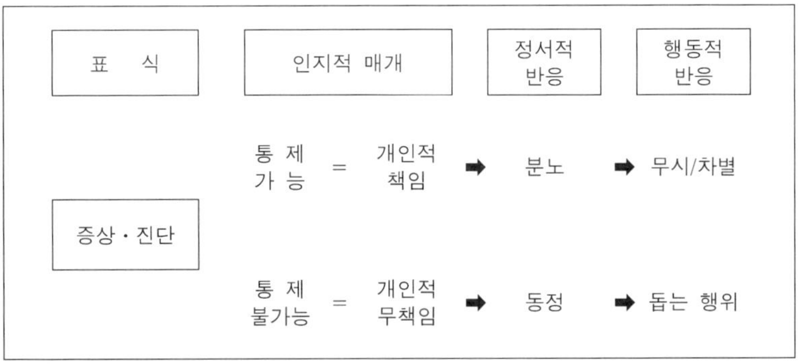

출처: Watson(2001), "Mental illness stigma: Ideology, casual attribution, perceptions of dangerousness, and behavioral response", Ph. D dissertation, The university of Chicago, p. 9.

〈그림 3-2〉 정신장애인 차별을 설명하는 귀인-정서이론 모형

귀인-정서 모형을 바탕으로 정신장애인에 대한 차별과 돕는 행위의 결정요인을 찾아 차별극복 대안을 제시하고자 한 연구들이 있다. 이러한 연구들을 소개하면 다음과 같다.

- Corrigan 등(2000)은 대학생들을 대상으로 정신장애(정신증, 우울증, 약물중독)와 다른 집단(지적장애, AIDS, 암환자)의 귀인과 정서 그리고 행동적 반응을 비교하였다. 그 결과 신체장애보다 정신장애에 대해 부정적인 정서와 차별적 반응을 더 많이 보였다. 정신장애 중에서도 약물중독을 가장 통제 가능한 귀인으로 보았고 지적장애의 변화가능성을 가장 부정적으로 인식하였다.
- Weiner 등(1988) 역시 신체장애(알츠하이머, 시각장애, 암, 심장질환, 하반신마비)와 정신행동관련 장애(AIDS, 약물중독, 비만)를 비교하였다. 그 결과 신체장애는 통제 불가능한 원인으로 보고 동정을 느껴 돕는 행동을 보이지만 정신행동관련 장애는 통제 가능한 원인으로 보고 분노를 느껴 돕는 행동이 현저히 낮아진다 하였다.
- Martin 등(2000)은 우울증, 조현병, 약물중독, 알코올 중독, 문제행동사례(normal troubled person)의 원인을 내적 귀인(나쁜 성격과 양육방식)과 외적 귀인(스트레스와 생물학적 장애)으로 밝힌 뒤 그들에 대한 반응을 비교하였다. 그 결과 대중들은 내적 귀인보다 외적 귀인을 가졌다고 인식된 사람들과 더 많이 상호작용하려는 경향을 보였다.

수정된 귀인-정서 모형

앞에서 설명한 귀인-정서모형이 정신장애에는 적용되지 않는다는 반박들(Read and Law, 1999; Read and Harre, 2001; Walker and Read, 2002; Dietrich et al., 2006)도 있다. 이들은 다른 질병과 달리 정신장애는 귀인이론이 적용되지 않는다고 주장한다. 원인을 생물학적 요인으로 이해할 경우, 정신장애인들의 행동은 통제되지 않고, 적절한 치료로도 회복되지 못할 거라는 편견을 강화시켜 사회적 거리감이 오히려 증가한다는 것이다. 서미경 등(2010)은 귀인-정서이론처럼 정신장애를 통제 불가능한 생물학적 장애로 이해하는 것이 편견을 매개로 차별에 어떤 영향을 미치는지를 분석하였다. 즉, 〈그림 3-3〉과 같이 일반 성인 2,100명을 대상으로 정신장애의 원인을 뇌장애로 인식하거나 혹은 유전을 원인으로 인식하는 경우 편견과 사회적 거리감이 어떻게 달라지는지 분석하였다. 그 결과 〈표 3-1〉과 같이 정신장애의 원인을 뇌장애로 인식하는 경우와 유전적 요인으로 인식하는 경우 모두 편견을 강화시키고 이것이 사회적 거리감을 증가시키는 것으로 나타났다. 결국 귀인-정서이론이 지지되지 않았다. 오히려 스스로 원인을 통제할 수 없다는 생각이 차별을 강화시키는 것으로 밝혀졌다. 이러

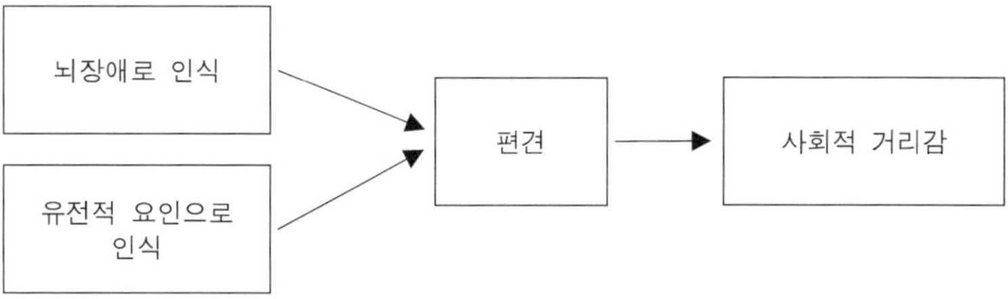

〈그림 3-3〉 생물학적 이해가 편견과 차별에 영향을 미치는 경로

〈표 3-1〉 생물학적 원인에 대한 인식이 편견과 사회적 거리감에 미치는 경로

경로	비표준화 추정치	표준화 추정치	표준오차	C.R
뇌장애 인식 → 편견	.173	.262***	.014	12.640
유전으로 인식 → 편견	.121	.208***	.012	10.030
편견 → 사회적 거리감	.848	.674***	.020	41.748

* *p*<.01 ** *p*<.05 *** *p*<.001

한 결과는 정신장애인에 대한 차별을 귀인-정서이론으로 설명되지 않음을 의미한다.

따라서 박근우와 서미경(2012)은 정신장애인에 대한 차별을 이해하기 위해 기존의 귀인-정서 모형을 수정한 '수정된 귀인-정서 모형'을 제안하였다. 〈그림 3-4〉와 같이 정신장애의 원인을 통제 불가능한 생물학적 장애로 인식할 경우, 예측하기 어렵다는 두려움과 위험성에 대한 인식을 증가시켜 차별이 강화되는 경로가 존재한다는 것이다. 즉, 신체장애와 달리 정신장애의 경우 원인을 통제할 수 없다는 인식은 스스로의 행동을 책임질 수 없고 이해할 수 없으며 예측하기 어려운 존재라는 두려움을 강화시킨다. 이러한 주장은 정신장애의 경우 신체장애와 달리 위험성에 대한 인식이나 두려움이 사회적 거리감의 가장 강력한 예측요인이라는 결과들(Martin et al., 2000; Corrigan et al., 2002; Corrigan et al., 2003)에 의해 지지된다. 그리고 개인의 책임을 물을 수 없는 '뇌나 신경계통의 이상', '유전', '뇌의 화학적 불균형'과 같은 생물학적 원인으로 귀인하는 것이 위험하고 반사회적이며 예측할 수 없다는 부정적 태도를 강화시킨다(Read and Harre, 2001; Dietrich et al., 2006; Read et al., 2006).

통제 불가능 생물학적 이해 → 위험성에 대한 편견 → 차별

〈그림 3-4〉 사회적 차별을 이해하기 위한 수정된 귀인-정서 모형

정신장애인 평등권 보호를 위한 국제기준

UN의 기준

정신장애인의 평등권을 보호하기 위한 UN의 노력은 표준규약과 장애인권리협약에 잘 나타나있다. 이 둘은 장애인을 위한 국제적 기준이고, 정신장애 역시 장애의 한 유형이므로 동일하게 적용될 수 있다.

■ **장애인권리협약**(The Convention on the Rights of Persons with Disabilities: CRPD)[2]

• **제5항: 평등과 비차별**

국가는 모든 사람이 법 앞에서 동등하다는 것을 인정해야 하고, 장애가 있다는 이유로 행해지는 모든 차별에 대항하여, 그들을 보호하기 위한 가능한 조치를 취해야 한다. 또한 평등을 이루기 위해 필요한 편의시설을 마련해야 하고, 평등을 위해 취해지는 추가 조치가 역차별로 인식되지 않도록 노력해야 한다.

---

2) UN(2006), The Convention on the Rights of Persons with Disabilities, www.un.org/disabilities에서 발췌함.

- **제9항: 접근성**

국가는 장애인이 삶의 모든 영역에서 다른 사람들과 동등하게, 독립적으로 참여할 수 있도록 적절한 조치를 취해야 한다. 여기에는 물리적 환경뿐 아니라 정보, 서비스를 포함한 모든 영역이 포함된다.

- **제19항: 독립적 삶과 지역사회에서의 포용**

모든 장애인은 다른 사람들과 마찬가지로 자신이 원하는 것을 스스로 선택하여 지역사회에 완전 참여하며 즐길 권리가 있다. 즉, i) 어디서, 누구와 살지를 결정할 권리, ii) 집과 같은 시설이나 다른 지역사회 지지서비스에 접근할 권리, iii) 지역사회 서비스를 다른 사람들과 동등하게 이용할 권리가 있다.

- **제24항: 교육**

국가는 장애인이 그들의 잠재력과 창의성을 개발할 수 있도록 평등한 교육기회를 제공해야 한다. 필요하다면 그들이 지역사회 구성원으로서 충분히 참여하도록 일상생활 및 사회기술을 배울 수 있는 기회를 제공해야 한다. 이와 같은 기회를 제공할 때는 장애인의 교육수준에 맞는 언어와 자료로 진행될 수 있도록 보장하여야 한다.

- **제25항: 의료**

모든 국민은 장애여부와 상관없이 어떠한 차별도 받지 않고 질 좋은, 적합한 의료서비스를 받을 권리가 있다. 따라서 국가는 장애인이 이러한 기본적 권리를 누릴 수 있도록 접근성을 보장해야 하고, 의료전문직이 다른 사람과 동등한 서비스를 제공하도록 요구해야 하며, 의료보험 등에서 차별이 없도록 조치를 취해야 한다.

• **제27항: 노동과 고용**

다른 사람과 동등하게 장애인에게도 일할 기회가 제공되어야 한다. 따라서 노동시장은 장애인이 원하는 일자리를 선택하고, 그들이 접근 가능하도록 열려 있어야 한다. 그리고 이것이 가능하도록 국가는 안전장치를 마련해야 한다. 구직에서 채용에 이르는 전 과정에서 차별이 없도록 법으로 규정해야 하고, 장애인의 근로능력 향상을 위해 직업기술과 같은 훈련이 제공되어야 한다.

• **제28항: 적절한 수준의 삶과 사회적 보호**

국가는 장애인과 그들의 가족에게 적절한 의식주를 보장해야 하고, 장애를 이유로 차별받지 않고 그들의 삶이 지속적으로 향상될 수 있도록 보장해야 한다. 여기에는 차별 없이 평등하게 빈곤탈출 프로그램에 참여할 권리, 공공주택을 이용할 권리, 보험이나 퇴직금 등을 동등하게 받을 권리 등이 포함된다.

• **제29항: 정치적, 공적 삶에 참여**

모든 사람들과 평등하게 장애인에게도 정치적으로 의견을 제시하고, 투표할 권리가 있다. 필요하면 NGO와 같은 조직을 결성하여, 대표를 뽑고 혹은 대표가 되어 활동할 권리가 있다.

• **제30항: 문화, 여가, 스포츠 활동에 참여**

국가는 장애인이 어떠한 차별 없이 TV, 영화, 도서관, 박물관 등의 문화적 공간에 접근할 수 있도록 보장해야 하고, 그들의 예술적 재능을 발휘할 수 있는 기회를 평등하게 제공해야 한다. 또한 장애인의 능력이 되는 한 최대한 스포츠 활동에 참여하기 위해 관련 시설의 접근성을 보장해야 한다.

■ **표준규약(Standard Rules)**[3)]

표준규약은 장애인에게 평등하게 보장되어야 할 표적 영역을 다음과 같이 8가지로 설정하고 있다.

- **규칙 5: 접근성**

  국가는 장애인에게 물리적 환경과 정보에 대한 접근성을 보장해야 한다. 따라서 건물이나 도로건설 설계 시부터 이를 염두에 두어야 하고, 장애인 관련 조직은 이러한 접근성이 보장되도록 요구해야 한다. 정보에 대한 접근성을 보장하기 위해 모든 관련 자료가 장애특성에 맞게 기술적으로 수정되어야 하고, 수화와 같은 언어로 언제든지 대화가 가능해야 한다.

- **규칙 6: 교육**

  장애가 있는 아동, 성인 모두 통합된 환경에서 교육의 기회를 제공해야 하고, 필요한 경우 통역기와 같은 지원서비스가 준비되어야 한다. 일반적인 교육이 장애인의 욕구에 만족되지 않은 경우 특수교육을 고려해야 한다. 특수교육의 질은 일반교육과 동일한 수준을 보장해야 한다.

- **규칙 7: 고용**

  노동시장에서 장애인이 생산적이고 의미 있는 일을 할 수 있도록 평등하게 기회가 보장되어야 한다. 국가는 노동시장이 장애인에게 개방될 수 있도록 직업훈련, 성과지향 할당구조, 지정고용, 중소사업장의 세제혜택, 우선 발주 및 우선 계약, 재정적 지원 등을 해야 한다. 이러한 지원을 통해 고용주가 장애인이

---

3) UN(1993), Standard Rules on the Equalization of Opportunities for Persons with Disabilities에서 발췌함.

적응할 수 있는 작업환경을 만들도록 유도해야 한다.

- **규칙 8: 소득보장 및 사회보장**

국가는 장애인의 소득이 유지되고 사회보장이 가능하도록 책임져야 한다. 따라서 장애로 인해 소득이 감소하거나 잃었을 경우 이를 보완해야 하고, 사회보험이나 사회복지시스템이 있는 경우 장애인이 배제되지 않도록 보장해야 한다. 또한 소득활동을 하고자 노력하는 장애인에게 재정적 지원을 하되, 그 지원이 구직 노력을 방해하지 않도록 해야 한다.

- **규칙 9: 가족생활과 개인의 통정**

장애인이 가족생활에 완전 참여하여 결혼, 양육 면에서 어떠한 차별도 없이 개인적 통정(integrity)을 유지할 수 있도록 보장해야 한다. 이들이 결혼과 양육과정에서 겪을 수 있는 특별한 어려움에 관심을 가지고, 이를 도와줄 상담서비스를 제공한다. 그리고 이들의 결혼과 출산, 양육에 대한 사회적 편견을 변화시키기 위한 노력을 지속해야 한다.

- **규칙 10: 문화**

장애인이 동등한 조건으로 문화적 활동에 참여하여, 그들의 창의적, 예술적 잠재력을 충분히 발휘할 수 있도록 보장해야 한다. 문화적 활동을 보장하기 위해서는 무엇보다 문화적 공간에 대한 접근성이 확보되어야 한다.

- **규칙 11: 여가와 스포츠 활동**

국가는 장애인이 평등하게 여가활동과 스포츠 활동을 즐길 수 있는 기회를 제공해야 한다.

- **규칙 12: 종교**

모든 종교 활동에 장애인이 평등하게 참여할 권리가 보장되어야 한다. 그러기 위해서는 종교단체나 조직이 장애인에게 차별적이지 않도록 조치해야 하고, 종교기관에 장애인이 접근 가능하도록 편의제공을 촉구해야 한다. 종교와 관련된 정보 역시 평등하게 공유되어야 한다.

WHO의 기준

WHO는 정신장애인에 대한 차별이 그들로 하여금 치료체계로의 접근을 방해하고, 고용과 교육 등의 기회를 제한한다고 전제하였다. 이와 같은 정신장애인에 대한 기회 제한은 지역사회로의 통합을 방해하고, 고립을 증가시켜 정신장애를 악화시키는 악순환을 초래한다고 보았다. 따라서 WHO는 단순히 기회를 제한하는 것을 넘어 필요한 배려를 하지 않아 고립되는 것까지를 차별로 보고 각국의 법이 이와 관련된 규정을 마련해야 한다고 권고하고 있다. 예를 들어 정신장애인을 부당하게 해고하지 못하도록 하는 것은 당연하다. 이 수준을 넘어 정신장애가 발병 혹은 악화되었을 때, 일시적으로 스트레스가 적은 업무로 배정하여 질병이 완화될 기회를 제공하는 것까지 법으로 규정해야 한다는 것이다. 그래야만 업무상 과실을 예방할 수 있고 이것이 고용을 지속시키는 요인이 된다는 것이다.

정신장애인 평등권 보장에 관한 기준은 '정신장애에 영향을 미치는 추가적인 서비스' 항목에 상세히 나열되어 있다.[4)]

• **반차별법:** 모든 국가는 취약집단을 보호하기 위한 반차별 관련법

4) WHO(2005), WHO Resources Book on Mental Health, Human Rights and Legislation에서 발췌한 것임.

을 제정하여 정신장애인에게 적용되도록 해야 한다. 만약 그러한 법이 정신장애인을 보호하지 못한다면, 정신장애인의 반차별과 관련된 별도의 법이 마련되어야 한다. 예를 들어 상당히 많은 국가에서 정신장애인은 운전을 못하게 하거나 비행기를 타지 못하도록 규정하고 있다. 이러한 차별로부터 보호하기 위한 법이 필요하다.

- **의료서비스:** 의료서비스와 관련하여 정신장애인에 대한 보호가 필요하다. 특히 치료를 결정하는 과정에서 정신장애가 있다는 이유로 그 결정권이 제한되지 않도록 보장해야 하고 비밀보장을 통한 사생활 역시 보호되어야 한다.
- **주거:** 정신장애인에게 공공주택이 우선 분양되어야 하고, 주거비가 보조되어야 한다. 이것이 차별 없이 사회에 통합되는 선결조건이다. 특히 정신장애인의 주거시설이 외진 곳에 있어 그들의 고립이 초래되지 않도록 주택을 배정해야 한다.
- **고용:** 고용기회가 평등하게 보장되어야 할 뿐 아니라 고용유지를 위한 합리적 배려가 필요하다. 또한 직업훈련의 기회를 제공하고 취업을 하고자 하는 정신장애인에게 다양한 혜택을 제공하는 것이 요구된다.
- **사회보장:** 장애수당이 정신장애인에게 충분히 지급되어야 한다. 뿐만 아니라 장애연금이나 기타 다른 사회보장 혜택을 정신장애인이 평등하게 받을 수 있도록 법이 규정되어야 한다. 일을 하고자 하는 경우, 근로소득이 급여 수급조건에 영향을 미쳐 근로의욕이 저하되지 않도록 보장해야 한다.
- **공민권 보장:** UN의 인권선언에서 보장된 공민권과 기본적 인권(투표권, 결혼, 양육권, 재산소유권, 이동의 자유, 법 앞에서의 평등, 금융거

래를 할 권리 등)이 충분히 보장되도록 법이 규정되어야 한다.

우리나라의 기준

현행 우리나라 장애인복지법 제2조에 의하면 장애인은 '신체적, 정신적 장애로 오랫동안 일상생활이나 사회생활에서 상당한 제약을 받는 자'이다. 장애종류로는 주요 외부 신체기능이나 내부기관의 장애를 의미하는 신체적 장애와 발달장애 또는 정신질환으로 발생하는 장애를 의미하는 정신적 장애가 있다. 본서에서 다루고 있는 정신장애는 정신질환으로 발생하는 '정신적 장애'에 해당된다. 따라서 정신장애는 정신적 장애의 한 유형으로 2008년부터 시행되고 있는 「장애인 차별금지 및 권리구제 등에 관한 법률」에 의해 권리를 보호받을 수 있다. 동법에 의한 차별행위와 차별영역을 보면 다음과 같다.

■ 차별행위: 동법상 차별행위는 다음의 각 사항에 해당하는 경우이다.

- 장애를 사유로 정당한 사유 없이 제한, 배제, 분리, 거부 등에 의하여 불리하게 대하는 경우
- 형식상으로는 불리하게 대하지 않지만 정당한 사유 없이 장애를 고려하지 않아 불리한 결과를 초래하는 경우
- 정당한 사유 없이 편의제공을 거부하는 경우
- 정당한 사유 없이 장애인에 대한 제한, 배제, 분리, 거부 등 불리한 대우를 표시, 조장하는 광고를 직접 행하거나 그러한 광고를 허용, 조장하는 경우
- 장애인을 대리, 동행하는 자에 대하여 위의 행위를 하는 경우

■ 차별금지영역: 동법에서 차별을 금하는 영역은 다음과 같다.

- **고용:** 사용자는 모집, 채용, 임금 및 복리후생, 교육·배치·승진·전보·정년·퇴직·해고에 있어 장애인을 차별해서는 안 되고, 노동조합 역시 장애인근로자의 조합가입을 거부하거나 조합원의 권리 및 활동에 차별을 두어서는 안 된다. 또한 장애인이 해당 직무를 수행함에 있어 다른 사람과 동등한 근로조건에서 일할 수 있도록 정당한 편의제공을 해야 한다.
- **교육:** 교육책임자는 장애인의 입학지원 및 입학을 거부할 수 없으며, 전학을 강요할 수 없고, 모든 교내외 활동에서 장애를 이유로 장애인의 참여를 제한, 배제, 거부하여서는 안 된다.
- **재화와 용역의 제공 및 이용:** 재화·용역 등의 제공자는 장애인과 장애인이 아닌 사람에게 제공하는 물건, 서비스, 이익, 편의 등의 편익이 동등하게 제공되어야 한다. 또한 시설물에 접근, 이용하거나 이동 및 교통수단 등에서 제한, 배제, 분리, 거부가 있어서는 안 된다.
- **사법·행정절차 및 서비스와 참정권:** 장애인이 생명, 신체 또는 재산권 보호를 포함한 자신의 권리를 보호받기 위해 사법·행정절차 및 서비스를 이용하고자 할 때 공공기관 등은 장애인을 차별해서는 안 된다.
- **모·부성권, 성 등:** 누구든지 장애인의 임신, 출산, 양육 등 모·부성권에 있어 장애를 이유로 제한, 배제, 분리, 거부해서는 안 된다. 또한 모든 장애인의 성에 관한 권리는 존중되어야 하며, 장애인은 이를 주체적으로 표현하고 향유할 수 있는 성적 자기결정권을 가진다.
- **가족·가정·복지시설, 건강권 등:** 가족·가정·복지시설 등의

구성원은 장애인의 의사에 반하여 과중한 역할을 강요하거나 장애를 이유로 정당한 사유 없이 의사결정과정에서 장애인을 배제하여서는 안 된다. 그리고 의료기관 등 및 의료인은 장애인에 대한 의료행위에 있어 장애인을 제한, 배제, 분리, 거부하여서는 안 된다.

「장애인차별금지 및 권리구제 등에 관한 법률」 외에 「정신보건법」에도 정신장애인의 평등권을 보호하기 위한 조항이 있다. 정신보건법은 정신질환의 예방, 치료, 사회복귀에 관한 전반적인 사항을 다루고 있어 평등에 초점이 있는 것은 아니다. 그러나 정신장애인의 인권과 사회참여 보장을 기본 이념으로 하고 있으므로 이 법을 통해 평등권 보장이 가능하다. 정신장애인의 평등권과 관련된 「정신보건법」 조항은 다음과 같다.

- **제2조 3항**

  '모든 정신질환자는 정신질환이 있다는 이유로 부당한 차별대우를 받지 아니한다.'
- **제41조 1항**

  '누구든지 정신질환자이었다는 이유로 교육 및 고용의 기회를 박탈하거나 기타 불공평한 대우를 하여서는 안 된다.'

제8장 정신장애인에 대한 사회적 차별현황

대중의 편견과 차별실태[1)]

정신장애인에 대한 대중의 편견과 차별

정신장애인에 대한 사회적 편견과 차별에 대한 조사는 1950년대 Star의 연구에서 시작되어 지금까지 심리학, 정신의학, 사회학, 사회복지학, 간호학 등에서 지속적으로 이루어지고 있다. Star의 연구에서 대부분의 미국인들은 편집성조현병을 제외한 단순 조현병, 알코올중독, 불안장애, 강박장애 등을 정신장애로 인정하는 경향을 보였다. 그러나 1990년대 이루어진 연구들에서는 훨씬 더 포괄적으로 정신장애를 수용하는 것으로 나타났다(Link et al., 1999). 2000년대 들어오면서 정신장애의 범주뿐 아니라 원인에 대한 이해 역시 뇌장애나 유

1) 서미경 등(2008b), "정신질환자에 대한 차별과 편견실태조사", 2008년도 국가인권위원회 인권상황실태조사 연구용역보고서의 내용과 김재훈과 서미경(2011)의 "정신장애유형에 따른 편견과 차별: 사례를 활용한 대학생 조사결과"(정신보건과 사회사업, 37, pp. 35-64)의 내용을 수정하여 정리한 것임.

전적 원인과 같은 생물학적 원인을 수용하는 경향이 나타나고 있다(Angermeyer and Matschinger, 2005). 그러나 정신장애에 대한 과학적 이해가 증가됨에도 불구하고 정신장애인의 폭력성, 위험성에 대한 인식은 변함이 없고(Phelan et al., 2000; Corrigan et al., 2007), 사회적 거리감은 오히려 증가하였다(Corrigan et al., 2001; Lauber et al., 2004). 다시 말하면, 대중들은 과거에 비해 정신장애를 과학적으로 이해하고, 정신장애인을 불쌍하다고 인식하며, 사회가 그들을 적극적으로 지원해야 한다고 생각한다. 그러면서도 이웃이나 동료로서 개인적 관계는 맺고 싶어 하지 않는 뚜렷한 이중적 태도를 보인다(Borinstein, 1997).

최근의 연구들(Angermeyer et al., 2004; Jorm and Griffiths, 2008 등)은 대중들이 보이는 편견과 차별이 정신장애 진단유형이나 행동적 속성에 따라 상당히 다르다는 결과를 제시하고 있다. 즉, 대중들은 정신장애의 행동적 특성에 따라 정신장애라는 라벨을 부여하고 원인을 이해하는 방식이 다르고, 그들의 무능력과 위험성을 인식하는 정도도 다르다는 것이다. 따라서 이들은 사회적 편견과 차별을 논의하는 과정에서 '정신장애' 혹은 '정신질환'이라는 포괄적 개념을 사용하는 것은 대중이 어떤 행동이나 증상을 정신장애라 규정하는지 그리고 구체적으로 어떠한 행동적 속성 때문에 편견과 차별이 야기되는지 알 수 없으므로 부적절하다고 주장한다. 이러한 연구들은 대부분 정신장애 유형에 해당되는 특징적인 행동적 속성을 가진 사례들을 제시하고 그 사례를 어느 정도 정신장애 혹은 정신질환으로 라벨하는지 그리고 그들에 대한 편견과 사회적 거리감이 어떻게 다른지 비교하는 연구방법을 사용하고 있다.

연구결과들을 정리하면 다음과 같다.

■ **'정신장애'로 라벨하는 수준:** 아무런 진단 없이 행동적 속성만을 제시했을 때 그 사례를 정신장애로 라벨하느냐의 문제는 그에 따른 편견과 차별에 상당한 영향을 미친다. 대부분의 연구들(Martin et al., 2000; Angermeyer et al., 2004; Link et al., 1999)에서 대중들은 조현병을 가장 많이 정신장애라 라벨하고 다음이 우울증이었다. 그러나 알코올중독과 약물중독의 경우 조현병과 우울증에 비해 정신장애로 라벨하는 경향이 더 낮았다. 흥미로운 것은 알코올중독과 약물중독이라는 진단에는 대부분 동의하면서도 이를 정신장애로 간주하지는 않는다는 것이다.

■ **위험성에 대한 편견:** 위험성에 대한 편견은 사회적 거리감을 예측하는 가장 중요한 요인이다. 따라서 제시된 유형에 따른 위험성의 차이는 특정 유형의 편견과 차별을 가장 효과적으로 예측할 수 있게 한다. 장애유형별로 위험성을 비교해보면(Martin et al, 2000; Schnittker, 2000), 예외 없이 모든 정신장애유형을 준거집단(문제행동 사례)보다 위험하게 인식하였고, 위험하다고 인식한 순서는 약물중독, 알코올중독, 조현병, 우울증 순이다. 결국 알코올과 약물중독은 정신장애로 라벨되지 않아도 가장 위험한 장애로 인식되는 경향을 보였다.

■ **무능력에 대한 편견:** 자기결정권 제한의 근거가 되는 무능력에 대한 편견을 Pescosolido 등(1999)이 정신장애 유형별로 비교하였다. 그들은 무능력을 돈 관리 능력과 치료결정 능력으로 나누어 보았다. 두 영역 모두 약물중독이 가장 무능하다고 인식하였고, 다음이 조현병, 알코올중독, 우울증 순이었다. 조현병과 우울증은 치료결

정 능력이 낮은 것으로, 알코올과 약물중독은 돈 관리 능력이 낮은 것으로 인식하였다.

- **사회적 거리감**: 대부분의 연구들(Martin et al., 2000; Schnittker, 2000; Mann and Himelein, 2004)이 차별의 행동적 지표인 사회적 거리감을 비교하였다. 이는 위험성에 대한 인식순서와 동일하다. 즉, 모든 유형이 준거집단보다 사회적 거리감이 높았고, 유형별로는 약물중독, 알코올중독, 조현병, 우울증 순이었다. Jorm과 Griffiths(2008)은 조현병을 급성과 만성으로 나누어 보았는데 그 결과 만성조현병에 대한 사회적 거리감이 급성조현병보다 높았다. 우울증 역시 자살사고 유무로 나누었는데, 자살사고가 있는 경우 거리감이 더 높게 나타났다.

우리나라 대중의 편견과 차별실태

우리나라에서도 1970년대 이후 정신장애인에 대한 편견과 차별 혹은 낙인에 관한 연구들이 지속적으로 이루어지고 있다. 최근의 연구들(양옥경, 1999; 김정남·서미경, 2004; 이은희 등, 2000)에 의하면 대중들은 정신장애인의 인권이 존중되어야 하고 사회복귀가 필요하며 이를 위해서는 사회적 지원이 충분해야 한다고 인정하고 있다. 정신장애의 원인에 대한 이해 역시 초자연적 요인이나 개인적 요인보다 심리사회적 요인과 생물학적 원인에 대한 수용도가 높아졌다. 그러나 이러한 수용과는 별개로 그들과 개인적 관계를 맺지 않으려는 태도는 지속되는 것으로 나타나고 있다.

우리나라 대중의 편견과 차별실태에 관한 수많은 연구결과들을 모두 기술할 수 없으므로 전국 성인 2,600명을 일반화가 가능한 표집 방법으로 선정하여 조사한 서미경 등(2008b)의 조사결과를 대표로 정리하였다.

■ 정신장애인에 대한 편견

정신장애인에 대한 편견[2]의 하위요인을 회복불능, 무능, 위험성, 식별가능으로 나누어(김정남, 2003) 각 문항별 평균을 보면 〈표 3-2〉와 같다. 대중의 전체 편견점수는 3.11로 5점 척도에서 중간점 2.50을 넘는 높은 수준이다. 하위요인별로는 회복불능의 편견이 가장 높았고 다음으로 무능, 위험성, 식별가능 순이다. 요인에 상관없이 점수가 높은 문항을 보면, '정신질환자[3]는 어떤 짓을 할지 예측하기 어려운 위험한 사람이다'가 3.55로 가장 높았다. 다음이 '정신질환자는 누군가 도와주지 않으면 혼자 살 수 없다(3.28)', '정신질환자는 치료와 관련된 것을 스스로 결정할 수 없다(3.27)', '정신질환자는 책임질 일을 해서는 안 된다(3.26)', '정신질환자는

---

2) 편견척도는 김정남(2003)이 개발한 '정신장애인에 대한 사회적 낙인 척도'를 사용하였다. 총 24개 문항으로 구성되어 있고 '매우 아니다(1점)'에서 '매우 그렇다(5점)'까지 5점 척도에 응답하도록 되어 있다. 요인 분석한 결과 4개의 하위요인으로 나누어졌다. 첫째, 무능요인은 정신장애인이 무능하므로 치료와 결혼 등 일상사를 누군가 대신 결정해주어야 한다는 내용의 8문항으로 Cronbach's α값은 .899이다. 둘째, 위험요인은 정신장애인이 위험하고 예측하기 어려우므로 행동을 통제해야 한다는 내용의 7문항으로 Cronbach's α값은 .790이다. 셋째, 회복불능은 정신장애가 지속적인 치료를 받아야 하고 다시 정상으로 돌아오기 힘들다는 내용의 6문항으로 Cronbach's α값은 .790이다. 넷째, 식별가능은 정신장애인은 누구나 한눈에 알아볼 수 있다는 내용의 3문항으로 Cronbach's α값은 .722이다.

3) 본서에서는 '정신건강의 문제를 가지고 있는 사람'을 정신장애인이라 일관성 있게 표현하고 있다. 그러나 〈표 3-2〉~〈표 3-3〉에서는 정신질환자라는 용어를 사용하였는데, 그 이유는 표들이 국가인권위원회 용역보고서에서 발췌한 것이기 때문이다. 저자가 '정신질환'보다 '정신장애'라는 용어를 더 선호하는 것은 의료적 모델보다 사회적 모델로 인권문제에 접근하는 것이 더 타당하다고 보았기 때문이다.

일반인보다 범죄율이 더 높을 것이다(3.22)' 순이다. 결국 무능과 위험성에 대한 편견이 높았다. 이러한 결과는 우리나라의 높은 강제입원율과 장기입원으로 인한 인권침해과정에 그대로 반영된다고 할 수 있다. 이러한 편견은 연령이 높을수록, 남성보다 여성이, 교육수준이 낮을수록 높게 나타났다.

〈표 3-2〉 정신장애인에 대한 편견내용 문항별 평균과 표준편차

편견요인	문항	평균	표준편차	순위
회복불능	어떤 치료를 하더라도 정신질환은 고칠 수 없는 병이다.	2.74	1.25	6
	정신질환을 앓았던 사람은 회복 후에도 정상적인 생활이 힘들다.	2.80	1.10	5
	정신질환자는 평생 치료를 받아야 한다.	3.24	1.16	3
	정신질환으로 진단받은 사람은 평생 그 증상으로 고생할 것이다.	3.01	1.10	4
	정신질환은 재발한다.	3.32	1.04	2
	정신질환은 다른 질병에 비해 치료하는 데 더 많은 시간이 필요하다.	3.88	0.96	1
무능	정신질환자는 옳고 그른 것을 가릴 수 없다.	3.08	1.07	7
	정신질환자는 돈 관리를 스스로 할 수 없다.	3.14	1.10	5
	정신질환자는 치료와 관련된 것을 스스로 결정할 수 없다.	3.27	1.12	2
	정신질환자는 스스로 결혼을 결정할 수 없다.	2.99	1.16	8
	정신질환을 가진 사람은 책임질 일을 해서는 안 된다.	3.26	1.19	3
	정신질환자는 시간이나 약속과 같은 사회적 규칙을 지키기 어렵다.	3.15	1.08	4
	정신질환자는 누군가 도와주지 않으면 혼자 살 수 없다.	3.28	1.11	1
	정신질환자와 함께 일한다면 그가 한 일을 믿지 못할 것이다.	3.13	1.06	6
위험	정신질환자는 어떤 짓을 할지 예측하기 어려운 위험한 사람이다.	3.55	1.04	1
	정신질환자는 폭력적이다.	3.08	1.07	4
	정신질환자는 일반인보다 범죄율이 더 높을 것이다.	3.22	1.14	3
	정신질환자는 위험한 행동을 하므로 격리시키는 것이 좋다.	3.04	1.10	5
	정신질환자가 나를 해칠까봐 두렵다.	2.96	1.17	6
	'정신질환'이라는 말만 들어도 두렵다.	2.70	1.18	7
식별가능	정신질환자는 외모가 불결하다	2.71	1.11	3
	정신질환자는 눈동자가 흐릿하고 초점이 없어 금방 눈에 띈다.	2.99	1.09	1
	정신질환자는 누군가 알려주지 않아도 표가 난다.	2.92	1.07	2
	회복불능	3.15	0.77	1
	무능	3.15	0.85	2
	위험	3.14	0.79	3
	식별가능	2.86	0.87	4
	편견 전체	3.11	0.68	

■ 정신장애인에 대한 차별

정신장애인에 대한 차별은 정신장애인과 물리적, 심리적으로 가까이 지내지 않겠다는 '개인적 관계지양' 7문항(Cronbach's α값=.881)과 정신장애인에게 선거권이나 양육권 등의 기본권을 주어서는 안 된다는 '사회적 기본권 박탈' 6문항(Cronbach's α값=.797)으로 질문하였다. 각 문항별 평균과 표준편차를 보면 〈표 3-3〉과 같다. 전체 차별점수는 3.17로 5점 척도 중간점 2.50을 넘는다. 하위요인별로는 관계지양이 3.37로 권리박탈 2.93보다 높다. 하위요인과 상관없이 점수가 높은 문항을 보면, '우리 가족이 정신질환을 앓았던 사람과 결혼한다면 반대한다'가 3.95로 가장 높다. 이는 현재

〈표 3-3〉 정신장애인에 대한 차별내용 문항별 평균과 표준편차

	정신질환자에 대한 차별행동	평균(표준편차)	순위
관계지양	우리 동네에 정신질환자를 위한 시설이 들어오는 것에 반대한다.	3.15 (1.19)	6
	나는 정신질환자와 친구로 지낼 생각이 없다.	3.19 (1.14)	5
	나는 정신질환자와 직장 동료로서 일할 수 없다.	3.14 (1.15)	7
	정신질환자에게 우리 집 방을 세줄 수 없다.	3.55 (1.13)	2
	우리 가족이 정신질환을 앓았던 사람과 결혼한다면 반대한다.	3.95 (1.07)	1
	같은 일을 했을 경우 나는 정신질환자를 일반인과 같이 대우할 수 없다.	3.21 (1.09)	4
	내가 고용주라면 정신질환자는 채용하지는 않을 것이다.	3.44 (1.10)	3
권리박탈	정신질환자는 자녀를 양육해서는 안 된다.	3.00 (1.26)	2
	정신질환자를 치료할 때는 환자의 동의가 필요하지 않다.	2.74 (1.21)	4
	정신질환자는 일반인과 같은 조건으로 보험에 가입할 수 없다.	3.00 (1.21)	3
	입원된 정신질환자는 전화나 서신을 검열해야 한다.	2.64 (1.17)	5
	정신질환자는 운전을 해서는 안 된다.	3.65 (1.14)	1
	정신질환이 있는 사람에게는 선거권을 주어서는 안 된다.	2.60 (1.21)	6
정신질환자에 대한 차별 행동의 하위 범주	관계 지양	3.37 (.86)	
	권리 박탈	2.93 (.84)	
	차별행동 전체	3.17 (.76)	

가 아닌 과거의 병력으로도 높은 차별이 발생할 수 있다는 것을 의미한다. 다음으로는 '정신질환자는 운전을 해서는 안 된다(3.65)', '정신질환자에게 우리 집을 세줄 수는 없다(3.55)', '내가 고용주라면 정신질환자를 채용하지 않을 것이다(3.44)'의 순이다. 이는 정신장애인의 주거, 결혼, 고용에서의 불평등이 이러한 영역의 차별인식과 직접적 관련이 있음을 시사한다. 이러한 차별은 편견과 마찬가지로 연령이 높을수록, 여성이 남성보다, 교육수준이 낮을수록 높았다.

정신장애 유형별 우리나라 대중의 편견과 차별실태4)

대중의 편견과 차별에 대한 국내연구들 대부분은 '정신장애' 혹은 '정신질환'이라는 포괄적 용어를 사용하고 있다. 따라서 조사 대상자들이 어떤 행동적 속성을 정신장애로 보는지 그리고 어떤 행동과 진단에 편견과 차별을 보이는지 확인하기 어렵다. 이런 경우 '담요효과(blanket effect)'로 인해 특정 정신장애 유형은 사회적 편견과 차별이 과장될 수 있다. 그로 인해 유사한 문제가 발생하여도 정신장애 진단을 받지 않기 위해 치료체계와 접촉을 꺼리는 결과가 초래될 수도 있다(Mann and Himelein, 2004). 그러나 국내연구들 중 사례를 제시하여 정신장애 유형별 편견과 차별을 비교하고자 한 연구는 매우 제한적이다.

따라서 대학생 519명을 대상으로 한 김재훈과 서미경(2011)의 연구결과를 중심으로 장애유형별 편견과 차별실태 결과를 정리하였다.

---

4) 김재훈 · 서미경(2011)의 "정신장애유형에 따른 편견과 차별: 사례를 활용한 대학생 조사결과"(정신보건과 사회사업, 37, pp. 35-64)의 연구결과를 요약, 정리한 것임.

■ 정신장애로 라벨하는 정도의 차이

사례를 제시할 때 각 유형별 행동적, 증상적 특징만을 나열했을 뿐 진단명과 구체적인 치료경력에 대한 어떠한 정보도 제시하지 않았다. 그리고 각 사례를 얼마나 정신장애(정신질환)로 간주하는지를 질문하였다. 그 결과 〈표 3-4〉와 같이 급성조현병을 정신장애로 라벨하는 정도가 의미 있게 높았고, 다음이 알코올중독, 반사회적 인격장애, 기분장애 순이었으나 이들 간에는 의미 있는 차이가 없었다. 그리고 마지막으로 만성조현병의 경우, 정신장애로 라벨하는 정도가 가장 낮았다.

〈표 3-4〉 장애유형에 따른 정신질환으로 간주하는 정도의 차이검증(t-test)

변인	1	2	3	4	5
평균(M)	2.83	2.72	3.40	2.15	2.79
표준편차(SD)	1.03	1.04	.95	1.20	1.19
1. 알코올중독		1.88	-10.71***	10.79***	.71
2. 기분장애			-14.56***	9.52***	-1.10
3. 급성조현병				20.86***	11.05***
4. 만성조현병					-9.67***
5. 반사회적 인격장애					

* $p<.05$ ** $p<.01$ *** $p<.001$

■ 장애유형별 사회적 거리감의 차이

차별의 행동적 지표인 사회적 거리감이 각 장애유형에 따라 어느 정도 차이가 나는지를 비교한 결과 〈표 3-5〉와 같이 의미 있는 차이를 보였다. 즉, 반사회적 인격장애, 급성조현병, 알코올중독, 만성조현병, 기분장애 순으로 거리감을 보였다. 흥미로운 것은 정신장애로 라벨하는 수준과 사회적 거리감에 차이가 있다는 것이다. 이는 정신장애라는 이유만으로 사회적 거리감을 보이는 것이 아니라 사례의 특징적 행동 때문에 거리감이 표출된다는 것을 의미한다.

〈표 3-5〉 장애유형에 따른 사회적 거리감의 차이검증(t-test)

변인	1	2	3	4	5
평균(M)	3.22	2.79	3.54	3.14	3.86
표준편차(SD)	0.78	0.76	0.88	0.82	0.97
1. 알코올중독		12.02***	-8.15***	2.12*	-15.09***
2. 기분장애			-18.13***	-10.21***	-22.78***
3. 급성조현병				10.96***	-8.29***
4. 만성조현병					-16.94***
5. 반사회적 인격장애					

* *p*<.05 ** *p*<.01 *** *p*<.001

■ 장애유형별 무능에 대한 편견 차이

치료결정권을 심각하게 제한하는 무능에 대한 편견의 유형별 차이를 보면 〈표 3-6〉과 같다. 급성조현병과 반사회적 인격장애에 대한 무능력의 편견이 가장 높았으나 이 둘 간에는 의미 있는 차이가 나타나지 않았다. 다음이 만성조현병, 알코올중독, 기분장애 순이며 이들 간에는 통계적으로 의미 있는 차이를 보였다.

〈표 3-6〉 장애유형별 무능에 대한 편견차이

변인	1	2	3	4	5
평균(M)	2.88	2.71	3.40	3.10	3.38
표준편차(SD)	0.90	0.85	0.91	0.88	0.90
1. 알코올중독		4.26***	-11.02***	-4.86***	-10.78***
2. 기분장애			-14.76***	-8.98***	-14.12***
3. 급성조현병				6.89***	.50
4. 만성조현병					-6.02***
5. 반사회적 인격장애					

* *p*<.05 ** *p*<.01 *** *p*<.001

■ 장애유형별 위험성에 대한 편견차이

가장 위험하다 인식되는 장애유형은 반사회적 인격장애이고 이는 다른 장애에 비해 현저히 높은 수준이다. 다음이 급성조현병과 알코올중독인데 이 둘 간에는 의미 있는 차이를 보이지 않았다. 이들 다음이 기분장애이고, 위험성이 가장 낮은 것으로 인식되는 장애유형이 만성조현병이다. 위험성에 대한 편견은 대체로 사회적 거리감의 순서와 비슷하다. 그러나 흥미로운 것은 기분장애와 만성조현병의 순서가 사회적 거리감의 순서와 다르다는 것이다. 즉, 만성조현병이 기분장애에 비해 위험성은 더 적다고 인식되면서도 사회적 거리감은 더 높게 나타났다. 이러한 차이가 발생하는 이유는 위험성을 측정한 문항에 타해의 위험만이 아니라 자해의 위험도 포함되어 있기 때문에 기분장애의 위험성이 증가한 것일 수 있다. 또 다른 이유는 만성조현병의 사회적 기능이 현저히 저하된 상태로 묘사되었기 때문에 위험하지는 않아도 사회적 관계를 맺기는 어렵다고 판단하였을 수 있다.

〈표 3-7〉 장애유형별 위험성에 대한 편견차이

변인	1	2	3	4	5
평균(M)	4.34	3.41	4.41	2.99	4.55
표준편차(SD)	0.80	0.83	0.92	1.03	0.82
1. 알코올중독		23.64***	-1.55	26.46***	-4.99***
2. 기분장애			-22.60***	9.97***	-25.01***
3. 급성조현병				25.42***	-3.56***
4. 만성조현병					-29.45***
5. 반사회적 인격장애					

* $p<.05$ ** $p<.01$ *** $p<.001$

■ **장애유형별 회복불능에 대한 편견차이**

반사회적 인격장애에 대한 회복불능의 편견이 가장 높았다. 결국 반사회적 인격장애는 사회적 거리감과 다른 영역의 편견 모두 다른 유형에 비해 현저히 높은 결과를 보였다. 그러나 다른 편견내용과 달리 급성이든, 만성이든 조현병에 대한 회복불능 편견이 높았고 이는 알코올중독과 기분장애에 비해 의미 있게 높은 수준이다. 흥미로운 것은 만성조현병의 경우 정신질환이라 인식하는 경향도 낮고 그들에 대한 위험성과 사회적 거리감도 낮은데 무능력과 회복불능에 대한 편견은 알코올중독과 기분장애에 비해 의미 있게 높았다.

〈표 3-8〉 장애유형별 회복불능에 대한 편견차이

변인	1	2	3	4	5
평균(M)	1.70	1.76	2.32	2.23	2.58
표준편차(SD)	0.84	0.88	1.04	1.04	1.09
1. 알코올중독		-1.26	-15.00***	-12.36***	-18.93***
2. 기분장애			-14.58***	-11.96***	-17.83***
3. 급성조현병				1.71	-5.83***
4. 만성조현병					-7.02***
5. 반사회적 인격장애					

* $p<.05$ ** $p<.01$ *** $p<.001$

이러한 결과를 바탕으로 연구자들은 정신장애인에 대한 대중의 편견과 차별이 '정신질환'이라는 라벨이 아니라 사례가 보이는 행동적 속성에서 기인되는 것이라 결론 내렸다. 따라서 편견극복을 위해 대중을 대상으로 포괄적 정신장애를 교육하는 것보다 행동적 속성을 이해시키고, 유형별 사회적 지원의 중요성을 강조하는 것이 더 효과적인 증거기반 접근이라고 주장하였다.

의료서비스 영역에서의 차별

정신장애인의 신체질환 발병률

정신장애인에 대한 차별은 의료서비스 영역에서도 심각한 문제가 된다. 정신장애인의 신체질환 발병률과 그로 인한 조기사망률은 정신장애가 없는 일반 인구에 비해 현저히 높다. 이러한 결과는 심혈관계 질환, 내분비질환, 신진대사질환, 호흡기질환 등 다양한 신체질환에서 동일하게 나타난다(Callard et al., 2012: 126). Sullivan 등(2006)은 미국 한 지역병원의 응급실을 방문한 당뇨환자 중 정신장애가 동반된 집단과 그렇지 않은 집단의 응급실 방문 후 입원비율을 비교하였다. 그 결과 정신장애가 있는 집단이 없는 집단에 비해 입원율이 의미 있게 낮았다. 이는 정신장애인에게 입원서비스가 불균형적으로 주어지고 있음을 의미한다. 실제 동반질환으로 정신장애가 있는 경우 당뇨로 인한 합병증의 위험이 높음에도 불구하고 서비스는 차별적으로 주어지고 있었다. Druss 등(2001a)은 정신장애가 있는 집단과 없는 집단의 심근경색으로 인한 사망률을 비교하였다. 즉, 65세 이상의 노인들 중 심근경색으로 입원한 환자들의 1년 이내 사망률을 비교하였다. 분석 시 인구통계학적 변인, 입원특성, 지역적 특성, 심장기능상태 등을 모두 통제했을 때, 정신장애가 있다는 사실이 1년 내 사망률을 19% 증가시키는 것으로 나타났다. 연구자들은 이와 같은 정신장애인의 높은 사망률의 원인을 차별적인 의료서비스 질 때문이라 하였다.

또 다른 연구에서 Druss 등(2001b)은 정신장애와 물질남용을 함께 가진 집단(이중진단 집단)과 정신장애와 물질남용을 각각 가진 집단 그리고 정신장애가 없는 집단의 예방적 의료서비스의 사용빈도를 비교하였다. 여기서 예방적 의료서비스는 예방주사, 암 검진, 담배관련 검진과 상담 등을 의미한다. 비교분석 시 인구통계학적 변인, 건강상태, 의료기관 특성을 통제하였다. 그 결과 두 가지 정신장애를 함께 가진 집단의 58%, 한 가지 정신장애를 가진 집단의 60%(정신장애)와 65%(물질남용), 정신장애가 없는 집단의 66%가 예방서비스를 이용한 것으로 나타났다. 이러한 차이는 통계적으로 의미 있는 것이었다. 즉, 정신장애를 가진 집단, 특히 이중장애를 가진 집단의 예방적 의료서비스 이용률이 현저히 낮다는 것이다. 이처럼 정신장애를 가진 집단의 낮은 예방의료 서비스 이용률은 신체질환의 위험성을 증가시키는 주요 요인이 된다.

정신장애인의 의료권

일반 인구에 비해 정신장애인의 조기 사망률이 높고, 다른 질병에 걸릴 확률도 더 높은 것은 정신장애인의 의료권(right to health)의 관점에서 설명할 수 있다. 의료권은 '일할 권리'와 마찬가지로 단순히 차별하지 않는 것을 넘어 권리실현을 위한 제반여건까지 보장하는 것을 의미한다(Satorius, 2009). 즉, 의료서비스 영역의 차별금지는 물론이고, 정신장애인이 적절한 치료를 받을 수 있도록 배려하고, 보다 적극적으로 관리하는 것까지 요구된다. 정신장애인의 사회적 부담을 논의하는 과정에서 신체질환 관련 부담은 언제나 저평가되어 왔고 권리측면에서도 의료권은 크게 주목받지 못했었다.

정신장애인의 신체질환에 대한 부담은 일반 인구에 비해 상당히 높다. 일반 인구에 비해 정신장애인의 주요 만성신체질환에 이환되는 연령은 낮고, 그로 인한 사망률은 높아, 장기간 적절한 치료를 받지 못한 채 고위험군 상태로 존재하게 된다. 이처럼 신체질환 부담이 높은 이유는 정신장애인에게 주어지는 의료서비스의 질이 낮고 서비스에 대한 접근성 또한 떨어지기 때문이다(Callard et al., 2012: 125). 결국 정신장애인의 의료권이 보장되지 못한다는 현실이 반영된 것이다. 의료권은 '신체적, 정신적 건강을 위해 필요한 일련의 예방적, 치료적 서비스에 대한 적절한 접근'을 의미한다. 여기에는 기본적인 예방, 치료, 재활, 의료교육에 동등하게 접근하는 것뿐 아니라 정기적인 검진, 지역사회수준에서의 질병이나 장애 혹은 상해에 대한 예방을 모두 포함한다. 더 나아가 건강을 보장할 수 있는 환경적 조건(예를 들어 적합한 주거환경 등) 역시 의료권에 포함된다(Callard et al., 2012: 129). 따라서 '의료권이 보장된다'는 것은 '의료상품과 서비스가 충분하게, 접근 가능하게, 수용적으로, 질적으로 제공되는 것'을 의미한다.

일반적으로 의료권은 다음의 4가지 차원으로 설명된다(Battams and Henderson, 2010).

- **서비스의 유용성:** 의료기관이 지역적으로 충분해야 하고 전문가들 역시 충분히 배치되어 있어 필요한 서비스에 쉽게 접근할 수 있음을 의미한다.
- **서비스 활용도:** 실제 서비스를 활용할 수 있느냐를 의미한다. 이는 인구비례 서비스 이용자의 수를 측정하여 알 수 있다. 활용도는 서비스의 유용성에 더해 건강이해력(health literacy)[5], 질병행

5) 건강이해력은 질병을 인식하고, 관리하며, 예방하는 것에 대한 지식과 신념을 의미한다. 여기에는 질병을 인식할 수 있는 능력, 정보를 구하는 능력, 원인에 대한 이해, 자가 치료(self-treatment)에 대한 지식, 유용한 전문가와 치료방법에 대한 신념 등이 포함된다.

동, 사회경제적 수준, 서비스를 이용할 때 치르게 되는 사회적, 심리적 비용 등에 의해 달라진다.

• **서비스의 효과성**: 효과성에는 진단과 치료의 효과뿐 아니라 대기 시간, 전문의 진료 등 서비스의 질을 포함하는 개념이다.
• **서비스의 형평성**(equity): 서비스 접근의 평등성과 서비스에 대한 욕구를 평등하게 인정받는 것을 포함한다. 여기에 더해 인구통계학적 요인에 따라 각기 다른 서비스 욕구를 만족시킬 수 있는 권한 또한 평등하게 존중되어야 한다.

정신장애인의 의료권이 존중되지 못하는 이유를 Battams와 Henderson (2010)은 다음과 같이 보았다.

• **정신장애인 인권에 대한 정책적 지지와 관심의 부족**: 정부뿐 아니라 인권조직들도 전통적으로 정신장애인의 인권에 대한 관심이 부족했고, 그나마 대부분의 관심이 시민적, 정치적 권리에 있어 의료권과 같은 사회문화적 권리에 대한 관심이 상대적으로 미약했다.
• **정신장애인의 익명성**: 대상자를 만나야 그의 욕구와 인권에 관심을 가질 수 있는데, 정신장애인의 경우, 익명성을 추구하므로 사회적 관심을 요구하기에 적합하지 않다. 따라서 의료권이 존중되기 위해서는 정신장애인들이 익명성에서 벗어나 스스로 자신의 권리를 주장할 수 있어야 한다.
• **의료전문직의 인권관련 기술과 지식 부족**: 인권관련법을 모니터링하고 법 준수의 책임을 인식하는 것이 의료권 존중에 매우 중요하다. 따라서 의료전문직의 교육과정에 인권이슈를 포함하여

이를 다루는 지식과 기술을 개발할 수 있도록 도와야 한다.

- **의료영역의 인권문화 부족:** 의료영역뿐 아니라 모든 서비스 영역에 인권문화가 미처 형성되지 않았다. 이런 문화가 형성되려면 상당한 시간이 필요한데 특히 관료적인 의료사회에서는 이런 문화가 더욱 더디게 형성되는 경향이 있다. 따라서 의료영역에서 인권을 보호하고 실천하는 패러다임의 변화가 요구되고, 기관별로 공정, 존중, 평등, 존엄, 자율 등의 가치를 포함한 정책들이 개발되어야 한다.
- **자원의 부족:** 의료권을 보장하기 위해서는 사회적 소수자에게도 평등하게 의료자원이 배분되어야 한다. 대부분의 국가에서 이를 법으로 보장하고 있지만 항상 의료자원은 부족하므로 사회경제적 약자에게 충분한 자원이 배당되지 않는 현실이 의료권보장을 심각하게 방해한다.
- **생물학적-의료적 관점:** 의료영역이 생물학적, 의료적 관점에 집착하는 한 정신장애인 회복에 필수적인 사회적 활동, 대인관계, 사회적 역할의 중요성이 간과될 수밖에 없다. 의료적 모델은 온정주의를 표방하므로 명백히 인권관점과 대비된다.
- **질병과 의료체계수준의 요인:** 정신장애의 특성상 신체질환으로 인한 도움추구수준이 낮다는 것도 의료권을 방해하는 주요 요인이다. 즉, 건강이해력이 낮고, 사회적 위축으로 인해 치료동기도 낮아 도움을 요청하지 않는 것이 의료권 보장을 심각하게 방해한다. 뿐만 아니라 정신장애인의 신체적 문제에 대한 의료전문직의 낮은 민감성과 능력부족도 의료권이 보장되지 않는 주요 원인이다.

진단적 그늘과 치료적 그늘

정신장애인의 의료권이 보장되지 못하는 원인을 설명하기 위해 '진단적 그늘(diagnostic overshadowing)'과 '치료적 그늘(treatment overshadowing)'이라는 개념이 대두된다. '진단적 그늘'은 의사들이 지적장애인의 신체적 증상을 부적절하게 그들의 인지적 손상 탓으로 돌려, 동반된 질병을 진단하지 않는 현상을 설명하기 위한 것이었다(Jones et al., 2008). 이를 정신장애에 적용하면, 정신장애인의 신체적 증상을 부적절하게 정신과증상과 연관시켜 그 중요성을 간과하는 것을 의미한다. 물론 이는 신체질환을 다루는 의료진들이 정신장애에 대한 지식이 부족하고 정신장애인과 대화하는 기술이 부족하여 발생할 수 있다. 그러나 이유가 무엇이든 명백한 차별의 한 유형이다. 이러한 차별이 정신장애인의 신체질환 발병률과 사망률을 높이는 결과를 초래한다.

이런 현상은 치료적 과정에서도 동일하게 나타난다. 예를 들어 조현병 환자의 경우 신체적 질병의 치료나 수술 이후 감염이나 수술합병증의 가능성이 더 높다. 이를 '치료적 그늘'이라 한다. 이는 치료계획을 세울 때 특정 장애를 가진 사람에게 일어날 수 있는 치료방해요인을 고려하지 않았기 때문에 나타나는 현상이다. 혹은 특정 치료방법을 정신장애인에게 적용하지 않는 것 역시 치료적 그늘에 포함된다. 예를 들어 응급실에서 정신장애가 있다는 사실이 알려지면 입원치료를 권하지 않는다거나 가급적 수술을 하려 하지 않는 것 역시 치료적 그늘로, 명백한 차별의 한 유형이다(Callard et al., 2012: 128).

제 9 장 정신장애인이 경험하는 차별

정신장애인의 차별경험

정신장애인은 낙인으로 인해 이중불행(double misfortune)을 경험하게 된다(Corrigan and Watson, 2002). 첫 번째 불행은 정신장애의 원인, 경과, 결과를 잘못 이해하고 있는 대중의 낙인으로 인해 다양한 사회적 기회를 잃는 것이다. 두 번째 불행은 정신장애인이 그들에 대한 문화적, 사회적 이미지를 수용하여 자존감이 저하되고 차별이 두려워 사회적 기회를 찾는 노력을 하지 않는 것이다.

정신장애에 대한 대중의 부정적 견해는 사회화 과정에서 학습되어(김정남 · 서미경, 2004) 오랜 시간 변화되지 않는 특성을 가지고 있다. 이러한 편견은 정신장애인의 주거, 고용, 사회적 지지의 접근성을 떨어뜨려 개인의 불안과 스트레스를 증가시킨다. 이것이 정신장애인이 낙인으로 인해 경험하는 첫 번째 불행이다. 여기에 더해 정신장애인 스스로도 사회화되는 동안 사람들이 정신장애인을 어떻게 대하는지에 대한 일련의 신념을 가지게 되고, 이러한 신념이 내면화되어 위축되고 고립되는 경험을 하게 된다. 이것이 두 번째 경험하는 불행이다. 이 두 불행은 서로 강화시키는 특성을 가지고 있다. 즉, 정신장애인의 사회적 고립과 위축이 정신병리의 위험성을 증가시켜 대중의 부정적 견해를 더 공고히 하고, 대중의 낙인이 강할수록 정신장애인은 더욱 고립되어 정신병리가 심각해지는 악순환을 반복하게 된다. 결국 〈그림 3-5〉와 같이 대중의 낙인과 정신장애인이 경험하는 낙인과정은 상호 강화하는 특성을 보인다. 따라서 낙인극복 대안을 제시할 때는 이 두 낙인과정이 함께 고려되어야 한다.

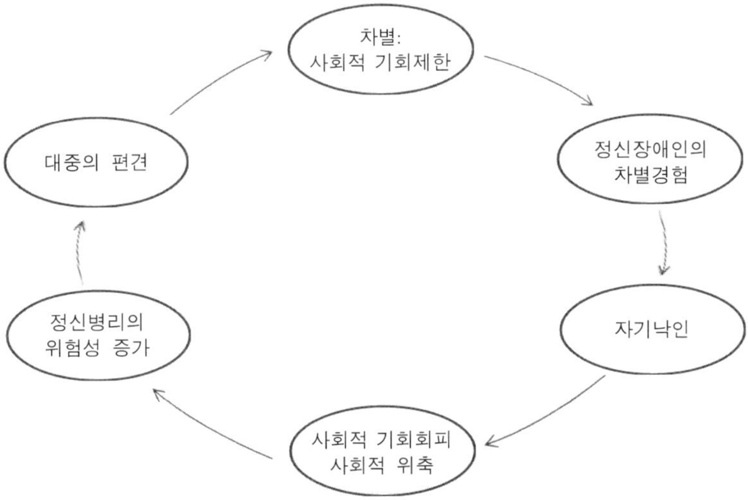

〈그림 3-5〉 대중의 낙인과 자기낙인의 상호작용과정

정신장애인이 경험하는 편견과 차별을 기존의 연구들은 '지각된 낙인'과 '자기낙인'의 개념을 사용하여 설명하고 있다. 이 두 개념은 모두 정신장애인이 대중의 신념을 내면화하여 자신에 대한 부정적 신념을 갖고, 차별을 예상하는 상황을 설명한다는 점에서 유사하다. 그러나 이 두 개념이 낙인의 결과를 설명하는 과정은 명백하게 차이가 있다. 즉, 지각된 낙인은 초기의 개념으로 대중의 부정적 반응을 어느 정도 인식하고 있는가에 초점이 있다. 반면에 자기낙인은 대중의 부정적 반응을 인식하는 것에 더해 그 반응에 동의하고, 그것을 자신에게 적용시키는 과정이 추가되는 개념이다.

지각된 낙인의 개념과 측정

'지각된 낙인(perceived stigma)'은 정신장애인이 대중의 신념을 내면화하여 거절을 예상(expectation of rejection)하는 과정을 설명하기 위해 Link(1987)가 사용한 개념이다. 그에 의하면, 사람들은 사회화되는 과정에서 정신장애를 비하하고 차별하는 지역사회개념을 받아들이게 된다. 이런 개념을 가지고 있는 상황에서, 자신이 정신장애인으로 공식적으로 라벨되면, 그 개념을 자신에게 적용시키게 된다. 따라서 다른 사람들이 정신장애를 가진 자신을 비하하고 차별할 것을 예상하게 되는 것이다. Link는 이처럼 비하와 차별을 예상하는 것에 초점을 두어 '지각된 낙인'을 측정하기 위해 '지각된 비하와 차별(Perceived devaluation and discrimination)'척도를 개발하였다. 이 척도는 총 12개의 문항으로 그중 6개는 역문항으로 구성되어 있다. 원척도의 Cronbachs' α값은 0.78이다. 이 척도의 문항내용은 '대부분의 사람들이 현재 혹은 과거 정신건강의학과 환자였던 사람을 실패한 사람으로 혹은 머리가 나쁜 사람으로 인식할 것이다'는 것에 어느 정도 동의하는지를 질문한 것이다. 각 문항에 동의하는 정도를 4점 척도로 측정하여 점수가 높을수록 비하와 차별을 높게 인식하는 것으로 해석한다.

비하와 차별을 측정하는 것과 더불어 Link(1987)은 지각된 낙인에 대처하는 방식을 측정하기 위한 문항을 개발하였다. 지각된 비하와 차별에 대한 대처방법으로는 비밀과 위축이 있다. 비밀(secrecy)은 정신장애가 있다는 사실 혹은 치료받은 사실을 비밀로 할 것인지를 질문하는 5개의 문항으로 구성되어 있다. 위축은 비하할 것으로 예상되는 사람과의 만남을 회피하고, 차별이 예상되는 상황(예. 구직활동)에 접근하지 않으려는 경향을 질문하는 6문항으로 구성되어 있다. Link의 지각된 낙인과 대처방식 척도는 국내연구에서 이미 많이 활용되고 있다.

Alonso 등(2009)은 지각된 낙인을 2문항으로 간단히 측정하기도 하였다. 그들이 사용한 문항은 "지난 30일 동안 정신장애로 인해 당황스러움을 경험한 적이 있는가?"와 "지난 30일 동안 정신장애로 인해 차별이나 부당한 대우를 받은 적이 있는가?"이다. 각 문항을 "전혀 없다"에서 "매우 심하게 경험했다"까지 5점으로 측정하였다. 어떻게 측정하든 '지각된 낙인'은 대중의 차별을 어느 정도 경험 혹은 예상하는가에 초점이 있다.

자기낙인의 개념과 측정

'자기낙인(self-stigma)' 혹은 '내면화된 낙인(internalized stigma)'은 낙인에 대한 주관적, 내적 경험을 의미한다. 자기낙인 과정 역시 지각된 낙인과 마찬가지로 고정관념 인식(stereotype awareness)에서 시작된다. 즉, 정신장애인에 대한 대중의 부정적 신념을 인식하는 것이다. 그러나 이것만으로는 자기낙인이라 할 수 없다. 왜냐하면 단순히 정신장애에 대한 사회적, 문화적 신념을 인식하는 것으로 이것이 개인적 인지상황과 직접적 관련이 있다고 보기 어렵기 때문이다. 중요한 것은 이러한 대중의 부정적 신념에 동의하고, 이를 자신에게 적용시키는 과정이 포함되어야 자존감이 손상되고 삶의 질이 저하되는 결과를 예측할 수 있게 된다(Corrigan et al., 2006). 이것이 지각된 낙인과 구별되는 점이다. 지각된 낙인은 대중의 부정적 신념을 지각하면 부정적 결과가 초래될 것이라 전제한다. 그러나 부정적 신념을 지각하여도 이에 동의하지 않거나 혹은 이러한 신념이 자신에게 해당되지 않는다 생각하면 자존감 손상이나 삶의 질 저하와 같은 결과가 초래되지 않는다. 결국 지각된 낙인이 부정적 결과를 초래하는 중간과정에 인식변인을 추가하여 설명한 것이 자기낙인이다.

자기낙인 혹은 내면화된 낙인을 측정하는 도구는 다음과 같다.

- **Self-Stigma in Mental Illness Scale**(SSMIS)

  SSMIS는 Corrigan 등(2006)이 Link(1987) 등의 '지각된 비하와 차별 척도'에서 일부 문항을 발췌, 수정하여 개발한 도구이다. 여기서는 정신장애인의 자기낙인이 사회의 고정관념을 인식하는 것에서 출발하여 다음의 세 가지 수준을 거친다고 보았다. 첫 번째는 고정관념에 동의(stereotype agreement)하는 수준이다. 예를 들어 '정신장애인은 도덕적 결함이 있다'는 대중의 신념에 동의하는 것이다. 이는 두 번째 수준인 자기적용(self-concurrence)에 부정적 영향을 미칠 수 밖에 없다. 이 수준은 대중의 신념을 자신에게 적용하는 것이다. 즉, '나는 정신장애인이기 때문에 도덕적 결함이 있다'고 생각하는 것이다. 여기서부터 자기낙인의 부정적 결과가 예측되는 단계이다. 이런 인식은 세 번째 수준인 자존감손상(self-esteem decrement)을 가져오게 된다. 따라서 SSMIS는 각 수준에 따라 4개의 하위요인으로 나누어지며, 총 15문항으로 구성되어 있다. 각 요인의 신뢰도는 〈표 3-9〉와 같다.

〈표 3-9〉 SSMIS의 구성요소

하위요인	내용	내적일치도/검사-재검사 신뢰도
고정관념 인식	정신장애에 대한 사회적 신념을 인식하는 것	0.91/0.73
고정관념 동의	정신장애에 대한 사회적 신념에 동의하는 것	0.72/0.68
자기적용	사회적 신념을 내면화하여 정신장애를 가진 자신에게 적용하는 것	0.81/0.82
자존감손상	내면화과정을 통해 스스로 위축되고 스스로를 비하하는 단계	0.88/0.78

출처: Corrigan 등(2006), "The self-stigma of mental illness: implications for self-esteem and self-efficacy", *Journal of Social and Clinical Psychology*, p. 878.

■ **Internalized Stigma of Mental Illness(ISMI)**

Ritsher 등(2003)은 내면화된 낙인을 측정하기 위한 ISMI를 개발하였다. ISMI는 〈표 3-10〉과 같이 총 29문항, 5개 하위요인으로 구성되어 있다. 첫 번째 요인은 '소원함(alienation)'이다. 이는 자신이 손상된 정체감(spoiled identity)을 가지고 있다고 생각하는 것이다. 따라서 주류 사회에 얼마나 참여하고 있는지를 측정하여 평가한다. 두 번째 요인은 '고정관념에 동의(stereotype endorsement)'하는 것이다. 이는 정신장애에 대한 대중의 고정관념에 어느 정도 동의하는지를 의미한다. 즉, '나는 사람들이 위험하다고 생각하는 정신장애인이므로 사회에 아무런 기여를 하지 못할 것이다'라고 인식하는 것이다. 세 번째 요인인 '차별경험(discrimination experience)'은 정신장애가 있다는 이유로 다른 사람들로부터 무시를 당하거나 차별을 경험한 정도를 의미한다. 네 번째 요인은 '사회적 위축

(social withdrawal)'이다. 이는 사회적 관계와 관련된 것으로 차별을 받지 않기 위해 정신장애가 있다는 사실을 말하지 않거나, 차별 혹은 거부당할 것을 두려워하여 사회적 관계를 맺으려 하지 않는 것을 의미한다. 마지막 요인인 낙인저항(stigma resistance)은 내면화된 낙인에 영향 받지 않으려고 노력하는 정도를 의미한다. 즉, '나는 정신장애가 있다 하여도 괜찮다. 잘 지낼 수 있다'고 생각하는 것이다. 낙인저항은 내면화된 낙인의 반대개념으로 역문항 처리한다. 전체 문항의 내적 일치도는 0.90이고 검사-재검사 신뢰도는 0.92이다.

〈표 3-10〉 ISMI의 구성요소

하위요인	문항	내용	내적일치도/ 검사-재검사신뢰도
소원함	6	사회에 충분히 참여하지 못하고 있다는 주관적 경험	0.79/0.68
고정관념에 동의	7	정신장애인에 대한 대중의 고정관념에 동의하는 정도	0.72/0.94
차별경험	5	현재 타인으로부터 받고 있는 차별에 대한 인식	0.75/0.89
사회적 위축	6	정신장애가 있다는 사실을 숨기거나 혹은 상호작용을 회피하는 정도	0.80/0.89
낙인저항*	5	내면화된 낙인으로부터 영향 받지 않고 저항하는 경험	0.58/0.80

* 낙인에 대한 저항은 역문항으로 처리하여 내면화된 낙인의 점수를 산정한다.

차별경험을 설명하는 이론

Link 등(1989)의 라벨이론

라벨[1]이론에서는 일단 라벨이 붙은 개인에게 사람들은 그 라벨에 해당되는 반응을 기대하고, 대상자 역시 사람들의 기대에 일치하도록 행동하여 역할을 제한한 채 안정적인 관계를 유지한다(Scheff, 1966)고 전제한다. 이를 정신장애에 적용하면, 특정 누군가에게 정신장애라는 라벨이 부여되면, 사람들은 그에게 정신장애인에 대해 가지고 있던 고정관념대로 행동할 것을 기대한다. 그 대상자 역시 자신의 역할을 정신장애인으로 제한시켜 타인과 안정적 관계를 맺으려 한다는 것이다. 이러한 이론적 설명은 Scheff의 낙인이론에 Mead의 사회적 상호작용이론이 통합된 것으로, 일탈로 규정된 사람이 일탈을 촉진시키는 방향으로 행동하는 과정을 설명하고 있다. 사회적 상호작용이론에서는 인간은 사회화되는 동안 다양한 행동, 속성에 대한 지역사회 태도를 학습하고 그것을 내면화하여 자신에 대한 개념을 갖는다고 전제한다. 즉, 자기개념은 개인의 개별적 속성이 아니라 사회구성원들의 공통된 경험을 내면화한 것으로 이해된다.

Link 등(1989)은 Scheff와 Mead의 이론을 통합시켜 정신장애인에 대한 수정된 라벨이론(modified labeling theory)을 제안하였다. 이 이론에 의하면 일반적으로 사람들은 사회화되는 동안 타인들이 정신장애인을 어떻게 대하는지에 대한 일련의 신념을 가지게 된다. 그러다가 자신이 치료를 통해 공식적으로 정신장애인이라는 라벨을 부여받으

---

1) 라벨(label)을 낙인이라 해석할 수도 있으나 본서에서는 stigma를 낙인이라 해석하였으므로 용어의 혼란을 피하기 위해 label을 라벨이라 하였다.

면, 그동안 가져왔던 신념을 내면화하여 스스로를 비하하고, 다른 사람들에게 차별받게 될 거라 믿는다. 따라서 다른 사람들과 만날 때 정신장애가 있다는 사실을 비밀로 하거나, 아니면 차별받을 상황을 처음부터 피하게 된다. 이처럼 내면화한 신념에 따라 비밀로 하거나 회피하는 대처방식은 사회적 관계망을 축소시키고, 직업이나 여가 등 다양한 사회적 기회를 제한하며, 자존감이 저하되고 궁극적으로 삶의 질이 떨어지는 결과를 초래한다.

Link 등(1989)의 이론을 단계별로 보면 다음과 같다(Link et al., 1989).

■ **1단계: 정신장애인에 대한 대중의 신념**

정신장애에 대한 문화적 신념이 존재한다. 정신장애인의 행동과 속성에 대한 농담, 만화, 비하적인 발언, 대중매체의 표현 등이 정신장애인에 대한 대중의 신념에 영향을 미친다. 사회구성원 중 누가 정신장애인이 되든, 그 개인적 특성과는 상관없이 같은 사회, 같은 문화에 속해 있는 사람들은 정신장애인이 어떤 사람인가에 대해 유사한 신념을 가진다. 어느 사회나 예외 없이 정신장애인에 대한 비하와 차별적 신념이 존재한다. 비하는 사회적 지위의 박탈을 의미하고, 차별은 사회적 거리감을 의미한다. 따라서 어떤 유형의, 어느 정도의 심각한 정신장애를 가지고 있는지 그리고 그 개인이 어떠한 가치관을 가지고 있는지와 상관없이 구성원들은 정신장애라는 공식적인 라벨이 붙은 사람을 비하하고 차별할 것이라 예상할 수 있다.

■ 2단계: 공식적 라벨 후 신념의 내면화

이 이론에서는 공식적인 라벨이 중요하다. 특정 개인이 아무리 정신장애 증상을 보인다 하여도 그를 정신장애인으로 규정하기 위해서는 공식적인 라벨이 필요하다. 이는 치료체계로부터 나온다. 즉, 치료를 받게 되면 그 증상의 정도와 상관없이 정신장애인이라는 라벨을 부여받게 된다. 공식적인 라벨을 부여받은 사람은 그동안 가져왔던 정신장애인에 대한 문화적 신념을 자신에게 적용시키게 된다. 그러면서 1단계에서 예상되던 차별과 비하가 자신에게 주어질 것을 예측하게 된다.

■ 3단계: 대처반응-회피와 비밀

타인으로부터 비하와 차별이 예상될 때, 세 가지 반응이 나타날 수 있다. 첫째, 다른 사람들로부터 예상되는 비하와 차별을 피하기 위해 정신장애가 있다는 사실을 비밀로 하는 것이다. 둘째, 자신의 치료 상황을 알고 있는 사람들과의 상호작용을 피하거나 고립되어 지내려 한다. 셋째, 잘못된 신념을 변화시키기 위해 그들을 교육시키려 한다. 그러나 교육은 정신장애인이라는 사실을 노출해야 하므로 직접적인 차별을 각오해야 한다.

■ 4단계: 부정적 결과

대처반응 중 정신장애라는 사실을 비밀로 하거나 혹은 들키지 않기 위해 사회적 관계를 회피하면, 타인의 차별로부터는 보호받을 수 있다. 그러나 사회적 지지망이 심각하게 훼손되고 많은 사회적 기회들이 제한되어 결국 그들의 삶의 질이 현저하게 저하되는 결과를 초래한다.

■ 5단계: 정신병리의 위험성

위의 단계들을 거치면서 정신장애인의 자존감과 사회적 지지는 저하되고 고용, 결혼, 적절한 주거 등 회복에 필요한 요인들이 결핍된다. 이처럼 자원과 사회적 지지의 부족은 정신병리의 위험성을 높여 재발과 만성화를 초래하게 된다. 증상이 심각하고 만성화될수록 사회는 정신장애인을 더 차별하게 되고 이러한 차별지각은 다시 지지와 자원을 저하시켜 정신병리의 위험성을 높이는 악순환을 가져온다.

Corrigan과 Watson의 자기낙인 이론

Link의 수정된 라벨이론에 의하면, 정신장애라는 공식적 라벨이 붙은 사람들은 대부분 부정적 결과가 초래된다는 것을 전제한다. 그러나 대중의 낙인을 경험하면서 어떤 정신장애인은 낮은 자존감으로 위축된 삶을 살지만, 또 다른 사람들은 낙인에 분노하거나 혹은 무관심한 반응을 보이기도 한다. Link의 이론은 이러한 차이를 설명하지 못한다. 즉, 같은 사회적 낙인을 경험하고도 누구는 위축되고 누구는 무관심할 수 있는지, 그 개인적 반응의 차이를 설명하지 못한다. Corrigan과 Watson(2002)은 같은 차별과정을 거치면서 누구는 낙인 극복을 위한 옹호활동을 하고, 다른 누구는 자존감이 손상되어 위축된 삶을 살게 되는지, 그 차이에 관심을 가졌다. 그 차이를 그들은 자기낙인의 패러독스(paradox)라 하고 이를 설명하기 위한 모델을 제시하였다.

먼저 자기낙인의 개념을 설명하기 위해 〈표 3-11〉과 같이 대중의 낙인이 「고정관념 - 편견 - 차별」로 나누어지듯이 자기낙인도 「자기

고정관념 – 자기 편견 – 자기 차별」로 이루어진다고 보았다. 즉, 대중의 고정관념이 '정신장애인은 위험하고 무능하며, 성격적 결함이 있다'는 것이라면, 자기 고정관념은 '정신장애가 있는 나는 무능하고, 성격적 결함이 있다'고 믿는 것이다. 대중의 편견이 고정관념에 동의하여 분노와 두려움과 같은 감정적 반응을 보이는 것이라면, 자기 편견은 고정관념에 동의하여 낮은 자존감(low self-esteem)과 낮은 자기효율성(low self-efficacy)을 보이는 것이다. 자기 편견 과정에서는 고정관념에 동의하고, 거기에 맞는 감정적 반응을 보이는 두 단계가 존재한다. 마지막으로 대중의 차별이 행동적 반응으로 사회적 기회를 제한하는 것이라면, 자기 차별은 직업과 주거 등의 기회를 얻으려 하지 않는 것이 해당된다.

〈표 3-11〉 대중의 낙인과 자기낙인 개념

대중의 낙인	자기낙인
고정관념: 집단에 대한 부정적 신념 –위험, 무능, 성격결함	**고정관념**: 자신에 대한 부정적 신념 –무능하고 성격적 결함
편견: 신념에 대한 동의 + 감정적 반응 –분노와 두려움	**편견**: 신념에 대한 동의 + 감정적 반응 –낮은 자존감과 낮은 자기효율성
차별: 편견에 대한 행동적 반응 –직업과 주거기회 제한, 도움철회	**차별**: 편견에 대한 행동적 반응 –직업과 주거의 기회 및 의지 상실

출처: Corrigan and Watson(2002), "The paradox of self-stigma and mental illness", *Clinical Psychological: Science and Practice*, p. 38.

이들은 자기낙인 개념에 사회심리학 이론을 적용하여, 낙인에 대한 개인적 반응의 차이를 설명할 수 있는 상황적 모델(situational model of personal response to stigma)을 제시하였다. 이 모델은 〈그림 3-6〉과 같이 자기낙인과정을 설명하고 있다(Corrigan and Watson, 2002; Rüsch et al., 2006).

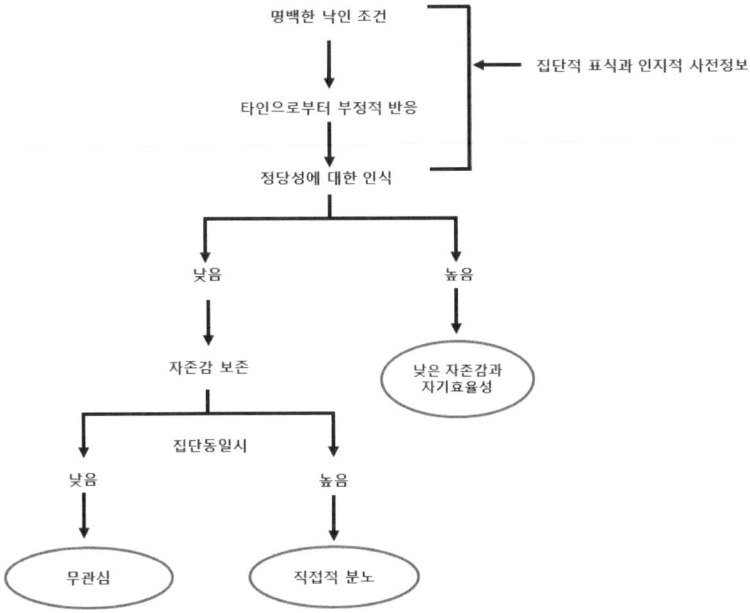

출처: Corrigan and Watson(2002), "The paradox of self-stigma and mental illness", *Clinical Psychological: Science and Practice*, p. 40.

〈그림 3-6〉 자기낙인과정

어떤 사람이 정신장애 진단과 같은 명백한 낙인조건을 가지게 되면서 집 주인으로부터 거부당하거나 취업면접에서 거부당하는 경험을 하게 된다. 여기까지가 집단적 표식과 인지적 사전정보이다. 이 다음 단계에서부터 개인적 반응차이를 설명하는 변수들이 개입하게 된다. 첫 번째 변수가 타인의 차별에 대한 정당성 인식(perceived legitimacy of discrimination)이다. 즉, 집주인이나 취업면접에서의 거부(타인의 부정적 반응)가 정당하다고 인식하느냐는 것이다. 만약 이러한 부정적 반응을 정당하다고 인식하면 낮은 자존감이 나타날 것이고, 정당하지 않다고 인식하면 자존감은 손상되지 않을 것이다. 정당성에 대한 인식은 차별에 대한 사회적 제재, 차별상황에 대한 외적 귀인(external attribution), 자기낙인으로부터 자신을 보호해주는 집단 내 비교과정, 가치관 등에 의해 영향 받는다. 즉, i) 장애인에 대한 차별을 사회적으로 승인하지 않을 경우, ii) 차별 상황을 자신의 문제가 아닌, 차별한 사람의 문제로 귀인하는 경우, iii) 집단 내 비교를 통해 우위에 있다고 인정되는 경우, iv) 종교적, 문화적 가치관이 보호적인 경우에 차별상황이 정당하지 않다고 인식하게 된다.

자존감이 유지되는 경우 두 번째 변수가 작용하게 된다. 즉, 낙인집단에 대한 동일시(identification with the group) 정도이다. 낙인집단에 대해 높은 동일시를 보이는 경우 직접적 분노를 표현하게 된다. 예를 들어 '그래 내가 정신장애인이라는 것을 인정한다. 그러나 왜 내가 이런 차별을 당해야 하지?' 하는 반응을 보이는 것이다. 이런 경우 옹호활동을 하거나 타인의 차별적 반응에 저항하여 변화시키려는 행동을 보이게 된다. 반대로 집단에 대한 낮은 동일시를 보이는 경우, 자기낙인에 무관심할 수 있다. 즉, '정신장애인에 대한 부당한 차별이 있어. 그러나 차별받는 그 사람들과 난 달라'라고 생각하면 차별에 대해 무관심해진다. 결국 같은 낙인을 경험하여도 정당성에 대한 인식과 동일시 정도에 따라 개인적 반응이 상당히 달라질 수 있다는 것이다.

낙인경험의 결과

정신장애인이 경험하는 내면화된 낙인과 차별경험은 그들의 자존감을 손상시키고, 사회적 관계를 위축시키며 궁극적으로 삶의 질을 저하시킨다. 이러한 자기낙인의 결과를 Corrigan 등(2009)은 '왜 내가(why try)' 효과로 설명하였다. 즉, 자기낙인으로 인해 정신장애인은 "왜 내가 직업을 구해야 하느냐?" 혹은 "왜 내가 독립적 삶을 살기 위한 노력을 해야 하느냐?"와 같은 반응을 보인다는 것이다. 자기낙인이 이러한 반응을 가져오는 과정에 자기존중감과 자기효율성이 매개되는데 그 과정은 〈그림 3-7〉과 같다. 즉, 자기낙인은 앞에서 설명하였듯이 고정관념을 자신에게 적용시키면서 작동된다. 고정관념을 자신에게 적용시키면서 자기존중감과 자기효율성이 저하되어 목표추

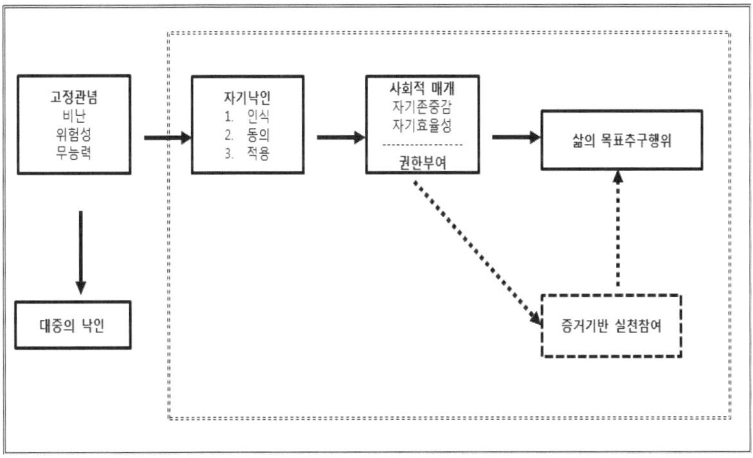

출처: Corrigan 등(2009), "Self-stigma and the 'why try' effect: impact on life goals and evidence-based practices", *World Psychiatry*, p. 76.

〈그림 3-7〉 자기낙인의 '왜 내가' 효과

구행위를 하지 않게 된다. 일반적으로 학업성취 혹은 경제적 성취활동은 자존감(혹은 자신감)과 밀접히 관련된다. 여기에는 삶의 질과 관련된 다양한 사회적 활동을 포함할 뿐 아니라 증상조절, 전문적 도움요청과 같은 질병관리활동도 포함된다. 따라서 낮은 자기존중감과 자기효율성은 이러한 활동을 회피하는 것을 넘어 스스로 그러한 능력과 기술이 없다는 패배의식을 갖게 한다. 그러나 이와 같은 부정적 효과만 예상되는 것은 아니다. 같은 낙인을 경험하여도 적극적으로 반응하는 사람들이 있다. 이들은 적극적으로 삶의 목표들을 추구하고, 자신의 강점, 약점, 욕구를 정확히 인식하여, 적합한 치료를 찾아 참여한다. 즉, 자기낙인으로 오히려 권한부여되어 적극적 치료 참여를 통해 삶의 목표를 추구하는 것이다. 이와 같은 결과의 차이는 앞의 이론에서 설명하였듯이 '차별경험의 정당성'에 대한 인식이 다르기 때문이다.

그러나 본 장에서는 '왜 내가' 효과에 의한 부정적 결과에 초점을 두어 자기낙인의 결과를 크게 3개의 영역으로 나누어 보았다. 즉, 자존감과 자기효율성, 삶의 목표추구활동을 통한 삶의 질 그리고 증상조절, 병식, 도움추구행동과 같은 임상적 특성으로 나누었다. 그러나 앞의 모델에서도 설명하였듯이 이러한 결과영역들은 일련의 과정 속에서 상호 연결되어 있다. 즉, 자존감과 자기효율성이 삶의 질과 관련된 활동들에 영향을 미치고, 임상적 특성들 역시 다른 두 영역과 밀접히 관련된다. 따라서 자존감이 손상되거나 사회적 기회를 찾지 않음으로 인해 삶의 질이 저하되고, 이러한 고립과 위축은 정신병리를 악화시켜 임상적 상태에 부정적 영향을 미친다. 반대로 임상적 상태가 나빠지면 자존감이 저하되고 사회적 목표추구 활동이 어려워진다. 결국 이 세 영역은 상호 밀접히 관련되어 상황을 악화시키거나,

혹은 상황을 호전시키기도 한다. 그러나 기술상 편의를 위해 여기서는 영역들을 분류하였다.

자존감과 자기효율성 저하

자기낙인과 관련되어 가장 많이 언급되는 부정적 결과가 자존감과 자기효율성의 저하이다. 일반적으로 자존감(self-esteem)은 총체적인 자기평가(self-evaluation), 자기수용(self-acceptance), 자기존중(self-worth)으로 개념 정의할 수 있다. 따라서 자존감이 높은 사람은 낮은 사람에 비해 처한 상황을 더 긍정적으로 평가하고 보다 적극적으로 대처하게 된다(Blankertz, 2001). 일반적으로 낙인을 받은 집단의 자존감이 낮아지는 과정을 사회심리학적 관점에서 설명할 수 있다. 즉, 낙인집단의 경우 타인으로부터의 부정적 평가를 '면경자아(looking glass self)' 과정으로 내면화하여 자신에 대한 부정적 개념을 가지게 되고 이것이 부정적 자존감을 낳게 된다(Cocker and Major, 1989). 이를 정신장애인에 적용하면, 대중의 낙인을 내면화하여 자신에 대해 부정적 개념을 가지게 되고, 이것이 정신장애인의 낮은 자존감으로 이어진다는 것이다.

이러한 전제를 검증하기 위해 많은 연구자들이 지각된 낙인 혹은 자기낙인이 자존감과 자기효율성에 미치는 부정적 영향을 분석하였다. Wright 등(2000)은 수정된 라벨이론을 검증하기 위해 퇴원한 정신장애인의 사회적 거부(social rejection)경험이 자존감에 어떠한 영향을 미치는지 분석하였다. 그 결과 사회로부터의 거부경험은 퇴원한 정신장애인에게 지속적인 스트레스가 되고, 이것이 자기비난(self-deprecation)에 부정적 영향을 미쳐 자기통제력(sense of mastery)을 약화시키는 것으로 나타났다. Kleim 등(2008)은 Link의 척도를 활용하여 조현병 환자의 지각된 낙인이 낮은 자기효율성과 낮은 대처능력에 미치는 영향을 분석하였다. 여기서는 비밀과 위축의 반응을 대처능력이 낮은 것으로 해석하였다. 그 결과 지각된 낙인은 조현병 환자의 낮은 대처능력과 낮은 자기효율성을 의미 있게 예측하였고, 그 설명력도 상당히 높았다. Ritsher 등(2003)은 ISMI의 구성타당도(construct validity)를 검증하기 위해 자존감, 권한부여(empowerment), 회복지향(recovery orientation)을 함께 조사하였다. 이들 간의 관계를 분석한 결과 내면화된 낙인은 자존감, 권한부여, 회복지향과 모두 부적관계를 가지고 있었다. 즉, 낙인이 많이 내면화될수록 자존감, 권한부여, 회복지향이 모두 낮은 것으로 나타났다. Ritsher와 Phelan(2004)은 외래 서비스를 받고 있는 중증정신장애인 82명을 대상으로 ISMI를 사용하여 내면화된 낙인을 조사하고, 이를 4개월 후 추적조사하여 그 결과를 분석하였다. 추적조사는 47명을 대상으로 이루어졌다. 그 결과 내면화된 낙인은 4개월 후의 우울증상을 높이고 자존감을 낮추는 것으로 나타났다. 특히 ISMI의 하위요인 중 소원함이 낮은 자존감에 가장 의미 있는 예측요인이었다. Fung 등(2007)은 홍콩에서 중증정신장애인 108명을 대상으로 대중의 낙인이 정신장애인의 자존감과 자기효율성을 저하시켜 자기낙인화 하도록 하고, 이것이 치료 순응도를 떨어뜨릴 것이라는 가설을 검증하였다. 그 결과 가설대로 낙인이 자존감과 자기효율성을 저하시켜 심리사회치료의 순응도를 저하시키는 것으로 나타났다. Krajewski 등(2013)은 크로아티아, 이스라엘, 리투아니아, 루마니아, 스웨덴의 정신장애인 796명을 대상으로 ISMI를 활용한 자기낙인의 영향을 국가 간 비교하였다. 그 결과 국가 간 차이 없이 대상자의 33%가 중도 이상의 자기낙인을 느끼는 것으로 나타났다. 또한 어느 정도의 문화적 차이가 존재한다 하여도 대부분의 정신장애인이 자기낙인으로 인해 자존감이 낮아지는 것을 알 수 있었다.

Corrigan과 Watson의 자기낙인 이론처럼 자기낙인이 집단동일시와 정당성 인식을 매개로 자존감에 미치는 영향을 분석한 연구들도 있다. Rüsch 등(2006)은 60명의 경계성 인격장애와 30명의 사회공포증 환자를 대상으로, 자기낙인이론을 검증하였다. 그 결과 우울증상과 진단을 통제한 상태에서, 차별의 정당성을 낮게 인식한 경우 높은 자존감과 권한부여가 예측되는 반면, 집단동일시는 이들을 의미 있게 예측하지 못하는 것으로 나타났다. 따라서 그들은 차별의 정당성 인식이 지각된 낙인과 자존감의 중요한 매개요인이라 하였다. Watson 등(2007)도 71명의 중증정신장애인을 대상으로 그들의 자기낙인이 정당성 인식과 집단동일시를 매개로 자존감과 자기효율성에 미치는 영향을 조사하였다. 여기서 자기낙인은 SSMIS를 활용하여 측정하였다. 그 결과 SSMIS 하위요인 중 고정관념 동의와 자기적용만이 정당성 인식과 집단동일시를 매개로 자존감에 영향을 미치는 것으로 나타났다. 따라서 이들은 Corrigan과 Watson의 이론이 일부만 검증되었다고 보고하였다. 또한 Corrigan 등(2006)은 자기낙인의 과정을 고정관념인식, 자기적용을 거쳐 자존감과 자기효율성이 저하되는 과정으로 설명하고 이들 간의 관련성을 분석하였다. 그 결과 고정관념인식은 다른 요인들과 의미 있는 상관관계를 보이지 않았으나 자기적용과 낮은 자존감, 낮은 자기효율성은 의미 있는 관련성을 보였다. 따라서 단순히 고정관념인식만으로는 자기낙인과정을 설명하기 어렵고, 반드시 고정관념을 자신에게 적용시키는 과정이 존재해야만 낮은 자존감과 자기효율성이 의미 있게 예측된다고 하였다.

삶의 질 저하

정신장애인의 자기낙인이 삶의 질, 삶의 만족 혹은 사회적응에 미치는 영향을 분석한 연구들은 대부분 자존감과 자기효율성을 매개로 한다고 전제하였다. 이러한 연구들을 소개하면 먼저, Eizenberg 등(2013)은 내면화된 낙인의 '왜 내가' 효과를 검증하고자 하였다. 이들은 중증정신장애인 179명을 대상으로 내면화된 낙인이 자존감과 희망을 매개로 주관적인 삶의 질에 미치는 영향을 분석하였다. 그 결과 희망은 부분적으로 매개하는 반면 자존감은 내면화된 낙인과 삶의 질을 완전 매개하였다. 따라서 내면화된 낙인은 자존감을 저하시켜 주관적 삶의 질을 떨어뜨리는 것으로 나타났다. 국내에서 이루어진 성기혜(2009)의 연구에서는 지각된 낙인이 자기효능감과 삶의 만족에 미치는 영향을 보았으나 자기효능감을 매개변인으로 분석하지는 않았다. 연구결과 지각된 낙인이 자기효능감이나 삶의 만족과 부적 관련성을 보인다고 하였다. 즉, 지각된 낙인이 높을수록 삶의 만족과 자기효능감이 낮아진다는 것이다. 서미경과 김정남(2004)의 연구에서는 지각된 낙인이 실제 차별경험을 매개로 삶의 만족에 미치는 영향을 분석하였다. 그 결과 지각된 낙인이 삶의 만족에 직접적인 영향을 미치기도 하지만, 차별경험을 매개로 삶의 만족을 저하시키기도 하였다. 이러한 결과는 낙인을 지각하는 것으로도 삶의 만족은 저하되지만, 실제 차별을 경험할 경우 스스로 지각한 낙인을 확인함으로써 삶의 만족에 더 부정적 영향을 미치게 된다는 것이다.

자기효능감이나 자존감과의 관련성 없이 내면화된 낙인이 삶의 질이나 사회적응에 미친 영향을 분석한 연구들도 있다. Alonso 등(2009)은 벨기에, 프랑스, 독일, 이탈리아, 네덜란드, 스페인의 정신장애인(지난 12개월간 정신장애를 가지고 있던 사람을 기준) 815명을 대상으로 지각된 낙인이 건강관련 삶의 질과 직업 및 사회적 활동제한에 미치는 영향을 분석하였다. 그 결과 지각된 낙인은 건강관련 삶의 질을 현저히 저하시키고, 직업 및 사회적 역할을 심각하게 제한하는 것으로 나타났다. Perlick 등(2001)은 기분장애 진단을 가진 정신장애인의 지각된 낙인이 사회적응에 미치는 부정적 영향을 분석하였다. 그들은 정신건강의학과에 입원되었거나 혹은 외래서비스를 이용하는 264명의 정신장애인을 대상으로 지각된 낙인과 사회적응(social adjustment) 그리고 BPRS로 측정한 증상정도를 조사하였다. 기준선에서의 증상을 통제한 상태에서 조사 7개월 후 추적 조사한 결과, 지각된 낙인은 가족 이외의 사람들과의 상호작용을 심각하게 제한하고 심리적 고립감을 증가시키는 것으로 나타났다.

임상적 효과감소

자기낙인이 임상적 결과에 영향을 미치는 경로는 전문적 도움요청이나 치료지속, 치료 순응도에 부정적 영향을 미쳐 증상을 악화시키거나 재입원율을 높이는 것이다. 우선 지각된 낙인이 전문적 도움요청(help-seeking)에 부정적 영향을 미친다는 전제를 검증한 연구들이 있다. Golberstein 등(2008)은 대학생을 대상으로 정신보건서비스 이용에 대한 낙인지각과 서비스필요성 인식과의 관련성을 조사하였다. 그 결과 젊은 학생들의 입장에서 지각된 낙인은 정신보건서비스 이용의 필요성에 부적 영향을 미치는 것으로 나타났다. 따라서 낙인을 높게 지각할수록 서비스이용의 필요성은 낮게 인식되었다. 그러나 Golberstein 등(2009)이 2년 후 추적 조사한 결과에서는 지각된 낙인이 도움요청과 의미 있는 관련성을 가지지 않았다고 하였다. 그러나 이 두 연구는 정신장애인의 지각된 낙인이 아닌 대학생들을 대상으로 정신보건서비스 이용에 대한 낙인지각에 초점을 둔 것이다. 따라서 본 장의 자기낙인과는 다소 다른 개념이라 할 수 있다.

Rüsch 등(2009)은 85명의 정신건강의학과 외래서비스 이용자들을 대상으로 자기낙인이 서비스 이용을 어떻게 방해하는지 조사하였다. 그 결과 자기낙인에 관련된 인식변인(차별의 정당성에 대한 인식과 집단동일시)은 정신병리와 진단을 통제한 상태에서 상담과 정신치료이용에 의미 있는 영향을 미쳤다. 따라서 차별이 부당하다고 인식할수록, 집단 동일시가 강할수록 정신건강의학과 상담 및 정신치료서비스 이용이 증가한다. 그리고 경로분석의 결과 자기낙인 자체는 서비스 이용에 직접적 영향을 미치지 않았지만, 대처자원을 매개로 재입원에 영향을 미치는 것으로 나타났다. 즉, 자기낙인이 대처자원을 고갈시켜 재입원율을 증가시킨다는 것이다. Sirey 등(2001a)은 우울증으로 처음 입원된 92명의 환자를 대상으로 그들이 입원 시 지각한 자기낙인이 3개월 후 치료단절(treatment discontinuation)에 어떤 영향을 미치는지 분석하였다. 그 결과 젊은 환자들이 낙인을 더 많이 지각하였지만, 나이가 든 환자들에게서만 지각된 낙인이 치료단절에 의미 있는 영향력을 미치는 것으로 나타났다. 여기서 치료단절은 3개월 후 치료를 받고 있는지 여부만으로 측정하였다. 또한 Sirey 등(2001b)은 134명의 우울증 환자를 대상으로 지각된 낙인이 치료순응에 미치는 영향력을 분석하였다. 이들은 치료순응 여부를 처방된 약의 15% 이상을 복용하는 것을 기준으로 판단하였다. 이 기준에 의해 전체 대상자 중 96명은 순응도 집단에, 38명은 비순응도 집단에 포함되었다. 순응여부에 영향을 미치는 요인들을 로지스틱 회귀분석(logistic regression)한

결과, 지각된 낙인이 낮을수록, 스스로 보고한 증상이 심각할수록, 그리고 나이가 60세 이상일 때 치료에 순응하는 것으로 나타났다. Pyne 등(2004)은 치료받는 것에 대한 낙인지각이 우울증 치료여부나 증상의 심각성과 어떤 관련을 갖는지 분석하였다. 여기서 그들은 우울증으로 치료를 받는 집단 54명과 우울증으로 치료받은 적이 없는 집단 50명을 비교하였다. 그 결과 치료를 받는 집단이 받지 않는 집단보다 더 많은 낙인을 지각하며, 우울증상이 심각할수록, 우울증 진단기준에 맞는 경우 낙인을 더 많이 지각한다고 하였다. 그러나 이 연구 역시 지각된 낙인을 자기낙인과는 다른 치료받는 것에 대한 낙인에 한정하고 있다.

제 10 장 평등권 보호대안

반낙인 전략

정신장애인에 대한 낙인을 극복하기 위한 전략으로 교육(education), 저항(protest), 접촉(contact)을 들 수 있다. 이 방법들은 모두 유용하지만 각각의 장단점이 있다. 우선 교육은 실시하기 간편하고, 한 번에 여러 명을 대상으로 할 수 있어 비용 측면에서도 유용하다. 그러나 교육으로 인한 태도변화는 단기적이고, 이것으로 행동의 변화까지 기대하기 어렵다는 한계가 있다. 저항은 주로 매스컴을 대상으로 그들의 잘못된 표현과 묘사를 시정하도록 요구하며, 낙인을 강화시키는 내용으로 광고를 하는 광고주에게 연합하여 대항하는 것이다. 이와 같은 방법은 사고의 자유를 간섭하는 것에 대한 반발이 있을 수 있다. 즉, 행동을 억압하는 것에는 효과적일 수 있으나 '생각하는 것은 자유인데 무슨 간섭이냐'는 반발이 있을 수 있다. 접촉은 정신장애인과 대중의 일대일 대면 상호작용을 의미한다. 오늘날 접촉은 가장 효과적인 반낙인 프로그램으로 알려져 있다. 그러나 이러한 방법을 사용하기 위해서는 누군가 자신이 정신장애인임을 밝혀야 한다. 이런 커밍아웃은 누구에게나 부담스러운 일일 수밖에 없다(Corrigan and Gelb, 2006). 각 전략의 내용과 대표적인 프로그램을 소개하면 다음과 같다.

교육

교육은 정신장애에 대한 과학적 이해를 향상시켜 정신장애인에 대한 편견을 수정하는 것이다. 교육은 낙인극복 방법으로 가장 많이 활용되고 있으며 상당히 효과적인 것으로 보고되고 있다. Finkelstein과 Lapshin(2007)은 우울증에 대한 웹 기반(web based) 프로그램으로 우울증에 대한 낙인을 의미 있게 감소시킬 수 있다고 하였다. Chan 등(2009)은 중·고등학생들을 대상으로 한 교육과 비디오를 활용한 프로그램에서 낙인적 태도가 의미 있게 감소하였고, 이것이 1개월 후에도 지속되었다고 보고하고 있다. 이들이 사용한 비디오는 4명의 회복한 정신장애인이 그들의 경험을 얘기하는 것으로 구성되어 있다.

대표적인 교육프로그램이 'Elimination of Barriers Initiative(이하 EBI)'이다. EBI는 2003년 미국의 8개주에서 시범시행된 것으로 전형적인 소셜마케팅 접근방식을 사용하는 교육프로그램이다. 즉, 소셜마케팅 방법으로 표적 집단의 낙인태도를 보다 수용적인 태도로 변화시키고, 정신장애인을 존중과 존엄으로 대하도록 교육하는 것이다. 이 프로그램은 정신장애인이 자신의 경험을 얘기하는 방식으로 구성되어 교육프로그램에 접촉의 요소를 포함하는 특징을 가지고 있다(Corrigan and Gelb, 2006).

EBI의 구체적인 내용은 다음과 같다[1].

■ **EBI의 특징**

EBI는 '대중교육', '소비자와의 직접적인 접촉', '정신장애인에 대한 긍정적 묘사에 대한 보상'이라는 세 가지 소셜마케팅 전략을 활용한다. 이들의 표적 청중은 주로 일반 성인(25~54세), 상업 및 기업체, 중・고등학교이다. 이들을 대상으로 '정신장애인도 지역사회에서 의미 있는 일을 하며, 대인관계를 맺고, 적극적으로 참여하는 삶을 살 가치가 있다'는 것을 강조한다. EBI의 중요한 특징은 메시지 전달수단으로 공익광고(public service announcement)를 활용하는 것이다. '정신건강: 그것은 우리 삶의 일부분이다(mental health: It's part of our lives)'라는 인상적인 슬로건을 정규방송, 케이블, 라디오, 잡지, 신문 등을 활용하여 공익광고로 내보내는 것이다. 사전, 사후 조사결과 표적 집단의 태도가 긍정적으로 변화되었음을 확인하였다.

■ **EBI의 단계**

EBI는 전형적인 소셜마케팅 모형에 따라 시행된다. 따라서 문제 확인, 표적 집단선정, 마케팅 계획수립, 수립된 계획실행, 평가 및 전략수정의 단계로 진행된다.

- **문제 확인:** 변화되어야 할 행동과 태도를 찾는 단계이다. 예를 들어 차별과 거부를 두려워하여 취업하려 하지 않는 정신장애인의 내면화된 낙인을 찾는 것이다.
- **표적 집단선정:** 문제가 확인되면 표적 집단을 선정한다. 표적 집

---

1) Corrigan and Gelb(2006)의 글과 'Highlights of the Final Report of the Evaluation of the Elimination of Barriers Initiative', www.promoteacceptance.samhsa.gov/의 자료를 요약한 것임.

단이 선정되면 그들에게 전달할 메시지의 내용, 전달방법, 방해요인, 도움을 줄 자원 등에 대해 분석한다. 이것이 상황적 분석(situational analysis)이다.

- **마케팅 계획수립:** 어떤 내용의 메시지를, 어떤 매체를 통해, 언제까지 전달할 것인지에 대한 구체적인 계획을 수립한다. 이 단계에서는 모든 과정이 끝난 후 어떤 방식으로 평가할 것인지에 대해서도 함께 계획한다.
- **실행:** 계획에 따라 실행하는 단계이다.
- **평가 및 전략수정:** 평가단계는 과정평가와 결과평가 모두를 포함한다. 즉, 전략의 효과성과 과정에 참여한 사람들의 수 그리고 그들이 얻은 이득 등을 함께 평가한다. 평가 후 필요하다면 전략과 전술을 수정한다.

저항

저항은 사람들로 하여금 정의롭게 행동하도록 요구하는 것이다. 집회나 항의 그리고 낙인을 강화시키는 기업을 보이콧하는 것 모두 여기에 해당된다. 그러나 가장 대중적인 방법은 정신장애의 낙인화된 이미지를 조직적으로 거부하고 수정하는 것이다. 즉, 정신장애에 대한 부정적인 묘사, 표현, 보도 등을 찾아 이를 시정하도록 요구하는 것이다.

대표적 프로그램이 NAMI의 'stigma buster'이다. 이 프로그램의 목적은 소비자가 직접 매스컴에서 보도된 정신장애에 대한 잘못된 정보들을 찾고, 그러한 잘못된 표현으로 인해 얼마나 고통받는지를 적극적으로 알려 편견을 극복하는 것이다. 이 프로그램에서는 더 이상

낙인을 참지 않겠다는 강한 메시지를 전달하는 것이 중요하다.

stigma buster를 간단히 소개하면 다음과 같다[2].

■ **stigma buster의 사명과 목표**

stigma buster의 사명은 정신장애인을 거부하는 대중의 편견과 차별을 변화시켜 그들을 수용, 이해, 지지하도록 정신장애인이 직접 활동하는 것이다. 활동의 목표는 두 가지이다. 첫째, 지역, 인종, 문화를 넘어 어디서든 미디어에서의 편견과 고정관념에 항의한다. 둘째, 대중의 이해를 향상시킬 수 있는 정확한 정보와 묘사에 대해서는 적극적으로 칭찬한다.

■ **stigma buster의 활동**

stigma buster들은 그들의 사명과 목표달성을 위해 미디어, 영화, TV, 잡지, 광고나 기타 출판물 등에서 정신장애를 부정적으로 묘사하거나 잘못된 용어로 표현한 것은 없는지 찾고, 그 정보를 모두 공유한다. 이때 잘못된 표현을 한 책임자가 누구인지, 그 사람의 연락처도 함께 알아내어 정보를 공유한다. 이러한 정보를 가지고 buster들은 표현이나 묘사가 정확하고 잘된 것에는 칭찬과 격려의 편지를, 그리고 잘못된 표현과 묘사에는 항의하는 편지를 보낸다. 항의할 때는 무엇이 구체적으로 잘못되었는지, 그로 인해 어떠한 고통을 받았는지, 항의를 통해 원하는 바가 무엇인지를 분명히 밝히는 것이 중요하다. 대표적 성과로 이들은 조현병에 대한 공식적 표현을 'schizophrenia'가 아닌 'person with schizophrenia'로 해줄

---

2) 서미경 등(2008b), "정신질환자에 대한 차별과 편견실태조사", 2008년도 국가인권위원회 인권상황실태조사 연구용역보고서의 pp. 189-193의 내용을 요약한 것임.

것을 요구한 바 있다. 그리고 영화 '뷰티풀마인드(beautiful mind)'가 조현병을 앓고 있는 수학자의 모습을 잘 표현하여 정신장애에 대한 인식을 향상시켰음을 감사한다는 메시지를 보내기도 하였다.

접촉

접촉의 효과는 Link와 Cullen(1986)의 '접촉이론'으로 설명할 수 있다. 즉, 정신장애인과의 초기접촉은 사회적 편견에 의해 부정적으로 인식되지만 일단 만남이 이루어지면 그러한 편견은 수정되고, 수정된 편견에 의해 정신장애인과 다시 만날 것인지를 결정하게 된다는 것이다. 이 이론은 접촉에 의한 친숙함(familiarity)이 정신장애인에 대한 막연한 두려움을 감소시켜 사회적 거리감을 좁히게 된다는 전제를 가지고 있다.

대표적 프로그램이 1996년부터 시작된 NAMI의 IOOV(In Our Own Voice)이다. IOOV는 대중을 교육하는 강연자로 정신장애인이 직접 참여하는 프로그램이다. 즉, 정신장애인이 자신의 경험을 대중에게 얘기함으로써 접촉과 교육의 효과를 한꺼번에 가져오는 것이다.

■ IOOV의 효과

IOOV를 통해 소비자와 대중이 모두 긍정적인 효과를 볼 수 있다. 먼저 대중의 입장에서는 직접 회복을 경험한 정신장애인의 얘기를 들으면서 정신장애를 가지고 사는 것이 어떤 것인지 그리고 회복의 과정이 어떠한 것인지에 대한 이해를 높일 수 있다. 소비자의 입장에서도 강사로 일하면서 자존감을 높일 수 있고, 동료 강사들과의 상호 정보교류를 통해 대처능력을 향상시킬 수 있다. 무엇보다 남에게 도움이 되는 유용한 자원으로서 자신을 인식하게 되면서 희망을 가질 수 있게 된다.

■ IOOV의 과정

IOOV의 강연자가 되기 위해서는 2일간의 워크숍에 참석하여 교육을 받아야 한다. 보통 이 워크숍은 12~16명의 소규모로 이루어진다. 전형적인 IOOV 과정은 5가지 주제를 다룬 비디오와 강연자의 경험을 얘기하는 것으로 이루어진다. 중간중간 청중들은 질의할 수 있고 강연자는 이에 응답하면서 직접 상호작용하는 경험을 하게 된다. 결국 강연자는 교육자인 동시에 정신장애를 가진 모델이며 집단촉진자이다.

5가지 주제는 다음과 같다.

- 암울한 시기: 정신장애로 인해 매우 암울했던 시기에 대해 얘기한다.
- 수용: 정신장애를 가지고 있다는 사실을 받아들이던 때에 대해 얘기한다.
- 치료: 치료방법은 다양하므로 강연자가 직접 받은 치료방법에 대해 얘기한다.
- 대처전략: 다양한 대처방법에 대해 얘기하는데 주로 여가 활동, 종교 활동, 친구사귀기, 자원봉사 등에 대해 얘기한다. 그리고 이러한 활동들을 통해 자의식이 생기고 회복에 대한 희망을 갖게 되었음을 알려준다.
- 성공, 희망, 꿈: 회복의 가장 중요한 요소가 꿈을 찾는 것이다. 강연자는 자신의 꿈을 찾아가는 과정에서 희망을 발견하게 되

고, 성공을 하게 된 과정에 대해 얘기한다.

WPA의 'Open the Door'

1996년 WPA(World Psychiatric Association)는 낙인과 차별을 극복하기 위한 국제적 프로그램 'Open the Door'를 개발하였다. 이 프로그램은 정신장애인에 대한 낙인이 고립과 차별을 낳고, 이것이 다시 무직, 약물중독, 노숙, 시설화, 회복의 기회감소 등의 문제를 야기하는 악순환을 가져온다고 전제한다. Open the Door는 낙인을 극복하는 세 가지 전략, 즉 교육, 저항, 접촉을 모두 사용하도록 고안되어 있다.

목표와 전략[3)]

WPA 'Open the Door'의 목적은 조현병에 관한 잘못된 이해와 믿음[4)]을 없애고 정신장애인의 법적 권리를 보호하는 것이다. 이를 달

---

3) WPA(2014), 'Information on the global program', www.openthedoors.com/english/01_01.html

4) WPA가 목표로 하는 조현병에 대한 잘못된 믿음은 다음과 같다.
- 누구도 조현병에서 회복될 수 없다.
- 조현병은 치료할 수 없는 질병이다.
- 조현병을 가진 사람은 위험하고 폭력적이다.
- 조현병을 가진 사람의 이상한 행동은 전염된다.
- 조현병을 가진 사람은 게으르고 믿을 수 없다.
- 조현병은 의지의 문제이므로 마음만 먹으면 좋아질 수 있다.
- 조현병을 가진 사람이 하는 말은 모두 헛소리다.

성하기 위한 목표는 다음과 같다.

- 조현병과 치료방법에 대한 이해와 지식을 증가시킨다.
- 조현병 환자와 그 가족에 대한 대중의 태도를 향상시킨다.
- 차별과 편견을 극복하기 위한 행동을 취한다.

목표달성을 위한 구체적인 전략은 다음과 같다.

- 부작용은 피하면서 증상을 통제할 수 있는 치료방법을 활용한다.
- 태도변화를 목표로 하는 지역사회교육활동을 개시한다.
- 교사와 보건서비스 제공자 훈련과정에 반낙인 프로그램을 포함시킨다.
- 장애와 더불어 사는 환자와 가족을 위한 심리교육적 서비스를 향상시킨다.
- 차별적 행동들을 발견하고 시정하는 데 소비자(환자와 가족)를 참여시킨다.
- 삶의 질을 향상시키고 부작용을 최소화하는 약물개발에 우선적 초점을 둔다.

- 조현병을 가진 사람은 치료의 효과나 혹은 자신에게 일어난 일들을 제대로 얘기하지 못한다.
- 조현병을 가진 사람은 자신의 삶에 대해 합리적인 결정을 내리지 못할 것이다.
- 조현병을 가진 사람은 예측하기 어렵다.
- 조현병을 가진 사람은 일하기 어렵다.
- 조현병을 가진 사람의 삶은 점점 힘들어질 것이다.
- 조현병은 부모의 잘못이다.

특징과 개입지침[5)]

'Open the Door'는 다음과 같은 5가지 특징을 가지고 있다.

- 국제적, 협력적 프로그램이다.
- 단순한 캠페인이 아닌 장기적으로 활용하기 위해 고안된 프로그램이다.
- 프로그램 전 단계에 환자와 가족뿐 아니라 정부, 지역사회주민, 서비스 제공자가 포함된다.
- 프로그램이 진행되는 동안 관련된 모든 사람들이 정보과 경험을 공유하는 것이 중요하다.
- 프로그램의 표적을 선정할 때 전문가의 전문적 소견이 아닌, 환자와 가족으로부터의 자문에 근거한다. 이것이 가장 중요한 특징이다.

각 관련자들에 대한 개입지침은 다음과 같다.

- **텔레비전과의 작업:** TV 광고를 활용하는 것이다. 광고는 시간이 제한되어 있으므로 매우 간단하게 메시지를 전달해야 한다. 일반적으로 TV광고를 통해 전달하는 메시지는 '정신장애는 누구나 걸릴 수 있는 치료 가능한 질병이고, 조현병 환자는 조현병을 가지고 있는 것이지 그 사람 자체가 조현병은 아니다'라는 것이다.

---

5) Kadri and Satorius(2005), "The global fight against the stigma of schizophrenia: We must dispel the myth and misunderstanding surrounding this illness", *PLoS Medicine*, 2(7): 597-599와 WPA(2005), "The WPA global programme to reduce stigma and discrimination because of schizophrenia: Schizophrenia – Open the Doors Training Manual"의 내용을 요약하여 발췌한 것임.

- **라디오와의 작업:** 라디오를 활용한 광고는 청소년이나 노인들에게 유용하다. 라디오 광고는 TV광고보다 비용이 적게 소요되므로 반복적으로 광고를 내보낼 수 있어 유용하다. 특히 라디오를 들을 때는 누구나 다른 일(운전이나 공부 등)을 함께 하는 경우가 많으므로 주의를 집중시킬 수 있는 내용으로 구성되어야 한다.
- **기자와의 작업:** 기자와 함께 작업할 수 있는 방법은 프로그램 운영위원으로 기자를 임명하는 것이다. 이들을 통해서 낙인의 심각성을 알리고 프로그램을 홍보하며, 뉴스에서 정확한 정보를 전달할 수 있는 방법을 의논하는 것이다.
- **학교와의 작업:** 학교와의 작업은 현재뿐 아니라 미래의 정책결정자에게 영향을 미치는 것이므로 매우 중요하다. 정신장애에 대한 교육과정을 수업시간에 포함시키거나, 어떤 형태로든 특별 활동이나 강연을 통해 조현병의 회복가능성을 알리고, 그들을 비난해서는 안 된다는 것을 교육한다.
- **보건전문가들과의 작업:** 보건전문가들이 조현병을 접촉하는 경우는 대체로 응급상황이 많다. 따라서 이들의 낙인이 특히 심각하다. 보건전문가들의 태도를 변화시키기 위해 브라운백 세미나나 직원보수교육과정에서 정신장애인을 다루는 방법을 교육하는 것이 필요하다. 특히 응급상황에서 이들을 치료하는 매뉴얼을 학습시킨다. 그러나 보다 근본적인 방법은 의대와 간호대학 교육과정에서 낙인극복방법을 다루는 것이다.
- **가족과의 작업:** 가족은 일차적 보호제공자이면서도 여러 가지 이유로 옹호활동에 적극적으로 참여하지 못하는 경우가 많다. 따라서 이들이 옹호활동에 참여할 수 있도록 독려하고, 이미 옹호활동을 하고 있는 기존의 가족조직이 이 프로그램의 목적과 사명

을 이해하도록 도와야 한다.

- **소비자대변인 구성:** 소비자대변인은 그들의 경험을 대중에게 얘기해주고, 회복 가능성을 스스로 검증하는 역할을 한다. 이들의 존재 자체가 정신장애가 누구나 걸릴 수 있으며, 회복 가능한, 인간적인 문제라는 증거이다. 그러나 '대변인이 된다'는 것은 자신의 장애를 대중에게 밝히는 작업이 선행되어야 하는 매우 스트레스가 많은 일이다. 이런 스트레스로 인해 대변인 역할을 했던 사람에게서 일시적으로 증상악화가 나타나기도 한다. 따라서 스트레스에 비교적 강하고, 오랫동안 훈련된 사람을 선정하는 것이 좋다. 그리고 여러 명을 선정하여 혼자 많은 부담을 지지 않도록 돕는 것이 필요하다.
- **매스컴 감시자 구성:** 매스컴 감시자 집단은 정신장애에 대해 잘못 묘사되고 있는 뉴스나 오락프로그램을 감시하여 시정을 요구하는 역할을 수행한다. 이러한 역할을 하는 대표적인 집단이 'stigma buster'이다. 이들은 낙인을 강화시키는 매스컴의 보도 하나하나를 일일이 집어내어 시정을 요구하고, 모든 기사와 프로그램을 검열하는 일을 담당한다.
- **지역사회주민과의 작업:** 지역사회주민을 대상으로 한 캠페인은 매우 효과적이다. 지역주민의 태도가 지역사회 내 시설 설립에 중요한 역할을 하므로 특히 중점을 두어야 한다. 따라서 이들의 태도변화를 위해 정신장애 시설을 방문하게 하고, 시설 거주자들과 직접 얘기해볼 기회를 제공함으로써 편견을 극복할 수 있다. 즉, 접촉을 통해 친숙함을 증가시키는 것이다. 일부 전문가들은 이러한 접촉이 편견을 더 강화시킬 수 있음을 우려하지만, 근거가 없다. 오히려 아무런 준비 없이 시설이 지역사회에 들어올 경

우 적대감이 더 클 수 있으므로 접촉경험을 증가시켜 태도를 긍정적으로 변화시키는 것이 중요하다.

- **경찰과의 작업:** 경찰은 정신장애인을 주로 심각한 위기상황에서 만나게 된다. 대부분의 경찰들은 정신장애에 대한 지식과 정보 없이 위기상황에 부딪히면서 정신장애인을 매우 위험하고, 폭력적인 사람으로 인식하게 된다. 따라서 경찰들이 정신병리에 대한 이해를 바탕으로 좀 더 위기상황에 적절히 대처하고, 정신보건체계에 대한 정보와 지식을 충분히 활용할 수 있도록 교육되어야 한다.
- **정책결정자와 입법자들과의 작업:** 대부분 국가에서는 정신보건 관련법이 존재한다. 그러나 이러한 법이 국제기준이나 현 상황에 적절하도록, 그리고 보다 소수자의 권리를 보호할 수 있도록 개정되어야 할 필요성을 알리기 위해서는 정책결정자 혹은 입법자와의 활동이 중요하다. 여기서는 정신보건전문가들의 노력이 요구된다.

효과

WPA의 'Open the Door'는 오늘날 세계 여러 국가에서 문화적 특성을 반영한 형태로 수정, 보완되어 수행되고 있다. 그러나 그 효과를 분석한 연구들은 아직 많지 않다. 출판된 효과분석 연구들을 정리하면 다음과 같다.

- Thompson 등(2002)은 캐나다 알버타에서 1,200명을 대상으로 프로그램 시행 이후 태도에 어떤 변화가 나타났는지 조사하였다.

그 결과 대부분의 응답자들이 과거와 달리 조현병에 대한 지식을 가지게 되었고, 그들을 수용하는 태도가 증가하였다. 또한 이들을 위한 프로그램에 세금을 더 낼 수 있다는 응답에도 긍정적인 반응을 보였다. 그러나 조현병에 대한 두려움은 여전히 지속되었다.

- Gaebel 등(2008)은 독일에서 이 프로그램을 시행하고 사전, 사후 조사를 통해 그 효과를 분석하였다. 이들은 독일의 6개 도시를 대상으로 하였는데, 이들 중에는 기존의 반낙인 프로그램을 실시하던 곳도 있고 관련 프로그램을 실시한 적이 전혀 없는 도시도 있다. 조사결과 프로그램 실시 이후 이전에 비해 사회적 거리감은 현저히 줄어들었으나, 이러한 효과는 어떤 형태이든 다른 프로그램을 실시해오던 도시에서 더 크게 나타났다. 어떠한 프로그램도 실시한 적이 없던 도시에서는 그 효과가 상대적으로 적게 나타났다.
- Gaebel 등(2003)은 독일의 7개 도시에서 실시한 프로그램의 효과를 분석하였다. 그 결과 프로그램을 통해 대중들은 증상, 원인, 치료방법에 대한 지식이 증가하였다. 이렇게 증가된 지식은 편견을 극복하는 데 도움이 되었으며, 정신장애인의 사회통합을 더 촉진시키는 결과를 초래하게 되었다고 보고하였다.

뉴질랜드의 'Like Minds, Like Mine'[6]

뉴질랜드 정부는 1996년 정신장애인에 대한 편견과 차별이 그들의 회복을 방해하는 주요 요인이라는 Manson의 보고서를 계기로 정신보건위원회(mental health commission)를 설립하여 2000년부터 'Like Minds, Like Mine'이라는 매우 특징적인 낙인극복 프로그램을 시작하였다. 이 프로그램은 모든 정신장애인의 평등권을 인정하고 공적, 사적 영역의 모든 정책들이 정신장애인을 존중하며 지역사회가 이들을 보다 많이 이해, 수용, 지지할 수 있도록 변화시키는 것을 목적으로 한다.

뉴질랜드 정부의 반낙인 극복 노력

1996년 이후 뉴질랜드 정부의 편견극복노력의 역사를 정리하면 다음과 같다.

- **1996년~1999년:** Manson 보고서 발표로 편견극복의 중요성이 부각되고 이후 대중의 편견과 차별 내용을 알아보기 위한 실태조사를 실시하였다. 그리고 보건부는 Manson 보고서에 대한 반응으로 126백만 달러의 예산을 편성하여, 낙인극복 프로그램을 수행할 중앙 및 지방 조직들을 선정하는 작업을 시작했다. 1999년 첫 번

6) 서미경 등(2008b), "정신질환자에 대한 차별과 편견실태조사", 2008년도 국가인권위원회 인권상황실태조사 연구용역보고서의 pp. 180-188의 내용과 Mental Health Commission(2004), "Journey towards equality: Taking stock of New Zealand's efforts to reduce discrimination against people with experience of mental illness", Wellington의 내용을 요약한 것임.

째 정신보건 국가계획(National Plan)을 작성하고 'Like Minds, Like Mine' 프로그램을 채택하였다. 그리고 이 프로젝트를 실시할 26개의 지방 조직들과 계약을 체결하였다.

- **2000년~2003년:** 'Like Minds, Like Mine'의 주요 활동은 미디어를 통한 캠페인이다. 대중에게 친근감 있는 공익광고를 1, 2, 3단계로 제작하여 방송하며 낙인극복을 위한 매우 적극적인 노력을 시작하였다.

- **2004년:** 뉴질랜드 Mental Health Foundation은 차별실태를 조사하고 그 결과를 'Respect Costs Nothing'으로 보고하였다. 조사는 정신장애인 758명에게 고용, 교육, 주거, 정신보건 및 다른 의료서비스, 정부 기관 및 지방 공공기관, 은행 및 보험사, 스포츠클럽과 다른 조직 활동, 양육, 친구와 가족, 지역사회, 차별에 대한 두려움 등의 영역에서 어떠한 차별을 경험하는지 폐쇄적, 개방적 질문을 하였다.

'Respect Costs Nothing'을 요약하면 다음과 같다.

- 정신장애인들은 가족, 친구, 지역사회로부터 삶의 상당 영역(주택, 고용 등)에서 차별을 경험하고, 이로 인해 많은 활동에서 배제되고 있다고 느끼고 있다.
- 정신장애인들은 차별로 인해 부적절한 휴먼서비스를 받는다고 느끼고 있다.
- 실제 차별보다 차별에 대한 두려움이 취업이나 다른 사람들과의 상호작용을 더 심각하게 방해한다.

- 정신장애인이라는 사실을 노출하면서 차별이 시작된다.
- 대중은 정신장애인이 무능하고 위험하다는 선입견을 가지고 행동한다.
- 우리 모두 차별에 대한 책임을 인식하고, 자신의 행동과 태도를 반성할 필요가 있다.

■ **2005년**: 여전히 정신장애인에 대한 차별이 존재한다는 사실에 대해 정신보건위원회는 다양한 조직들의 협력적 노력이 필요하다 판단하여 'Multi-agency plan'을 발간하였다. 여기서는 편견과 차별을 극복하기 위해 기본적으로 정신보건위원회, 보건부, 장애차별부서(Office for Disability Issues), 인권위원회(Human Rights Commission) 등의 국가기관들이 협력적인 역할을 하도록 규정하고 있다. 이와 같은 정부기관 이외에도 지역사회에서 차별극복 프로그램을 실시하고 정신장애인에게 지역사회자원을 제공하는 NGO들과의 유기적인 협력관계를 중요하게 다루고 있다.

■ **2007년**: 'Like Minds, Like Mine' National Plan 2007~2013을 발표하였다.

'Like Minds, Like Mine'의 내용

'Like Minds, Like Mine'에서 뉴질랜드 정부가 특히 중점을 둔 것은 매스미디어를 통한 대중의 인식과 행동변화이다. 이를 위해 최소 30만 명 이상이 TV를 시청하는 황금시간대에 낙인과 차별을 줄이기 위한 캠페인을 광고하였다. 광고는 다음과 같이 3단계로 나누어 제작되었다(Mental Health Commission, 2004).

- **1단계:** 대중의 관심을 자극하는 단계로 대중이 보았을 때 자신들과 같거나 혹은 사회적으로 조금 더 명성이 있다고 판단되는 사람들을 활용하였다. 이들은 정신장애를 앓은 경험이 있는 사람들로 그들의 얘기를 한 시간짜리 다큐멘터리로 만들어 방송하였다.
- **2단계:** 정신장애 경험을 가진 4명의 유명인(운동선수, 2명의 음악가, 패션디자이너)에 대한 1분짜리 다큐 형식의 광고를 제작, 방송하였다. 여기에는 대중에게 잘 알려진 그들의 친구들이 한 명씩 출연하여 그들이 본 정신장애에 대해 얘기하도록 하였다. 그리고 광고가 나갈 때마다 "5명 중 1명이 정신장애에 걸릴 수 있는데 그들이 얼마나 힘든가는 바로 당신에게 달려 있습니다. 어떻게 할지 결정하셨나요?"라는 클로징 멘트를 추가하였다.
- **3단계:** 보다 심각한 정신장애를 가진 '일반인'을 대상으로 45초짜리 3개의 광고를 제작하여 방송하였다. 이때 3명 중 2명은 소수민족에 해당되는 사람들이었다. 그리고 그들이 혼자가 아니라는 것을 알리기 위해 대중이 신뢰할 수 있는 지위를 가진 친구와 친척들을 출연시켜 그들이 본 정신장애인에 대해 얘기하도록 하였다.

뉴질랜드 정부는 이러한 광고를 다른 광고들과 마찬가지로 인기 있는 TV 프로그램 중간중간에 지속적으로 방송하여 대중들이 정신장애에 대해 익숙해지도록 하였다. 이러한 광고가 방송되면서 대중들은 정신장애에 대해 얘기하게 되고 특별히 위험하지 않다고 인식하게 되었으며, 누구나 걸릴 수 있는 병이고 회복되면 정상적인 삶을 살아갈 수 있다고 생각하게 되었다. 프로그램이 시작되기 전과 비교했을 때(Vaughan and Hansen, 2004), 대중의 인식은 '정신장애를 앓았던 사람도 정상적 삶을 살 수 있다', '정신장애인을 보다 잘 수용하게 되었다', '정신장애는 누구나 걸릴 수 있는 장애이다', '정신장애인도 사회에 많은 기여를 할 수 있다' 등의 반응이 증가하였다. 그렇다고 하여 모든 차별이 근절된 것은 아니다. 광고 이후에도 여전히 정신장애인들은 친구와 가족으로부터, 정신보건기관의 전문가들로부터 그리고 직업을 구하는 과정에서 또는 직장 내에서 차별을 경험한다고 호소하였다(Peterson et al., 2007).

NZ 'Like Minds, Like Mine National Plan 2007~2013'

뉴질랜드 정부의 'Like Minds, Like Mine National Plan 2007~2013'은 'Respect Costs Nothing'의 결과에 대한 반응이다. 즉, 그동안의 노력으로 정신장애에 대한 대중의 태도가 어느 정도는 변화되었으나, 정신장애인들은 여전히 차별로 인해 사회적으로 배제된다고 인식하고 있었다. 또한 실제적인 차별 못지않게 차별에 대한 두려움이 더 심각한 사회적 배제를 초래한다는 사실에 초점을 두었다. 따라서 "우리 없이 누구도 우리를 위해 아무 것도 할 수 없다"는 슬로건을 걸고 프로젝트 기획과 실천에 정신장애인의 적극적인 참여를 유도하고, 그들의 리더십개발과 활용에 목표를 두었다.

우선 'Like Minds, Like Mine National Plan 2007~2013'은 달성하고자 하는 목표를 사회, 조직, 개인 차원으로 나누어 설정하였다. 사회차원(societal level)에서의 목표는 '모든 정신장애인이 대우받고 참여하는 사회'이다. 조직차원(organizational level)에서의 목표는 '정신장애인이 차별받지 않는 정책을 실천하는 조직'이다. 개인차원(individual level)에서의 목표는 '다른 사람들과 동등한 조건으로 사회에 참여하고 지역사회에서 일상을 영위하는 개인'에 있다. 이러한 목표를 달성하기 위한 전략(strategies)과 이를 실천하기 위한 구체적인 방법도 함께 제시하고 있다.

전략은 다음과 같다.

- 정신장애인과의 접촉 기회를 제공하여 차별적 행동과 태도를 변화시킨다. 정신장애인과 직접 접촉할 수 있는 기회를 처음에는 지역사회 리더들과 정책결정자들에게 제공하다가 점차 대중들로 확대하여 기회를 증가시킨다. 이것이 서로를 이해할 수 있는 기회가 될 수 있다.
- 조직, 지역사회, 개인들이 차별하지 못하도록 엄격히 규정하여 차별적 행동과 태도에 변화를 가져온다. 이를 위해 정신장애인이 주거, 고용, 레크리에이션, 교육에 동등하게 참여할 수 있도록 매스컴을 통한 광고 캠페인을 지속적으로 실시한다.
- 증거기반(evidence-based) 교육과 훈련을 통해 차별적 행동과 태도를 변화시킨다. 즉, 대중의 편견을 없애기 위해서는 지속적인 정보제공과 교육이 필요하다. 특히 효과적인 교육이 되기 위해서는 정신장애인이 직접 교육하는 것이 가장 중요하다.

이와 같은 전략을 실천하기 위한 구체적인 방법은 다음과 같다.

- **목표달성을 위해 소비자집단의 리더십 증가:** 프로그램에 투입하기 위해 정신장애인을 훈련시키고, 이들의 지속적 리더십을 개발

하는 것이 장기적으로 프로그램을 유지하고 성공하는 데 매우 중요하다.

- **차별근절 정책을 채택하도록 조직을 원조:** 모든 조직, 특히 보건 및 사회서비스를 제공하는 조직들이 정신장애인에 대한 차별을 엄격히 제한하는 정책을 채택하도록 돕는다.
- **차별적 행동과 태도를 변화시키기 위해 모든 미디어 유형 활용:** 미디어는 편견을 확고히 하는 데도 기여하지만 반대로 낙인과 차별을 극복하는 데도 긍정적 역할을 할 수 있으므로 다양한 미디어를 통해 지속적으로 홍보한다.
- 정신장애를 가진 마오리족과 퍼시픽 아일랜드 사람[7]들의 욕구에 부응하기 위한 특별한 접근방법을 개발하여 활용한다.
- **낙인의 내면화를 해결할 방법 개발:** 내면화된 낙인을 해결하기 위해 기술, 자원, 지지를 제공하고, 이를 극복할 구체적인 교육과 훈련 프로그램을 개발한다.
- **프로그램의 효과를 높이기 위해 지지자와의 활동과 관계 확대:** 중앙정부와 지역수준의 공공기관과 조직, 개인을 포함한 모든 지지자들과의 파트너십을 확대하고, 이들과 협력적인 활동을 전개하는 것이 필요하다.

7) 마오리족은 뉴질랜드 원주민이다. 뉴질랜드 정부는 '소수민족 보호정책'으로 모든 정책과 법에 마오리족과 퍼시픽아일랜드 사람들에 대한 보호규정을 포함하고 있다.

우리나라의 반낙인 프로그램

정신장애인에 대한 편견, 차별, 고정관념에 대한 연구는 1970년대 이후 지속적으로 이루어져 왔으나 대부분 편견과 차별의 실태를 조사한 것이지, 그것을 어떻게 극복할 수 있는지에 대한 연구는 매우 제한적이다. 편견과 차별을 극복하기 위해 접촉경험을 통한 친숙함 증가가 필요하다고 주장한 연구(서미경 등, 2010)와 대중을 대상으로 '정신장애가 생물학적 장애'임을 교육하는 방법은 오히려 편견과 차별을 강화시킬 수 있음을 경고하는(박근우 · 서미경, 2012) 연구가 있을 뿐이다. 정부의 노력은 더욱 미흡하다. 정신장애인 인권과 관련된 논란들은 대부분 장기입원으로 인한 존엄권과 강제입원으로 인한 자유권 침해에 초점이 있다. 상대적으로 평등권은 그 중요성이 간과되고 있다.

평등권보호에 대한 정부의 노력

사회적 낙인을 극복하기 위한 노력의 일환으로 정부는 1970년부터 4월 4일을 '정신건강의 날'로 지정하고 있다. 이 날을 선택한 이유는 문화적으로 불운을 의미하는 '4'라는 숫자에 대한 편견을 극복하듯이 정신질환에 대한 편견을 극복하겠다는 의지를 표현하기 위해서이다. 그러나 평등권 보장을 위한 구체적인 노력은 정신보건법 이후부터 본격화되었다. 정신보건법 제2조에 "모든 정신질환자는 정신질환이 있다는 이유로 차별대우를 받지 아니한다"고 규정하고 이를 위해 정부는 다음과 같은 사업과 활동을 전개하고 있다.

■ **보건복지부의 '정신질환에 대한 10가지 편견 바꾸기'**

보건복지부는 정신장애인에 대한 10가지 편견을 제시하고 그것들이 다음과 같이 변화되어야 한다고 홍보하고 있다.

- 위험하고 사고를 일으킨다. ⇒ 대부분 온순하며 범죄율도 일반인보다 낮다.
- 격리 수용해야 한다. ⇒ 급성기가 지나면 시설 밖에서의 재활치료가 바람직하다.
- 낫지 않는 병이다. ⇒ 적절한 치료로 호전되고, 치료재활기술이 개발되고 있다.
- 유전된다. ⇒ 일부 유전적 소인이 있을 뿐이지 대부분은 그렇지 않다.
- 특별한 사람이 걸리는 병이다. ⇒ 평생 동안 10명 중 3명이 걸린다.
- 이상한 행동만 한다. ⇒ 증상이 심할 때만 부적절한 행동을 한다.
- 대인관계가 어렵다. ⇒ 무관심이 문제이지, 마음을 주고받을 사람만 있다면 얼마든지 대인관계가 가능하다.
- 직장생활을 못한다. ⇒ 기능상실이 크지 않으므로, 일할 기회가 주어지면 직장생활이 가능하다.
- 운전, 운동을 못한다. ⇒ 상태가 악화되었을 때만 주의하고 제한하면 된다.
- 나보다 열등한 사람이다. ⇒ 결코 지능과 능력이 떨어지는 질병이 아니다.

■ **편견해소 및 인식개선사업**

보건복지부「정신건강사업안내」에 '정신질환 편견해소 및 인식개선사업'이 포함되어 있다. 사업의 배경은 '국민들이 정신질환을 조기치료와 재활을 통해 회복될 수 있는 질환으로 인식하도록 하고, 정신질환에 대한 잘못된 인식과 편견을 개선함으로써 사회통합 및 정신질환자의 권리보호에 기여하기 위함'이다. 정부는 이러한 사업을 실시하기 위해 사업수행 주체를 공개모집하여 지원한다(보건복지부, 2013).

구체적인 사업내용은 다음과 같다.

- **대중매체를 통한 인식개선**: 전파력이 높은 대중매체를 통해 정신질환에 대한 정확한 정보를 제공하고, 편견을 조장할 수 있는 광고, 드라마에 대한 모니터링을 실시, 시정을 요청한다.
- **정신질환자 편견해소를 위한 가족 및 대국민 교육**: 정신질환자 및 가족을 대상으로 교육하고 그들과 정보를 공유하며, 그들의 자조활동을 지원한다. 이런 활동을 통해 스스로 자립할 수 있는 기회를 제공하고, 자립을 도울 지역사회 내 협력체계를 구축한다.
- **정신질환 편견해소를 위한 대국민 홍보활동 추진**: 정신질환을 올바로 이해하고 정신질환자의 건강한 사회복귀를 돕기 위해 캠페인을 실시하고, 홍보물을 제작, 배포하며 홈페이지 등을 활용한 홍보활동을 한다.

■ **'Health Plan 2020'의 anti-stigma movement**

보건복지부(2011)는 'Health Plan 2020' 내 '정신보건계획'에 정신질환 편견해소를 위한 사업추진을 계획하고 있다. 따라서 2020

년까지 '우울증을 치료 가능한 질환으로 인식하는 국민비율을 2008년 65.9%에서 2020년 75.0%로 향상시킬 것을 목표로 설정하였다. 목표달성을 위한 세부사업으로 i) 정신건강 인식개선을 위한 공공마케팅 사업지원 확대, ii) 정신장애인에 대한 차별감소를 위한 범국가적 사회운동 전략을 추진하기로 계획하고 있다. 이를 위해 편견해소를 위한 인식개선 홍보사업을 실시하고 교육 및 문화행사를 개최할 계획이라고 밝히고 있다.

중앙정신보건사업지원단의 anti-stigma 활동8)

보건복지부와 중앙정신보건사업지원단은 2010년을 반낙인 운동의 원년으로 삼고 다양한 활동을 전개하였다. 2010년 수행한 활동내용을 간단히 정리하면 다음과 같다.

- **슬로건 공모**

  정신장애인에 대한 인식개선 메시지를 누구나 쉽게 이해할 수 있도록 전달하기 위한 슬로건을 공모하였다. 그 결과 〈그림 3-8〉과 같은 슬로건이 당선되었다. 이 슬로건은 인식개선활동을 하는 모든 단체나 시설이 활용할 수 있다.

〈그림 3-8〉 정신질환 사회적 편견해소를 위한 슬로건

8) 중앙정신보건사업지원단(2012), Anti-Stigma 1차년도 활동보고서를 요약한 것임.

• **대중교육**

4월 한 달 동안 대한신경정신의학회 산하 전국 41개 지부에서 우울증을 비롯한 무료정신건강강좌를 개최하였다. 또한 정신건강증진센터별로 지역주민들을 대상으로 정신건강 예방의 중요성을 알리고 정신질환에 대한 올바른 지식을 가질 수 있도록 정신건강에 대한 교육을 실시하였다.

• **문화 및 체육행사**

센터별로 다양한 체육대회와 정신건강의 날 행사를 실시하였고 인식개선을 위해 의미 있는 캠페인을 벌이기도 하였다. 또한 대한신경정신의학회 주관으로 희망콘서트 및 연극공연이 이루어지기도 하였다. 이외에도 정신장애인이 주간재활프로그램을 통해 만든 다양한 작품들을 지역주민들에게 전시하기도 하고, 정신장애인이 직접 다양한 퍼포먼스에 참여함으로써 지역주민과의 직접적인 접촉을 시도하기도 하였다.

• **정신장애인 및 가족의 역량강화**

정신장애인의 역량강화와 보다 적극적인 참여를 유도하기 위해 존엄과 가치를 보장받고 권리를 주장하기 위한 '옹호다짐문[9]'을 낭독하였다. 또한 당사자와 가족의 역량강화를 위해 인권을 이해하고 스스로 사회 구성원으로서의 소속감을 높이기 위한 교육과 다양한 문화행사를 개최하였으며 이들이 직접 주민들과 의사

---

9) 옹호다짐문의 내용은 다음과 같다.
하나. 우리가 가진 권리에 대해 알기 위해 노력할 것이다.
둘. 우리는 차별을 경험하였을 때 우리의 권리를 주장하고 이의를 제기하는 데 용기를 낼 것이다.
셋. 우리는 정신장애인에 대한 차별과 편견에 대항하고 이를 개선하기 위한 노력에 동참할 것이다.
넷. 우리는 우리의 권리를 누리기 위해 남의 권리를 침해하지 않으려 노력할 것이다.

소통하는 자리도 마련되었다.

중앙정신보건사업지원단은 이러한 반낙인 프로그램으로 정신보건 관련 단체 및 기관 전문가들을 대상으로 사회적 편견에 대한 관심을 제고시키는 기회를 제공하였고, 편견극복 운동에 적극적으로 참여할 동기를 부여하는 성과를 가져왔다고 평가하였다.

제4부

존엄을 향한 긴 여정

제 11 장 정신장애인 존엄권 보호의 쟁점

시설 내 정신장애인의 존엄권 보호

정신장애인의 포괄적 인권보호와 존엄권

정신장애인에 대한 사회적 반응은 어느 시대, 어느 나라나 양면성을 가지고 있다. 무섭고 이상하므로 가급적 그들과 떨어져 지내고 싶다는 거부반응과 그들의 고통을 이해하고 도와야 한다는 인본주의적 사명감이 서로 갈등하게 된다. 따라서 정신장애인을 지역사회와 떨어진 시설에 수용하기 위해서는 거부반응을 지지하고 사회적 연대와 정의를 외면할 수 있는 나름의 정당성이 확보되어야 한다. 과거 중세시대에는 그들이 사회를 혼란시키고 순응하지 않는 '나쁜 존재'라 여겨 거부반응을 정당화했고 현대사회에서는 그들의 위험성을 강조해 대중의 안전을 전제로 시설수용을 정당화한다. 결국 시설수용의 전제는 '사회통제(social control)'이다(Harding, 2000). 우생학적 관점에서 기득권을 가지고 있는 다수의 안전과 편의를 위해 소수를 통제할 목적으로 시설에 구금하여 자유를 제한하는 것이다.

그러나 인본주의 사조와 항정신병 약물의 개발로 탈시설화가 대두되면서 더 이상 시설수용을 통한 사회통제는 정당화되기 어려워졌다. 그러나 대중은 여전히 정신장애인에게 사회적 거리감을 느끼고, 이것은 〈그림 4-1〉과 같이 회복을 심각하게 방해하며 근거 없는 강제 및 장기입원을 지속시키고 있다. 즉, 가족 간의 유대가 약해지면서 가족의 보호부담이 증가되고, 극복되지 않은 사회적 편견은 가족들까지 사회적으로 고립시킨다. 정신장애인에 대한 보호의무가 부담스러워진 가족은 지역사회 내 대체자원이 없는 한 어쩔 수 없이 부적절한 강제입원을 장기적으로 지속시킬 수밖에 없게 된다. 시설 내 부족한 재활프로그램으로 인해 장기입원된 정신장애인의 사회적 기능은 점점 감소되어 시설화, 탈문화되어 사회적응력이 현저히 저하된다. 가족들은 사회에 적응하지 못하는 정신장애인을 더 힘들어 하고, 사회의 거부반응 또한 더욱 강화되는 악순환이 반복된다(서미경, 2005). 이런 과정에서 정신장애인은 장기입원되거나, 퇴원된다 하여도 다시 재입원되는 회전문현상을 경험하게 된다. 결국 정신보건시설은 가족의 거부로, 퇴원시키지 못한 채 장기간, 부적절하게 많은 정신장애인을 관리해야 하는 부담을 지게 된다. 가족 이외의 다른 지역사회대안이 없는 상황에서 장기입원이 부당하다는 이유로 퇴원시킬 경우 오히려 정신장애인을 노숙, 폭력, 범죄 상황으로 내모는 것이 된다. 따라서 시설 내 정신장애인의 인권침해는 시설 자체의 문제만이 아니다. 이는 대중의 차별행동에서부터 가족, 시설, 지역사회까지 모든 사회체계가 인권침해 과정에 상호연결되어 부정적 영향을 미친 결과이다.

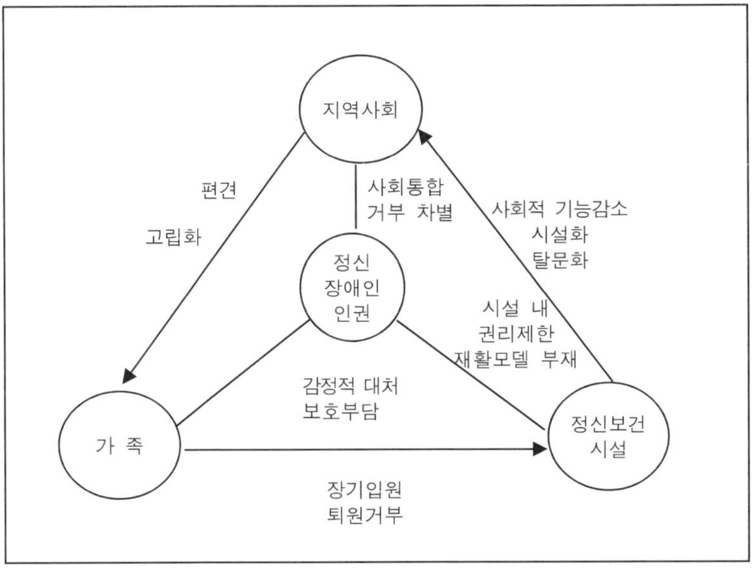

출처: 서미경, 2005, "정신보건환경과 정신장애인의 인권", 『비판사회정책』, p. 110.

〈그림 4-1〉 정신장애인 인권침해 과정

시설 내 존엄에 관한 논의는 각국의 정신보건전달체계 내에서 이루어져야 하고, 이에 관한 외국문헌을 찾기 어려워 본 장에서는 국내의 현실에 초점을 두고 논의를 진행하였다.

존엄권의 중요성

존엄(dignity)은 '모든 개인은 존중받고 도덕적으로 대우받을 권리를 타고났음'을 의미한다. 이러한 인간의 존엄은 대부분 국가에서 국민의 기본권으로 보장하고 있고, UN과 같은 국제기구들도 천부적 인권으로 간주하고 있다. 우리나라 헌법 제10조에서도 '모든 국민은 인간으로서의 존엄과 가치를 가지며, 행복을 추구할 권리를 갖는다. 국가는 개인이 가지는 불가침의 기본적 인권을 확인하고 이를 보장할 의무를 진다'고 규정하고 있다. 인권을 논하는 과정에서 존엄은 그 자체가 인권보장과 동등한 개념이다. 즉, 앞에서 다룬 자유와 평등의 개념은 물론이고, 이를 통한 행복추구까지, 인권으로 규정된 모든 권리가 보장되는 상황을 포괄적으로 다룬 개념이 존엄이다. 따라서 존엄권 범주 내에서 논해야 할 영역이 너무 넓어 이를 몇 개의 장으로 나누는 것 자체가 불가능하다고 생각한다. 따라서 본서에서는 시설에서 정신장애인이 존중받고 도덕적으로 대우받는 상황을 존엄권 보장으로 협소하게 개념 정의하였다. 그리고 구체적인 영역으로는 치료적인 시설환경, 통신, 면회, 외출이나 외박 등 포괄적 행동의 자유, 격리와 강박금지, 이의제기 및 진정권한 보장으로 나누어 살펴보았다. 이러한 구체적인 권리침해 영역을 논하기 이전에 시설에 구금 혹은 수용되는 것이 정신장애인에게 어떤 의미인지 그리고 그것에 이의제기하고 진정할 수 있는 권한이 인권차원에서 어떻게 보장되어야 하는지를 먼저 기술하였다.

■ 시설수용의 의미

시설수용 혹은 구금(detention)은 '자율성과 자유를 심각하게 제한하는 환경'을 의미한다(Gostin, 2000). 따라서 어떤 이유로든 시설에 수용되었다면 그 자체로 이미 개인의 권리는 심각하게 침해된 것이다. 그럼에도 불구하고 대부분의 국가에서는 범죄행위를 저지른 것도 아닌데 '정신이상'이라는 이유만으로 분리, 구금하는 것을 법으로 허용하고 있다. 이것이 강제이든, 자발적이든 시설 내 구금은 '최대한의 규제'로 그들의 자율성과 자유를 심각하게 제한한다. 각국의 정신보건관련법이나 국제법은 구금상황에서 최소한 인권을 보호하기 위해 '시설 내 구금은 반드시 법이 정한 절차를 따라야지 절대 임의적으로 행해서는 안 된다'고 규정하고 있다. 또한 구금을 해야 하는 상황을 '개인이 정신장애로 고통받고 있어야 하고, 보호와 치료를 위해 구금이 필요한 경우'에 한한다고 분명히 명시하고 있다.

구금이 법적 절차를 준수하였다고 판단하려면, 다음의 기준들이 모두 충족되어야 한다(Gostin and Gebel, 2004).

- 대상자가 정신장애를 가지고 있다는 명백한 의학적 증거가 있어야 하고 전문가적 소견이어야만 한다. 그래야만 구금이 정신장애를 치료하는 목적임을 인정할 수 있다.
- 정신장애가 강제적인 구금을 필요로 하는 수준이어야 한다. 사소한 정신장애로 구금할 수는 없다. 따라서 정신장애가 자유를 제한할 정도로 심각해야 한다.
- 일단 구금되었다 하더라도 그 심각성이 지속되지 않으면 퇴원시켜야 한다. 따라서 구금상황을 지속하기 위해서는 장애의 심각성이 지속되고 있다는 것이 정기적으로 입증되어야 한다.
- 정신장애 증상이 줄어들었다고 해서 곧바로 퇴원시켜야 하는 것은 아니지만 이유 없이 구금을 연장하는 것은 명백히 금해야 한다.

■ 시설수용에 대한 진정권리

아무리 법적 절차를 따랐다 하여도, 정신장애인의 입장에서 시설수용은 자유를 심각하게 제한당하는 것이므로 언제든지 이에 대해 이의를 제기할 권리가 보장되어야 한다. 어떤 형태의 시설이든 정신장애인에게 시설수용은 두렵고 무서운 상황이므로 이를 평가하고 결정하는 법적, 의료적 전문직과 상당한 갈등을 겪을 수밖에 없다. 그러나 갈등이 있다 하여 입·퇴원과 관련된 모든 결정권한을 가진 전문직에 도전하여 약자인 정신장애인이 진정을 제기하는 것은 상당한 도전과 용기를 필요로 한다. 따라서 진정권 보장은 시설내 전반적 권리보장의 선결조건이다. 진정권을 보장하기 위해 진정이나 이의를 심의하는 기관은 치료하는 기관과는 별도의 독립적인 기관이어야 한다. 그래야만 구금을 결정한 기관이 절차와 기준을 따랐는지를 사정할 수 있다. 이 기관이 굳이 사법기관일 필요는 없으나 준사법기관으로 구금과정에 개입하여 이해관계가 얽힌 당사자들로부터 독립적으로 판단하고 결정할 수 있어야 한다(Gostin and Gebel, 2004).

진정이나 이의를 심의하는 기관의 역할은 다음과 같다(Gostin, 2000).

- 구금이 법적 절차를 따르지 않았다면, 해제를 빠르게 결정해야 한다.
- 구금해제가 결정되면 시설에 환자의 퇴원명령을 내려야 한다.
- 정기적 심의를 통해 환자가 지속적인 구금이 필요한지 평가한다.

수용문화와 치료문화

보호를 목적으로 폐쇄적으로 운영되는 시설이라 하여도 시설 내 문화에 따라 인권보호 수준은 상당한 차이가 날 수밖에 없다. Sullivan과 Mullen(2012: 292-294)은 시설의 문화를 수용문화와 치료문화로 구분하고 그 특성을 〈표 4-1〉과 같이 나열하였다. 이들은 이 두 문화의 차이 중 가장 중요한 것이 '안전과 보호를 위해 사용하는 방법의 차이'라 하였다. 수용문화는 직접적 관찰, 카메라, 정기적인 점검 등 기계적인 것을 활용하는 반면, 치료문화는 직원과 환자의 지속적인 상호작용 방법을 사용한다. 기계적인 방법을 사용하는 문화 속에서는 굳이 서로를 알고 공감할 필요가 없지만 상호작용의 방법을 사용하기 위해서는 서로를 이해하려는 노력이 요구된다. 따라서 정신장애인의 시설수용이 불가피하다면, 시설이 치료적 문화 속에서 운영되도록 요구하고, 감독하는 것이 매우 중요하다.

〈표 4-1〉 수용문화와 치료문화에서 시설의 안전과 보호를 위해 사용하는 방법의 차이

수용문화	치료문화
허용되지 않는 행동을 보일 때 개입하고 억제하기 위한 관찰	환자의 마음과 상태를 이해하기 위해 상호작용하고 위험한 행동이 친사회적 행동으로 대체되도록 도움
순종하는 것에 대한 보상	참여하고 주도하는 것에 대한 보상
행동 강조	심리적 적응 강조
시설에서 잘 기능하는 것이 목표	장기적으로 사회적 기능이 향상되는 것이 목표
획일화된 접근과 권위적 관점	다양한 전문적 관점과 접근
해서는 안 되는 행동에 대한 물리적 제약	사회적, 개인적 기대에 따른 치료적 접근과 행동통제
궁극적인 목적: 시설 내에서 자해행동과 반사회적 행동의 근절	궁극적인 목적: 지역사회로 돌아갔을 때 효과적이고, 자율적인 기능 향상
수용문화에 익숙한 직원	치료적 문화에 익숙한 직원

출처: Sullivan and Mullen, 2012, "Mental health and human rights in settings", In *Mental Health and Human Rights: Vision, praxis, and courage*, Dudley, M., Silove, D., and Gale, F., Oxford University Press, p. 294.

시설 내 존엄권 침해에 관한 논란

시설 내 인권침해 영역은 매우 다양하나 본서에서는 우리나라에서 가장 많은 논란이 되는 영역에 초점을 두어 기술하였다.

■ 격리와 강박, 치료적 목적인가? 비인간적 처우인가?

격리는 입원치료 시 환자가 응급상황(자·타해 또는 심한 손상을 초래할 수 있는 상황)으로 진행되는 것을 막기 위해 단절된 공간에서 일정시간 동안 행동을 제한하는 것을 의미한다. 이는 반드시 치료 또는 임상적 상태를 조절하기 위한 목적으로 행해져야 한다. 강박은 환자의 신체운동을 제한하는 행위를 말하는데, 일반적으로 손목이나 발목을 강박대(끈 또는 가죽)로 고정시키는 방법을 사용한다. 그러나 경우에 따라 벨트를 사용하거나, 보호복을 착용시키거나, 의자에 고정시키는 방법을 사용하기도 한다(국립서울병원, 2006). 이는 환자의 안전과 행동조절을 위해 전통적으로 사용해왔던 방법이다. 실제 강박이 환자의 진정과 안정 그리고 흥분된 환자의 자극을 감소시키는 효과가 있다고 보고되고 있다(김숙자, 2007). 그러나 아무리 치료적 목적으로 사용되었다 하더라도 격리와 강박은 환자에게 처벌로 간주된다. 따라서 격리와 강박을 당한 환자는 슬픔, 적개심, 수치심, 분노 등의 부정적인 감정을 느끼게 되고, 그로 인해 치료적 관계가 심각하게 손상된다(안효자 등, 2013). 특히 강박은 신체를 결박하는 것이므로 매우 심각한 인권침해 상황으로 간주될 수 있다. 시설의 폐쇄성만으로도 심각하게 자유가 제한되는데, 거기에 더해 신체적 결박까지 행해진다는 것은 폐쇄된 공간에서 있을 수 있는 가장 심각한 자유제한이라 할 수 있다. 따라서 격리와 강박의 사용은 자·타해의 위험이 높고, 행동이 심각하게 통제되지 않을 때, 그리고 무엇보다 이것 이외에 다른 방법이 전혀 없다고 판단될 때 최종적으로 선택되어야 한다. 그러나 상당수의 시설에서 적은 인원으로 다수를 보호하기 위해 행동통제 혹은 행동수정의 일환으로 격리와 강박을 사용하고 있다. 시설 내 치료적 문화가 형성되고, 치료자와의 신뢰관계가 충분히 형성되어 있다면 격리와 강박을 사용하는 상황은 거의 일어나지 않을 것이다. 왜냐면 시설 수용만으로도 이미 환자들의 행동은 어느 정도 통제된 상태이므로, 이 상황에서는 약이나 상담으로 충분히 위급한 상황에 대처할 수 있다.

■ 시설 내 노동, 재활치료인가? 노동력 착취인가?

장기간 시설에서 생활하면서 환자의 사회적 기능은 현저히 저하되고, 정신운동기능도 심각하게 손상된다. 이러한 상태가 지속되면 매우 수동적이고 무력한 시설화 현상이 나타나게 된다. 이처럼 시설에 적응하여 안주할 경우, 독립적으로 기능해야 하는 지역사회 생활을 두려워하고, 사회적 재활을 하려는 노력도, 의지도 없는 상태가 된다. 이를 예방하기 위한 목적으로 많은 시설에서 작업요법을 실시한다. 2013년도 보건복지부의 「작업요법지침」을 보면, 작업요법은 생활기능의 회복, 유지, 개발을 촉진하기 위한 활동으로 사회적응, 사회복귀를 위한 작업치료와 직업재활을 포함하고 있다. 또한 이러한 활동은 필요한 시설을 갖춘 일정한 장소에서 행하도록 되어 있다. 그러나 시설 내 모든 환자가 이용 가능한 작업시설을 갖춘다는 것은 우리나라 대부분 시설의 열악한 상황으로는 매우 어렵다. 결국 재활치료의 목적으로 수행되는 작업치료와 치료적 목적과 상관없이 필요한 인력을 대체하기 위한 노동의 경계가 모호해진다. 시설 내 부족한 인력을 대체하기 위해 작업요법이라는 명목하에 청소, 주방보조, 빨래, 농사, 간병 등의 일을 환자에게 요구하는 것은 더 이상 치료라 할 수 없는 인권침해이다. 따라서 법에서 정한 지침을 따르지 않는 모든 작업 활동은 더 이상 재활치료로 간주될 수 없다.

■ CCTV, 보호와 관리를 위한 안전장치인가? 사생활 침해인가?

다수의 환자를 적은 인원으로 장기간 보호하는 과정에서 가장 많이 우려되는 부분이 안전이다. 자해, 혹은 타해의 위험뿐 아니라 화재 등의 사고에 대한 대비도 매우 중요하다. 많은 시설에서는 안전을 위한 장치로 인력을 보충하기보다 CCTV를 활용하고 있다. CCTV는 설치장소에 따라 안전사각지대까지 관리하고 사고를 예방할 수 있다는 이점이 있다. 그러나 CCTV는 환자의 사생활을 심각하게 침해할 수밖에 없다. 대부분 우려되는 사건은 사적 공간에서 발생하게 되므로 이를 예방하려면 개인의 사생활이 절대 보장되어야 하는 공간까지 CCTV를 설치할 수밖에 없다. 결국 안전과 보호를 핑계로 CCTV를 통한 사생활 침해가 묵인되는 것이다. 따라서 CCTV가 아닌 법적 기준에 충족되는 인력으로 안전을 보호해야 하고, CCTV를 사용할 경우 법이 정한 지침을 준수해야 한다. 무엇보다 환자와의 치료적 관계형성을 통해 위험요인을 사전에 평가하는 노력이 선행되어야 한다.

정신장애인의 존엄보호를 위한 국제사회 노력

UN의 노력[1)]

시설 내 정신장애인의 존엄을 보호하기 위한 UN의 MI기준을 정리하면 다음과 같다.

■ **원칙 12: 권리의 고지**

- 시설에 입원한 모든 환자에게는 입원 즉시 혹은 가능한 한 빨리, 국제법과 국내법에 따른 권리를 환자가 이해할 수 있는 언어와 방법으로 고지해야 한다.
- 정보를 이해할 수 없는 경우, 가장 잘 이해시킬 수 있는 대리인을 통해 환자에게 고지해야 한다.
- 환자는 자신의 이익을 대변할 사람과 자신을 대신해 고지받을 사람을 지정할 권리가 있다.

■ **원칙 13: 시설 내에서의 권리와 조건**

- 시설 내에서 환자는 법에 규정된 인간으로서의 존엄, 사생활, 의사소통 및 통신의 자유, 종교 및 사상의 자유를 보장받을 권리가 있다.
- 시설의 환경 및 생활조건은 일반 사람의 생활과 최대한 유사해야 한다. 즉, 시설 내 오락 및 여가활동 시설, 교육시설, 통신시설, 지역사회로의 복귀를 도울 직업재활시설(직업훈련, 배치 서비스

1) WHO(1996), *Guidelines for the Promotion of Human Rights of Persons with Mental Disorders,* Geneva: WHO에서 발췌한 것임.

포함)이 포함되어야 한다.

- 어떠한 경우에도 강압적인 노동을 환자에게 강요해서는 안 된다. 필요한 경우 환자가 원하는 작업유형을 선택할 수 있어야 한다.
- 시설 내에서 환자의 노동력을 착취해서는 안 된다. 시설 내 노동이라 하여도 일반인과 같은 수준의 보수를 받을 권리가 있다. 또한 환자가 한 일에 대해 이윤이 발생했을 경우 합당한 몫을 환자에게 지불해야 한다.

■ **원칙 14: 시설의 자원**

- 정신보건시설은 다음 사항을 포함하여 다른 보건시설과 같은 수준의 자원을 갖추어야 한다.
  - i) 자격을 갖춘 전문가를 충분히 확보해야 하고 사생활을 보호할 수 있는 충분한 공간을 마련해야 하며, 적극적인 치료프로그램이 갖추어져 있어야 한다.
  - ii) 환자를 위한 진단과 치료시설이 충분히 확보되어야 한다.
  - iii) 적절한 전문적 치료가 행해져야 한다.
  - iv) 적합하고, 규칙적이며 종합적인 신체적 치료가 가능해야 한다.
- 시설의 적합성이 정기적으로 점검되어야 하고, 이러한 기준이 UN이 제시한 것에 부합되어야 한다.

■ **원칙 18: 절차상 보호조치**

- 환자가 이의를 제기할 때 자신을 대변할 대변인은 물론 대리인을 선임할 권리가 있고, 지불능력이 없는 경우 무료로 대변인을 확보할 수 있어야 한다.

- 필요한 경우 환자는 통역서비스를 받을 권리가 있다.
- 환자와 대리인은 심의 시 필요한 자료를 요청할 수 있다.
- 정보공개가 자·타해의 심각한 위험을 초래하지 않는 한, 모든 자료는 환자와 대리인에게 공개되어야 한다.
- 환자는 직접 심의에 출석하여 발언할 권리가 있다.
- 환자와 대리인이 심의과정에 누군가의 참여를 원한다면 자·타해의 위험이 없는 한 허락해야 한다.
- 환자의 사생활보호와 자·타해의 위험을 고려하여 심의과정을 공개할지 혹은 보도할지를 결정해야 한다.
- 심의결과를 서면으로 작성하여 환자와 대리인에게 전해야 하고, 이 결과를 공개할지 여부 또한 사생활 보호와 자·타해의 위험을 고려하여 결정해야 한다.

WHO의 노력[2)]

WHO는 각국의 정신보건법이 시설에서의 정신장애인의 권리, 격리와 강박으로부터의 보호, 진정권 등을 어떻게 보호할지에 대한 기준을 제시하고 있다.

■ 시설에서의 권리보호와 조건

- 안전하고 깨끗한 환경이 제공되어야 한다.
- 시설 내 최적의 위생수준이 유지되어야 한다.

2) WHO(2005)의 *WHO Resources Book on Mental Health, Human Rights and Legislation*, Geneva: WHO와 국가인권위원회(2006), "정신장애인 인권보호를 위한 국제 세미나" 자료집에서 발췌한 것임.

- 시설 내 오락, 교육, 종교 활동과 관련된 부대시설이 있어야 한다.
- 지역사회로 돌아갈 때를 대비한 직업훈련이 준비되어야 한다.
- 동성 혹은 이성의 다른 사람들과 상호작용할 수 있는 권리가 보장되어야 한다.
- 가능한 한 사생활을 보호할 수 있는 구조여야 한다.
- 환자는 외부와 자유롭게, 아무런 제약 없이 의사소통이 가능해야 한다.
- 누구도 환자에게 원하지 않는 일을 강요할 수 없고, 만약 일을 하게 되면 그에 상응하는 보수가 주어져야 한다.

■ **권리의 고지**

- 가능한 한 빠른 시간 내에 시설 내 환자의 권리를 본인에게 고지해야 한다.
- 고지할 때는 환자가 이해할 수 있는 언어와 수준으로 전달하여야 한다.
- 정보를 이해하는 능력이 부족할 경우, 환자를 대변하거나 보호를 제공하는 자에게 그 권리를 알려주어야 한다.

■ **격리와 강박**

- 격리와 강박은 자·타해의 위험을 막기 위한 유일한 방법일 때만 사용해야 한다.
- 가능한 한 짧은 시간 사용해야 한다.
- 한 번 사용하고 나면, 연달아 사용하는 것은 피해야 한다.
- 격리나 강박된 사람과 관찰수준을 넘어 지속적으로 대화해야 한다.
- 처벌이나 직원의 편의를 위해 사용해서는 절대 안 된다.

- 시설 내 인프라가 형성되지 않아서 혹은 부족한 자원을 대체하기 위한 수단으로 사용해서는 안 된다.
- 격리와 강박은 다음의 절차를 따라야 한다.
  - i) 자격을 갖춘 전문가에 의해 사용 결정이 내려져야 한다.
  - ii) 격리와 강박을 안전하게 실시할 장치가 법에서 정한 기준대로 갖추어져 있어야 한다.
  - iii) 격리와 강박의 이유와 기간, 이후의 처치와 치료에 대한 것이 의무기록에 기재되어 있어야 하고, 기록은 반드시 자격을 갖춘 전문가가 작성해야 한다.
- 격리와 강박에 대한 기록은 반드시 보관되어야 하고 필요한 경우 심의위원들이 볼 수 있어야 한다.
- 환자를 격리 혹은 강박할 때 이 사실을 가족이나 대변인에게 알려야 한다.

■ **심의 절차**

- 준사법기관으로 강제입원과 치료를 사정하고, 이의제기를 접수, 심의하며, 정기적으로 지속적인 강제치료가 필요한지 평가하는 기능을 수행한다.
- 관리감독기능에는 정기적인 시설점검, 정기적인 환자의 복지모니터링, 최소한의 강제치료에 대한 가이드라인 제시, 기록보존, 시설과 전문가가 법적 기준에 맞는지 점검, 이러한 결과를 해당부서에 정기적으로 보고하는 것이 포함된다.
- 심의기관을 단독으로 할지 혹은 기능에 따라 둘로 나눌지에 따라 다르긴 하지만 준사법기관으로 최소한의 법률전문가, 보건전문가 그리고 지역사회 대표를 포함하여 구성한다.

- 심의기관은 시설이 법적 기준을 따르도록 명령할 수 있는 법적 권한을 가진다.
- 심의기관 결정에 대해 법원에 이의제기할 수 있는 권한이 보장되어야 한다.
- 환자뿐 아니라 가족(후견인 포함)이나 대변인 혹은 옹호인[3]도 시설의 치료와 보호에 대해 심의기관에 이의를 제기할 권리가 보장되어야 한다.
- 법은 불만의 접수, 조사, 해결에 관한 규정을 분명히 기술하고 있어야 한다.
- 환자는 불만이나 이의 절차를 그들에게 설명해줄 대변인이나 법률 상담자를 지명할 수 있고, 자신의 진료기록에 접근하며 심의 과정에 참관할 권리가 보장되어야 한다.

3) 옹호인(advocate)은 후견인과 달리 법적 관계는 아니지만 정신장애인의 동반자 역할을 수행한다. 즉, 친구나 동반자로서 지속적인 관심과 도움을 제공하고, 응급상황에서 정신장애인이 합리적인 결정을 내리도록 돕는 역할을 수행한다. 그러나 법적 관계가 아니므로 후견인처럼 법원의 감독이 필요한 것은 아니다(서미경, 2014: 275).

제12장 우리나라 시설 내 정신장애인의 존엄권 보호 현황

존엄권 침해는 감금의 조건(the condition of confinement), 즉 시설 내 조건상 정신장애인에게 비인도적인 처우나 처벌이 행해지는 것을 의미한다. 이러한 행동은 환자의 신체적 보전을 위협하는 것으로, 정신장애인에게는 장애로 인한 고통보다 더 큰 고통일 수 있다(Gostin, 2000). WHO(2001)는 모든 정신장애인은 자신의 건강욕구와 타인의 신체적 안전을 보호하기 위하여 '최소한 규제적' 환경에서, '최소한의 구속'만으로 치료받을 권리가 있다고 규정하고 있다. 따라서 시설 내에서도 언제나 정신장애인의 존엄권은 보장되어야 한다.

시설 내 존엄성 보장을 위한 국가적 노력

시설 내 정신장애인의 인권에 대한 국가적 관심

역사적으로 정신장애인 인권에 대한 우리 사회의 관심은 주로 시설 내 비참한 생활이 매스컴을 통해 보도되면서 촉발되어 왔다. 즉, 의료기관이나 요양시설 혹은 무허가 시설에서 정신장애인을 강제로 수용하여 그들의 노동력을 착취하고, 치료도 제공하지 않은 채 비위생적 상황에 방치하거나 학대하는 것을 고발하면서 인권에 대한 논의가 시작되었다. 1980년대 무허가 기도원에서 정신장애인을 감금한 사건, 형제복지원 사건[1], 1990년대 양지마을[2], 장항수심원[3], 소쩍새마을 사건[4] 등을 통해 장애인이나 정신장애인을 수용하는 시설 내 인권문제가 심각한 사회적 문제로 부각되었다(현명호 등, 2003). 이러한 시설들은 대부분 정신장애인을 포함한 부랑인의 선도를 위한 목적

---

1) 1987년 부산형제복지원의 원생 35명이 탈출하면서 세상에 알려진 시설 내 대표적인 인권유린 사건이다. 올림픽과 아시안게임을 앞두고 정부의 대대적인 부랑인 단속과 선도를 명목으로 노숙자, 주민등록이 없는 장애인, 정신장애인, 무고한 시민들을 끌고 가 불법 감금, 구타, 성폭행, 강제노동을 시켰고, 저항하면 죽이고 암매장까지 한 사건이다.

2) 1998년 부랑인 시설인 충남 연기군의 양지마을에 400명이 넘는 원생들이 한 달에 1만 원 정도의 푼돈으로 강제노역에 시달리며 죽기 전에는 나올 수 없도록 감금되어 있었다. 인권단체가 제보를 받고, 긴급현장조사를 하면서 외부에 그 실태가 알려진 사건이다.

3) 유부도에 위치한 정신요양시설인 장항수심원은 정신장애인에게 수갑을 채워 감금하고 폭행하며 조개채취, 염전노동을 강제로 시키고, 상상하기도 힘든 비위생적 환경에 거주하도록 하였다. 일부 사망한 원생은 암매장되기도 하였다. 원생 중 한명이 탈출하여 신고함으로써 세상에 알려진 곳이다.

4) 1996년 장애인 생활시설인 소쩍새마을을 운영하던 가짜 승려가 여자 원생들을 성폭행한 사건이다.

으로 설립되었다. 그러나 목적과 달리 상상하기도 힘든 강제노역과 구타, 폭력, 감금, 강박 심지어 살해까지, 현대판 노예와 같은 인권침해가 자행되었고 대부분 시설에서 탈출한 사람에 의해 세상에 알려진 곳들이다.

이러한 비극적인 사건들을 발단으로 시작된 인권에 대한 논의는 사회적 관심을 집중시키기에 충분했다. 이러한 사건들은 상상하기 힘든 비참한 상황에 처해 있는 정신장애인에 대한 동정심을 자극하기에는 충분했다. 그러나 이런 동정심으로는 그들을 더불어 함께 살아갈 동등한 시민으로 여길 수는 없었다. 대중에게는 그런 상황에 처해 있는 정신장애인이 너무나 나약한 동정의 대상인 것이다. 이처럼 인권의 이슈가 항상 처참한 상황에 대한 보도와 고발에서 시작되어 이것이 정신장애인의 보편적 상황으로 여겨지는 것은 바람직하지 않다. 이는 사회적 관심을 집중시키는 것에는 효과적일 수 있으나 장기적으로 정책적 대안을 찾는 데는 오히려 부정적 영향을 미칠 수 있다. 따라서 인권에 대한 논의가 보편적 상황에서의 인권보호로 옮겨져야 한다. 정신보건시설이 모두 심각하게 인권을 침해하는 사악한 시설도 아니고, 시설에 있는 모든 정신장애인이 위와 같은 끔찍한 인권침해 상황에 처해 있는 것도 아니다. 따라서 정신보건시설에 대한 올바른 이해를 통해 극단적 상황뿐 아니라 보편적 상황에도 적용 가능한 정책적 대안이 논의되어야 한다.

이러한 논의의 시작으로 국가인권위원회(2003)의 '정신의료기관 방문조사'를 들 수 있다. 물론 이전에도 정신장애인의 평등권 차원에서 차별에 대한 조사가 있었고 치료권에 대한 연구자들의 논의가 있었으나 정신의료기관을 대상으로 포괄적인 인권상황을 조사한 것은 여기서부터 시작되었다고 할 수 있다. 이후 국가인권위원회가 2009년

「정신장애인 인권 보호와 증진을 위한 국가보고서」 준비를 위해 6개 영역으로 나누어 정신장애인 인권실태조사를 실시하였는데 그중 하나가 정신보건시설의 인권침해실태 조사였다. 이 조사결과를 바탕으로 국가인권위원회는 보건복지부 정책에 인권 친화적 요소가 포함되도록 제안하였다. 정부도 역시 2008년 정신보건법 개정을 통해 시설 내 인권보호관련 지침을 제시하고 시설종사자의 인권교육의 중요성을 강조하였다.

시설 내 정신장애인 인권관련 기준

정신장애인의 존엄권 보호에 관한 논의는 강제입원 혹은 입소를 통해 행동, 자유 등이 제한되는 시설을 중심으로 한다. 우리나라 정신보건법상 이러한 시설은 〈표 4-2〉와 같이 정신의료기관과 정신요양시설이다. 이러한 시설 내 정신장애인 인권에 대한 정부의 기준은 매년 발표되는 「정신건강사업안내」와 정신보건법에서의 시설 내 인권관련 지침을 통해 알 수 있다.

〈표 4-2〉 우리나라 정신보건시설 현황

시설유형		기관수	주요기능
정신 의료기관	국·공립	18	정신질환자 진료, 지역사회정신보건사업 지원
	사립	1,270	정신질환자 진료
정신요양시설		59	만성 정신질환자 요양·보호

출처: 보건복지부(2013), 「정신건강사업안내」.

■ **보건복지부의 「정신건강사업안내」**

보건복지부의 2013년도 정신건강사업 추진 방향 중 인권과 관련된 것은 다음과 같다. 대부분의 내용이 정신보건법의 기준을 잘 준수하도록 요구하는 것이다. 특히 계속입원심사를 강화하여 퇴원율을 높이는 것에 중점을 두고 있다.

• **정신보건시설의 정신질환자 인권보호대책**

–시・도 및 시・군・구 정신보건심의위원회 기능 활성화

–계속 입원치료 표준 심사지침 준수 및 퇴원율 증가

–보호의무자에 의한 입원 시 동의 의무자(2인) 확대

–정신의료기관 기록 보존 의무 신설 및 환자의 알 권리 강화

• **정신질환자의 인권침해 방지 및 권익 보호**

–정신보건시설 설치・운영자, 종사자 대상 인권교육 실시(년 4시간 이상)

–포괄적 행동제한의 금지 및 제한사유의 기록의무

–입원환자에 대한 격리를 제한하고, 그 시행방법 및 기록 의무준수

–작업요법의 시간, 장소제한, 환자동의, 기록보존, 수입 지급규정 철저히 준수

–정신질환자의 인식개선 및 홍보를 위한 학회 및 민간단체 지원

■ **정신보건법상의 시설 내 인권보호 지침**

2008년 정신보건법이 개정되면서, 인권보호에 관한 내용이 다수 포함되었고, 특히 시설 내 강박, 격리, 사생활 보호, 행동제한, 작업요법 시행에 관한 구체적인 지침이 마련되었다. 구체적인 기준은 〈표 4-3〉과 같다. 이 기준들을 보면, 강제노동, 포괄적 행동자

유제한, 격리와 강박을 금지하는 것을 원칙으로 한다. 그러나 치료를 위하여, 자・타해의 위험을 피하기 위하여 제한적으로 사용하는 것은 허용되고, 이에 대한 기록을 의무화하고 있다. 그러나 어떤 치료적 목적에서, 혹은 어느 정도의 위험상황에서 사용되어야 하는지에 대한 구체적 지침이 없어 사용결정이 대부분 전문의의 재량에 달려 있다고 할 수 있다.

〈표 4-3〉 시설 내 인권보장 법적 기준

구분	내용
정보제공 및 고지된 동의	–환자나 보호의무자는 시장・군수・구청장에게 퇴원 또는 처우개선을 청구할 수 있다. –환자에게 입원사유, 퇴원청구권, 처우개선을 요구할 권리가 있음을 서면으로 통지해야 한다.
작업요법 (강제노동 금지)	–기관장은 정신건강의학과전문의의 지시에 의한 의료 또는 재활의 목적이 아닌 노동을 강요해서는 안 된다. –기관장은 환자의 치료 또는 사회복귀에 도움이 된다고 판단되는 경우에 실시하고 환자의 건강을 해치지 않는 범위 내에서 실시한다. –작업은 1일 6시간, 1주 30시간(원외의 경우 1일 8시간, 1주 40시간)이내에서 실시한다. –대상자의 동의를 받은 후 작업에 필요한 시설을 갖춘 장소에서 실시하고, 전문의의 지시에 따라 전문요원이나 작업치료사를 두고 실시한다. –진료기록부나 작업일지에 내용을 기록하고, 작업으로 얻은 수익은 작업에 든 실비를 제외하고 환자에게 지급한다.
포괄적 행동 제한의 금지	–기관장은 의료를 위하여 필요한 경우에 한하여 통신의 자유, 면회의 자유를 제한할 수 있으며, 이 제한도 최소한의 범위 내에서만 시행해야 한다. –기관장은 종교행사, 종교적 집회, 결사, 선교의 자유, 학문・예술, 사생활의 자유에 대하여 최소한의 범위 내에서 의료를 위하여 제한할 수 있으나 진료행위에 지장이 없거나 타인에게 해를 주지 아니하는 경우에는 제한할 수 없다.
환자의 격리・강박제한	–격리, 강박 등의 신체적 제한을 가하는 것은 환자의 증상으로 보아서 자・타해의 위험성이 현저히 높고, 다른 방법으로 그 위험을 회피하는 것이 곤란하다고 판단하는 경우에 한하여 치료 또는 보호를 목적으로만 행해져야 한다. –격리는 안전과 편의가 확보된 시설의 보호실에서 행해져야 한다. –격리와 강박은 정신건강의학과 전문의의 지시에 따라야 하고 진료기록부에 기재되어야 한다.

출처: 보건복지부(2013), 「정신건강사업안내」와 홍선미 등(2009), 「정신장애인 인권개선을 위한 각국의 사례연구와 선진모델 구축」, pp. 332-333을 참고하여 정리한 것임.

시설 내 인권침해 실태[5)]

정신보건시설 내 인권침해 실태는 주로 국가인권위원회가 입·퇴원 과정, 격리와 강박실시 현황, 전화/서신과 면회, 외출 등의 행동제한, 작업치료 그리고 치료 및 시설환경 등에 관한 조사를 통해 알 수 있다. 여기서는 현명호 등[6)](2003)과 정인원 등[7)](2008)이 국가인권위원회의 연구용역과제로 수행한 실태조사 결과를 중심으로 정리하였다.

■ 입·퇴원 과정에서의 알 권리

우리나라 입원환자의 입원유형을 보면, 대상자의 79.1%가 보호의무자에 의한 입원이고, 자의입원은 17.3%에 불과하다. 보호의무자에 의한 입원은 물론이고, 자의입원환자 중 18% 이상이 자신의 의견이 반영되지 않은 입원을 하였다고 응답했다. 강제입원된 경우 입원이 적절한 조치였다고 생각하는 비율은 32.0%에 불과하고, 50% 이상이 입원이 적절하지 않았다고 응답하였다. 심지어 강제입원 시 보호자가 동행하지 않은 경우가 36.2%나 되었다. 조사대상자의 52.7%가 퇴원 및 처우개선 청구에 관한 권리가 있다

---

5) 정인원 등(2008)의 연구결과를 요약하여 정리하였음.

6) 현명호 등(2003)은 국가인권위원회의 용역으로 총 32개 기관을 임의 선정하여 조사하였다. 이 조사에서는 재소자 909명을 대상으로 설문조사를, 재소자 620명과 종사자 257명을 대상으로 준구조화된 면접을 하였다.

7) 정인원 등(2008)은 국가인권위원회(2009a)의 「정신장애인 인권보호와 증진을 위한 국가보고서」 작성을 위한 용역과제 총 6개 중 "정신보건시설 재원자 및 시설 실태조사"를 수행하였다. 본서는 이 보고서를 중심으로 시설 내 인권침해 상황을 정리하였다. 이들은 전국을 6개 권역으로 나누고, 각 권역의 시 혹은 군을 추출하여, 각 시군의 1~2개 시설을 무작위로 선별하였다. 따라서 전체 70개 시설을 조사하였고 대상자 수는 2,253명, 이 중 1,984명의 자료가 분석되었다.

는 사실을 모르고 있었으며, 51.5%가 입원 당시 입·퇴원 과정에 대한 정보를 전혀 제공받지 못했다고 응답하였다. 계속입원치료 심사 후 심사결과에 대한 통보 역시 서면으로 받은 경우는 36.9%에 불과했고, 제대로 설명을 듣지 못한 경우가 37.4%이다. 또한 퇴원 후 곧바로 타기관으로 강제 입원되는 횡수용화를 경험한 경우가 전체의 25.2%였다. 횡수용화의 이유에 대해 대상자의 44.7%가 자신의 증상 때문이라 응답하였다. 그러나 12.4%가 '지낼 곳이 없어서', 23.2%가 '보호자의 편의 때문'이라 응답하여 증상 이외의 요인들도 상당히 크다는 것을 알 수 있다.

■ **격리, 강박 시행실태**

격리와 강박경험에 대한 질문에 대상자의 45%가 경험이 있다고 응답하였다. 강박경험이 있는 사람들 중 강박실시 이유와 과정을 고지받았는지를 질문하였을 때 34.7%가 없었다고 응답하였다. 강박실시를 수긍할 수 있었는지에 대한 질문에서도 37.4%가 수긍할 수 없었다 하였으나 이유와 과정을 고지받은 경우 조금 더 수긍하는 것으로 나타났다. 강박빈도는 5회 미만이 가장 많았으나 30회까지 강박당한 사람이 있었고, 전체 시설의 평균 강박횟수는 2.80(±3.57)이었다. 평균 강박시간은 1~4시간이 가장 많았고 대부분 24시간 이내에 해제되었다. 그러나 3일 이상 장기간 강박된 대상자도 4.8%로 적지 않았다. 강박 중 의료진이 규칙적으로 접근하지 않았다는 응답이 30.0%이고, 14.5%는 강박 중 언어적, 신체적 폭력을 경험하였다고 응답하였다. 이러한 결과는 2003년도 수행된 현명호 등의 조사와 비교했을 때, 다소 긍정적인 변화이다. 물론 대상자 선정방식과 조사방법이 달라 직접 비교는 어렵지만

2003년에는 강박경험이 있는 사람이 없는 사람보다 많았고, 강박 사유를 인식하지 못하는 경우가 지금보다 더 많았다. 이런 차이가 의미 있다면, 조금씩 시설 내 권리보장이 개선되고 있다고 볼 수 있다. 하지만 사회의 인권감수성 변화에 비해 그 진전이 더딘 것은 시설 내 인권보장이 지역사회자원과 가족의 보호부담 경감시책과 연계되지 못한 채 직원들의 인식변화에만 의존하기 때문이다. 즉, 주거와 재활프로그램의 접근성을 높여 가족에 의존하지 않고 독립적으로 생활하는 것이 가능하다면, 시설 내 인권보호개선 속도는 훨씬 빨라질 수 있을 것이다.

■ **자유로운 의사소통제한**

편지와 전화를 통한 외부와의 의사소통이 얼마나 자유롭게 이루어지고 있는지를 조사한 결과, 53.2%가 편지를 자유롭게 주고받는다 하였고, 39.1%가 전화사용에 제한이 없다 하였다. 전화사용 시 별도 공간이 있거나 혹은 직원들 방해 없이 사생활이 보호되는 경우가 76.9%이다. 면회의 경우 제한이 더 적었다. 면회에 '전혀 제한이 없다'가 45.2%, '일정 기간 후 면회가 가능하다'가 49.8%로 95%가 면회가 자유로운 것으로 나타났다. 이는 과거와 비교해볼 때 상당히 많이 개선되었다고 평가할 수 있다. 그러나 아직도 국가인권위원회 진정사례 중 상당수가 의사소통의 제한을 호소하고 있으므로 제한 규정을 매우 엄격하게 적용할 필요가 있다.

■ **작업치료**

강제적인 작업에 관한 질문에 '본인이 원하는 경우에만 참석한다'는 응답이 91.8%이다. 그러나 '강제로 시키는 사람이 있어 해야 된다'는 응답도 4.1%였다. 비록 매우 낮은 비율이지만 치료를 위한 공간에서 강제노동이 이루어진다는 것은 심각한 인권침해 상황이므로 결코 간과할 수 없다. 작업을 통해 받는 임금의 적정성을 묻는 문항에는 46%만이 적절하다고 응답하였다. 중요한 것은 조사대상자의 8.1%는 얼마나 받는지를 모른다고 응답하였고, 7.8%는 통장을 확인한 적이 없으며, 12.1%는 통장이 어떻게 관리되는지 모른다고 응답하였다. 결국 작업이 강제로 이루어지지 않아도, 대상자의 10명 중 1~2명에게는 작업치료 수당이 직접 주어지지 않고 있음을 알 수 있다.

인권위원회 진정실태[8)]

일반적으로 정신보건시설과 같은 '구금·보호시설'에서의 진정은 주로 인권위원회가 설치해 둔 진정함을 이용하거나 진정을 원한다고 소속직원에게 요구하여 이루어지는 면전진정을 통해 접수된다. 일단 접수되면 예비조사와 사건조사를 통해 조사결과서를 작성하고 이것을 소위원회에 심의·의결하여 인용, 기각, 합의권고, 전원위원회 회부를 결정한다. 인용 결정된 사례는 고발, 수사의뢰, 법률구조요청, 징계권고, 권고 등을 하게 되고 기각 결정된 사례는 종결된다. 합의권고가 결정된 사례는 합의된 경우 종결되지만 합의되지 않으면 조정위원회에 회부되어 조정하게 되고 여기서도 조정되지 않으면 전원위

8) 서미경 등(2008a)의 연구에 추가분석결과를 더하여 정리하였음.

원회에 회부되어 의결하게 된다. 이러한 진정사례는 상대적으로 좀 더 심각한 인권침해상황을 파악하는 데 매우 유용하다. 따라서 여기서는 진정사례 중 시설 내 존엄권과 관련된 권리들이 얼마나 침해되고 있는지를 분석하여 인권침해실태를 파악하고자 하였다. 분석대상은 2003~2012년까지 국가인권위원회에 정신장애인과 관련되어 진정된 196사례, 434건이다. 분석방법은 서미경 등(2008a)이 사용했던 것과 동일한 방법을 사용하였다[9]. 따라서 분석대상은 전체 진정사례 중 기각, 각하, 이송된 것을 제외한 것으로 조사결과 인권침해로 확인되어 인용 결정된 사례들이다. 사례에 여러 진정사건이 포함되어 있는 경우, 각 사건을 개별적인 진정으로 분석하였다. 따라서 사례수보다 진정사건의 수가 더 많다(서미경 등, 2008a).

진정의 상당부분은 강제입원과 관련된 것이지만 이것은 '제2부 자유권'에 대한 논의에서 다루었으므로 본 장에서는 시설 내 존엄과 관련된 것들만을 다루었다. 따라서 포괄적 행동제한(자유로운 의사소통제한, 사생활 침해), 격리와 강박, 강제적인 작업치료, 진정권 방해(부적절한 계속입원심사, 진정방해)에 관한 진정의 분석결과를 제시하였다.

시설 환경(자유로운 의사소통)

■ 포괄적 행동의 제한

시설 내에서 행동의 자유제한은 주로 통신(전화, 서신, e-메일)을 제한하는 것과 외출, 외박, 면회를 제한하는 형태로 나타난다. 정신보건법 제45조에 의하면 '정신의료기관의 장은 정신질환자에 대하

9) 추가분석은 경남 도박문제관리센터 박근우 박사가 수행하였다.

여 치료를 위하여 필요한 경우에 한하여 통신의 자유, 면회의 자유, 기타 대통령이 정하는 행동의 자유를 제한할 수 있다'고 규정되어 있다. 그러나 이러한 행동의 자유 제한은 최소한의 범위 안에서 행해야 하고 그 이유를 반드시 진료기록부에 기재하도록 규정하고 있다. 인권위원회 진정사례 중 시설환경에서의 자유제한은 〈표 4-4〉와 같이 크게 포괄적 행동의 자유 제한(서신, 전화와 같은 통신제한과 면회, 외출, 외박제한)과 CCTV를 통한 사생활 침해로 나누어볼 수 있다.

〈표 4-4〉 포괄적 행동의 제한 및 사생활 침해 진정건수

<table>
<tr><th colspan="2">내용</th><th colspan="2">세부내용</th><th>건수</th></tr>
<tr><td rowspan="10">행동의
자유제한</td><td rowspan="6">통신 제한</td><td rowspan="2">서신</td><td>서신 검열</td><td>8</td></tr>
<tr><td>제한의 기록 없음</td><td>7</td></tr>
<tr><td rowspan="4">전화</td><td>통화내용 기록(도청)</td><td>7</td></tr>
<tr><td>일률적 제한</td><td>22</td></tr>
<tr><td>그룹 분류</td><td>10</td></tr>
<tr><td>제한의 기록 없음</td><td>12</td></tr>
<tr><td>면회</td><td colspan="2">면회 제한</td><td>7</td></tr>
<tr><td rowspan="2">외출, 외박</td><td colspan="2">촉탁의 사전 동의 없음</td><td>1</td></tr>
<tr><td colspan="2">외박, 외출 전무함</td><td>1</td></tr>
<tr><td colspan="2">사생활 침해</td><td colspan="2">CCTV 설치</td><td>8</td></tr>
</table>

이 중 통신의 자유를 제한한 것이 66건으로 가장 많다. 통신을 제한하는 방식은 사용시간이나 횟수를 제한하거나 혹은 시설에서 정한 행동지침을 잘 따르면 보상의 형태로 사용을 허락하는 경우가 있었다. 또한 직원이 통화내용을 듣고 있거나 서신을 검열하는 등의 사생활 침해와 관련된 진정이 있었다. 전화, 서신, 면회가 제한될 때에는 반드시 그 사유와 기간, 제한 당시 환자의 상태, 제한의

지시자 및 수행자 등이 반드시 기록되어야 함에도 불구하고 이러한 기록이 없는 경우가 19건 있었다. 일부 환자의 의무기록에는 이러한 지시가 p · r · n[10]으로 기재되어 있어 특별한 지시와 기록 없이 행동제한이 가능하도록 되어 있었다. 또한 행동제한의 사유가 막연히 '치료목적'이라고 기록되어 있어 구체적으로 어떠한 치료목적을 위해 행동이 제한된 것인지 입증할 수 없는 경우가 많았다. 면회를 제한하는 것에 대한 진정도 7건 있었다. 면회가 치료에 구체적으로 어떤 부정적 영향을 미치는지에 대한 기록이 없는 한 면회제한은 권리침해로 간주된다.

■ 사생활 침해

CCTV 촬영은 사생활 침해의 대표적 유형이다. 아무리 구금·보호시설이라 하여도, 본인 혹은 보호자의 동의 없는 CCTV 촬영은 헌법에 규정된 사생활 침해 혹은 초상권 침해로 명백한 위법행위이다. 그러나 일부 정신보건시설에서는 환자의 보호와 안전을 위한다는 명분으로 무분별하게 병실을 비롯한 병동, 격리실, 심지어는 화장실에도 CCTV를 설치하여 매우 사적인 영역까지 사생활을 침해하고 있었다. 이러한 사생활 노출은 환자들의 자발성을 제한하고 심리적으로 위축시키는 결과를 가져와 치료에 부정적인 영향을 미칠 수 있다. CCTV 설치에 관한 진정은 총 8건으로 다른 것에 비해 빈도가 높지 않지만 정신보건시설에서 오랫동안 문제가 되어온 대표적인 인권침해 유형이다. 정신보건시설 종사자들의 주요 업무인 환자보호와 안전관리를 인력확충 없이 CCTV로 해결하

---

10) p · r · n: 필요에 따라 pro. re. nata라는 라틴어의 약자. 의무기록에 p · r · n이라 order가 내려진 경우에는 필요에 따라 '조치를 취하라'는 의미로 해석된다.

려 한다면, 의도가 아무리 선하다 하여도 정당화될 수 없는 인권 침해이다. CCTV는 무분별한 설치뿐 아니라 촬영된 개인 정보 관리 또한 문제가 된다. 예를 들어 CCTV 모니터가 수시로 환자들과 일반인들의 출입이 가능한 간호사 스테이션에 있어 개인의 사생활이 여러 직원과 환자들에게 노출될 가능성이 높다.

격리와 강박

증상조절을 위해 일정시간, 제한된 공간에 격리하는 것과 손목이나 발목을 강박대로 고정시키는 강박은 신체의 자유를 심각하게 제한하고, 심한 경우 생명을 잃을 수도 있는 대표적 시설 내 인권침해 유형이다. 격리와 강박에 관한 진정은 〈표 4-5〉와 같이 총 36건이다. 이 중 기록누락이 16건이고, 의사지시 없는 강박이 5건, 장시간 강박이 4건, 치료목적 이외의 강박이 3건, 사지운동 및 vital sign 체크를 하지 않은 경우가 8건이다.

〈표 4-5〉 격리와 강박의 진정건수

내용	구체적 내용	건수
격리·강박	의사지시 없이 강박 실시	5
	기록 누락	16
	장시간 강박	4
	치료목적 외 강박실시	3
	사지운동 및 vital sign 체크 안 함	8

심한 경우 이러한 비상식적인 강박조치가 생명을 위협하기도 한다. 진정사례 중 이○○ 환자는 투약을 거부한다는 이유로 입원기간 8개

월 동안 총 16회 격리 및 강박을 당하였고, 마지막 격리 및 강박은 무려 124시간 동안 계속되었다. 그 시간 동안 사지운동이 한 번도 없어 결국 환자는 강박 해제 20분 후 '폐색전증'으로 사망하였다. 또한 *00*병원에서는 격리, 강박에 대한 기록 없이 황○○ 환자를 46시간 강박 후 139시간 격리시켰고, 같은 병원의 또 다른 정○○ 환자는 44시간 강박, 이○○ 환자는 20일 입원기간 동안 8회의 강박조치를 시행한 것이 확인되었다. 또한 치료목적 이외의 이유로 강박이 실시되는 경우는, 환우나 치료진에 대한 폭언, 타 환자와 다툼, 남녀환자 간의 신체적 접촉 등이 주요 이유였다. 이는 여전히 처벌의 수단으로 강박이 사용되고 있음을 의미한다.

작업치료

작업치료는 신체적, 정신적 그리고 발달과정상의 어떠한 이유로 기능이 저하된 사람에게 의미 있는 활동을 통해 최대한 독립적으로 일상생활을 수행하고 능동적으로 사회생활에 참여할 수 있도록 돕는 치료 및 교육활동을 의미한다. 작업치료를 하기 위해서는 환자나 보호의무자의 동의가 필요하고, 모든 작업치료 수행내용(근무시간, 일수 등)은 작업일지로 기록해두어야 한다. 인권위원회에 작업치료와 관련된 진정은 총 29건이었다(〈표 4-6〉 참고).

〈표 4-6〉 강제적인 작업치료에 대한 진정건수

내용	구체적 내용	건수
강제적인 작업치료	낮은 임금	5
	과도한 노동	10
	작업치료 기록 없음, 평가미비	5
	임금 지연	1
	개별계좌 없음	4
	의사지시 없음	4

이 중 기록과 평가가 없는 경우가 5건이다. 진정내용 중 가장 많은 것이 간병, 배식, 청소, 세탁, 주방업무, 심한 경우 비닐하우스 일 등 과도한 노동이었다. 이러한 노동에 대해 일부는 아무런 대가를 지불하지 않았고, 임금을 지불한 경우도 최저임금도 되지 않는 월 1~6만 원 정도가 지급되었다. 아예 개인계좌를 가지고 있지 않는 경우도 있었다. 작업치료와 관련된 진정 내용들은 대부분 환자의 인지기능이 낮다는 이유로 직업재활에 도움이 되지 않는 단순노동으로 시설 내 무급 내지는 최저 임금의 대체인력으로 활용되는 경우이다.

이의제기 절차방해

■ 부적절한 계속입원심사

정신보건법 제24조 2항에 의하면 매 6개월마다 계속입원치료에 대한 심사를 청구해야 한다. 그러나 〈표 4-7〉에 의하면 인권위 진정내용 중 계속입원심사에 관한 진정이 59건으로 상당히 많았다. 이 중 입원 후 6개월이 지났음에도 계속입원심사를 누락하였거나 심사를 이행하지 않은 경우가 22건이었다. 개인별로는 적게는 1회에서 많게는 10회까지 심사를 누락하기도 하였다. 심한 경우 어떤 환자는 4년간 입원하고 있으면서 단 한 번도 심사를 받지 않은 경우도 있었다. 또한 계속입원심사를 통해 퇴원이 명령된 경우에는 지체 없이 퇴원을 시켜야 함에도 불구하고 이를 이행하지 않거나 퇴원명령이 내려져도 서류상으로만 퇴원하였다가 다시 재입원 된 경우도 있었다. 처음부터 계속입원심사를 받지 않기 위해 6개월 전에 퇴원하였다가 재입원한 것처럼 서류를 조작한 경우도 있었다. 계속입원심사 결과, 입원이 연장되는 경우 지체 없이 본인에게 입원이 연장되는 사유를 통보해 주어야 하고, 환자와 보호의무자에게 퇴원심사를 청구할 수 있는 권한이 있음을 알려주어야 한다. 그러나 진정 내용 중에서는 심사 후 입원이 계속되는 경우 퇴원심사 청구권이 있음을 알리지 않은 것이 6건 있었다.

〈표 4-7〉 진정방해와 관련된 진정내용 건수

내용	세부내용	건수
부적절한 계속입원심사	계속입원 심사 누락, 각종 심사 불이행	22
	퇴원 심사 청구권 고지 누락	6
	계속입원심사 결과 서면 통지 누락	31
진정방해	진정서 송부하지 않음	5
	진정함과 건의함 병행 사용	3
	진정서 작성 편의 제공하지 않음	7

■ **진정방해**

국가인권위원회법 제31조에 의하면 시설 수용자들에게 진정서 작성에 필요한 시간, 장소, 편의 등을 제공하여 수용자들의 진정권을 보장하여야 한다고 규정하고 있다. 그리고 국가인권위원회법 시행령에서도 진정권 보장에 관하여 구체적인 내용으로 진정권의 고지,

진정함 설치, 진정 편의의 내용들을 열거하고 있다. 그러나 위의 표에 의하면 진정권을 방해하는 것으로 진정된 것은 총 15건이다. 대부분 진정서 작성을 위한 편의를 제공하지 않았거나 진정함과 건의함을 함께 사용하는 등의 소극적 방해였으나 진정서를 송부하지 않은 직접적 방해도 5건이었다. 진정권 방해에 대한 인권위 조사과정에서 환자뿐 아니라 진정함을 관리하는 직원조차 진정 방법과 절차를 모르는 경우가 많았다는 것이 확인되었다. 관리하는 직원들이 그 기능을 모른다면 당연히 진정권의 고지, 안내, 편의 제공이 어려울 수밖에 없다. 따라서 정신보건시설 내에서 직원교육을 통해 환자들의 진정권이 보장될 수 있도록 하여야 하며, 무엇보다 환자와 보호자를 대상으로 한 진정권에 대한 적극적인 교육과 홍보가 필요하다.

제 13 장 장기입원

장기입원은 OECD 어느 나라에서도 유례를 찾기 어려운 우리나라의 심각한 문제이다. 1995년 정신보건법 통과 이후 지역사회 중심으로 서비스 패러다임이 변화되었음에도 불구하고 여전히 정신병상수는 지속적으로 증가하고, 입원(소)된 정신장애인의 재원기간은 줄어들지 않고 있다. '장기입원'은 최대한의 규제를 제공하는 시설에서 불필요한 입원(소)을 지속하는 것이므로 시설 내 인권침해와 밀접히 관련된다. 무엇보다 장기간의 입원(소)는 '시설화'라는 심각한 문제를 초래하게 된다. 시설화란 시설에 오랫동안 적응하면서, 사회적 기능이 심각하게 저하되고, 탈문화되며, 지역사회로 복귀하고자 하는 의지가 현저히 저하되는 현상을 의미한다. 결국 시설을 더 편하게 여겨, 굳이 퇴원하여 독립적으로 생활해야 하는 위험을 감수하려 하지 않는 것이다. 이와 같은 시설화는 지역사회에서의 재활노력을 더욱 힘들게 하고, 더 많은 비용과 노력을 들이고도 효과를 보기 어려운 비효율성을 초래한다. 이처럼 자발성과 자율성이 저하된 정신장애인을 관리하기 위해 시설에서는 더 많은 통제와 규제를 하게 되고, 이러한 통제와 규제에 익숙해지면서 정신장애인은 시설 내 인권침해를 쉽게 수용하고 저항하려 하지 않게 된다. 이것이 장기입원이 초래하는 가장 심각한 문제이다.

장기입원 현황

장기입원현황은 정신보건시설의 재원기간과 이러한 재원의 적절성에 대한 논의를 통해 파악할 수 있다.

정신보건시설의 재원기간

우리나라 정신장애인의 평균 재원기간을 시설별로 보면 〈표 4-8〉과 같다(중앙정신보건사업지원단, 2011). 정신요양시설이 가장 길고, 다음이 공립, 국립, 사립정신병원 순이며 상대적으로 병원 정신건강의학과와 종합병원 정신건강의학과의 재원기간이 짧았다. 중요한 것은

〈표 4-8〉 정신보건시설별 입원(소) 환자의 재원기간 변화추이

(단위: 일)		2000년도	2005년도	2010년도	2011년도
정신의료기관	국립정신병원	142	89	153	256
	공립정신병원	207	240	248	267
	사립정신병원	220	264	252	208
	종합병원 정신건강의학과	80	75	71	66
	병원 정신건강의학과	231	165	150	157
	정신건강의학과 의원	75	74	99	103
정신요양시설		2,787	2,867	3,364	3,549

출처: 중앙정신보건사업지원단(2011), 「중앙정신보건사업지원단 사업보고서」, p. 108 재구성.

2011년의 재원기간이 10년 전 2000년보다 일부 시설에서 20~50% 정도 더 길어졌다는 사실이다. 특히, 요양시설의 재원기간은 3,549일로, 평균 10년 정도 입원(소)되어 있으므로 퇴원 이후 상당한 재활노력이 주어진다 하여도 사회적응은 기대하기 힘들다.

재원기간이 개인적 특성에 따라 어떤 차이가 나는지를 분석하면 〈표 4-9〉와 같다(박종익 등, 2008). 의료보장별로 보면, 의료급여 1종

〈표 4-9〉 특성별 재원기간 분포

특성	내용	조사대상 수	평균	사후검증
의료보장	계	2,090	657.41	a, c 〈 b
	의료보험a	674	318.99	
	의료급여 1종b	1,188	839.58	
	의료급여 2종c	184	488.22	
가족지지체계	계	2,024	643.97	a 〈 b, c
	가족과 거주지 있음a	1,353	506.81	
	필요시 도움 줄 가족, 친지만 있음b	309	703.82	
	필요시 도움 줄 가족, 친지도 없음c	362	1,105.53	
주진단	계	2,126	672.44	b, c 〈 d 〈 a
	조현병a	1,176	969.95	
	정동장애b	151	292.98	
	알코올중독c	613	224.57	
	기타d	186	575.56	
임상증상정도	계	2,029	656.59	a, b 〈 c
	증상 경미a	639	603.70	
	증상 중간b	809	592.04	
	증상 심각c	581	804.63	
위험정도	계	2,074	654.53	none
	없다a	1,020	601.58	
	조금 있다b	761	684.11	
	자주 있다c	293	762.03	

출처: 박종익 등(2008), "장기입원의 구조적 원인과 지속요인"을 참고로 재구성.

의 경우 2배 이상 긴 재원기간을 보이고, 사회적 지지(도움을 줄 가족이나 친지)나 거주지가 없는 경우 재원기간이 현저히 길어짐을 알 수 있다. 진단별로는 조현병 환자의 재원기간이 가장 길었다. 증상과 위험성을 기준으로 볼 때 위험성은 재원기간과 의미 있는 관련성이 없었고, 증상도 심각한 경우가 그렇지 않은 경우보다 약간 더 길었다. 결국 조현병 환자 중 의료급여 1종이고, 퇴원 시 머물 집도, 도움을 줄 가족이나 친지도 없는 경우 가장 재원기간이 길 수밖에 없음을 추측할 수 있다.

재원적절성 평가

재원적절성은 임상증상의 6가지 항목[1] 점수의 합이 2점 이상인 경우 재원이 적절한 것으로 분류하였으며, 정신요양원은 평가의 합이 5점 이상인 경우 적절한 것으로 평가하였다. 이는 가장 완화된 형태의 재원적절성 분류를 적용한 것이다. 이와 같은 방법으로 증상을 평가하여 입원의 필요성을 분석해본 결과 〈표 4-10〉과 같다(박종익 등, 2008). 전체 입원의 35.5%가 부적절한 입원으로 평가되었으며, 요양시설(59.8%)과 국립정신병원(43.1%)의 부적절한 입원비율이 가장 높았다. 결국 전체 입원(소)환자의 1/3 이상이 불필요한 재원을 하고 있다는 것이다.

이영문 등(1999)은 재원상태평가(자해 및 타해의 위험도, 신체 위생 및

1) 박종익 등(2008)의 연구에서 임상증상의 정도는 6개 차원의 증상을 '없다(0점), 조금 있다(1점), 자주 있다(2점)'로 평가하였다. 6개 차원의 증상은 '자해 및 타해의 위험도, 현저한 사고 및 지각장애, 기억력/지남력의 심한 손상, 기괴한 행동이나 현저한 퇴행, 정신과약물 종류/용량의 주된 변화 또는 부작용/한시적 프로그램, 치료가 필요한 신체증상 동반'으로 구성되어 있다.

〈표 4-10〉 증상을 기준으로 입원필요성 분석

의료기관 유형	전체	입원필요성 유무	
		입원불필요	입원필요
전체	2,030	721(35.5)	1,309(64.5)
국립정신병원	109	47(43.1)	62(56.9)
공립정신병원	115	20(17.4)	95(82.6)
사립정신병원	660	197(29.8)	463(70.2)
종합병원정신건강의학과	166	39(23.5)	127(76.5)
병원 정신건강의학과	507	182(35.9)	325(64.1)
정신건강의학과 의원	256	97(37.9)	159(62.1)
정신요양시설	169	101(59.8)	68(40.2)

출처: 박종익 등(2008), "장기입원의 구조적 원인과 지속요인", p. 59.

자기관리능력, 치료서비스 수준, 시간 제한적인 프로그램 수준)와 증상(기괴한 행동이나 현저한 퇴행, 현저한 사고이완, 극도의 거부증, 기억력과 지남력의 손상)을 중심으로 한 임상평가 그리고 이 두 평가를 합한 종합평가를 기준으로 재원적절성을 평가하였다. 이 방법으로 그들은 전체 대상자의 46.1%가 부적절한 재원을 하고 있다고 평가하였다. 부적절한 재원율은 국・공립병원이 46.7%, 사립정신병원이 54.5%, 정신요양시설이 60.0%, 의원, 대학, 종합병원은 46.1%로 가장 낮았다. 박종익 등(2008)의 평가방법과 차이가 있으므로 직접적인 비교는 어렵겠지만, 10년 사이 재원적절성은 어느 정도 좋아진 것으로 추정해 볼 수 있다. 그러나 정신장애인 인권에 대한 사회적 관심이 증가하고, 지역사회서비스가 확충된 정도를 고려하면, 여전히 너무나 높은 재원 부적절성이라 평가할 수 있다.

장기입원의 구조적 원인

장기입원의 구조적 원인은 박종익 등(2008)과 홍선미 등(2009)의 연구를 바탕으로 크게 4가지로 구분하였다. 첫째, 정책적 측면에서의 계속입원치료심사 문제점, 둘째, 서비스 전달체계 측면에서 지역사회 자원의 부재, 셋째, 가족체계의 문제로 보호제공자의 부담, 마지막으로 서비스 공급자 측면에서 의료급여제도의 문제점을 들 수 있다.

현실적이지 못한 계속입원치료심사

현행 정신보건법에 의하면 입원환자나 보호자가 퇴원이나 처우개선을 청구하면 이를 심사하는 역할을 정신보건심판위원회가 담당한다. 이 위원회의 또 다른 주요 업무가 장기입원으로 인한 인권침해를 예방하기 위해 계속입원치료를 심사하는 것이다. 계속입원치료심사 과정은 〈그림 4-2〉와 같다. 입원 후 6개월이 되기 한 달 전에 계속입원심사를 청구하면, 기초정신보건심판위원회가 이를 심사하고, 그 결과를 정신장애인과 보호의무자에게 통지한다. 만약 심사결과에 이의가 있을 경우, 청구자 본인이나 보호의무자는 재심을 청구할 수 있고, 이에 대해 광역정신보건심의위원회가 심사 결정한다. 그리고 그 결과를 30일 이내 본인과 보호의무자에게 알려주어야 한다. 정신보건시설에서 가장 논란이 되는 영역이 입·퇴원과정이고, 불필요한 장기입원으로 인한 인권침해에 대한 문제제기가 계속되고 있으므로 정신보건심판위원회의 역할은 매우 중요하다.

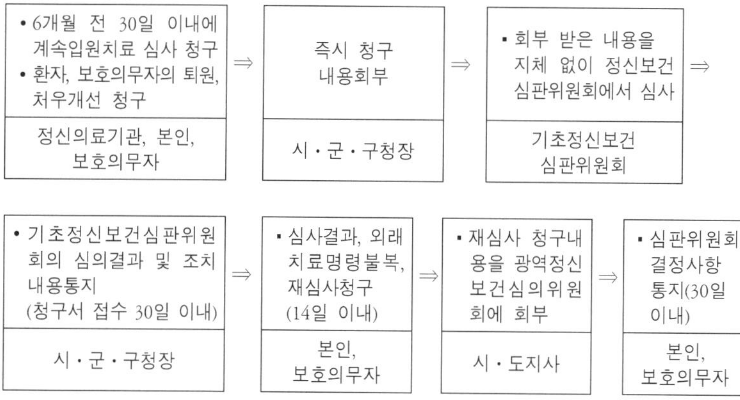

출처: 보건복지부(2013), 정신건강사업안내, p. 440.

〈그림 4-2〉 계속입원심사청구 과정

그러나 현행 계속입원치료심사는 심판위원회 구성부터 과정, 결과에 이르기까지 많은 문제점을 가지고 있다. 문제점들을 개선하기 위한 노력이 지속적으로 이루어지고 있으나 근본적인 문제가 해결되지 못하고 있는 실정이다. 심판위원회에 의한 계속입원치료심사의 문제점을 지적하면 다음과 같다(홍선미 등, 2009; 강상경 · 권태연, 2008).

■ 심판위원회 구성

정신보건법 제28조에 의하면, 심판위원회의 구성은 정신건강의학과전문의, 판사 · 검사 혹은 변호사의 자격이 있는 자 중에서 각각 1인 이상을 포함하고, 그 외에 정신보건전문요원 및 정신보건에 관한 전문지식과 경험을 가진 자 5인 이상으로 구성하도록 명시되어 있다. 현재 각 시군구별 심판위원회는 법에 명시된 대로 5명 이상으로 구성되어 있고 많게는 8명, 적게는 4명인 지차제도 있다. 그러나 구성 비율을 보면, 의사의 비율이 많게는 80%에서 적게는

30%에 이르러 다른 전문직에 비해 현저히 높다. 반면에 다른 정신보건전문요원이 참여하는 비율은 상대적으로 매우 낮다. 또한 법조인의 참여가 매우 저조하여 임명만 되어 있을 뿐 실제적인 심사에 참여하지 않고 있는 경우가 많았다. 이처럼 높은 의사비율은 입원결정 당사자가 계속입원의 철회여부를 결정하는 것이므로 공정성의 문제가 제기될 수 있다. 즉, 강제입원을 결정하고, 그 입원을 지속시키는 자와 그러한 입원의 부당성을 평가하는 자가 동일한 것이다. 반면에 지역사회서비스를 담당하고 있는 전문 인력의 참여가 저조하여 심사결과가 지역사회서비스와 연계되기 어렵고, 입원과 지역사회가 분리되어 근본적인 서비스 전달체계의 변화를 이끌어오기도 어려운 실정이다.

■ **계속입원심사 운영**

계속입원심사를 위한 심판위원회는 월 1회 개최되고, 회당 평균 3.2시간 소요된다. 운영방식은 각 시·도에 접수된 서류를 담당 공무원이나 심판위원 중 1인이 일차적으로 심사하고, 이차 심사가 필요한 대상만 회의에 올리는 경우가 많다. 서류만으로 심사가 부족한 경우, 방문조사를 통해 내용을 보충하기도 한다. 월 평균 계속입원심사건수를 산정하면, 경기지역의 경우 1,173건으로 가장 많고 제주지역이 36건으로 가장 적었다. 결국 월 1회 회의시간 내에 처리해야 할 건수가 평균 800~900건이다. 결국 한 달에 한 번, 그것도 3시간 정도 만나 800~900건의 계속입원여부를 심사하는 방식으로는 심사의 질을 전혀 담보하기 힘들고, 심사 자체가 오히려 인권을 침해하는 과정이 될 수밖에 없다. 강상경과 권태연(2008)이 심판위원들과 면담한 결과 퇴원결정의 정족수가 과반수로

되어 있어 회의 참석률이 저조한 경우 이를 채우지 못해 결정을 내리지 못하는 경우도 발생한다고 하였다.

■ **퇴원명령 비율**

계속입원심사 청구결과 퇴원명령을 받은 비율은 2006년 4.1%로 매우 낮다. 이는 높은 강제입원비율에 비해 너무나 낮은 비율이다. 결국 95% 이상의 퇴원청구가 기각됨을 의미한다. 퇴원명령의 주요 기준은 주치의가 평가하는 증상과 치료순응도(처방 약물 복용정도)이나, 실제 결정은 가족과 지역사회의 지지체계가 어느 정도 확보되어 있느냐에 따라 달라진다. 즉, 증상과 약물복용수준은 퇴원이 가능하여도, 퇴원 후 같이 살 가족이나 지역사회자원이 없다면 퇴원명령을 내리기 어려워진다. 또한 알코올중독의 경우 가정폭력의 전력이 있다면 가족들의 두려움 때문에 퇴원을 명령하기 어렵다. 가족의 의견과 지지체계를 무시하고 증상호전을 기준으로 퇴원을 판단할 경우, 퇴원 후 곧바로 다른 곳으로 전원되거나 다시 입원되는 횡수용화를 막을 수 없다. 결국 퇴원 명령이 내려져도 지역사회로 돌아가지 못한 채 환자는 여기저기 시설을 불안정하게 떠돌게 되고, 상황에 따라 더 열악한 시설로 이전수용되는 결과가 초래될 수 있다.

지역사회자원의 부재

이명수 등(2009)은 계속입원심사에서 퇴원명령을 받은 사람 중 지역사회자원과 연계된 집단과 연계되지 않은 집단의 특성을 비교하였다. 이를 위해 서울시정신보건심판위원회의 계속입원심사 청구자 중 퇴원명령을 받은 116명의 자료를 분석하였다. 전체 대상자 중 55명(47.4%)이 지역사회자원과 연계되었고, 61명(52.6%)은 지역사회자원과 연계되지 않았다. 연계에 실패한 61명 중 36명(55.4%)은 퇴원명령 후 즉시 재입원되어 지역사회와 연계될 수 없었다. 전체적으로 59명(50.9%)이 재입원되었는데, 이들 중 33명(55.9%)은 퇴원 후 1일 만에 재입원되었다. 6개월 이상 지역사회에서 생활한 경우는 단지 6명(10.1%)에 불과했다. 첫 번째 재입원까지의 평균기간은 51.7(±103.5)일이 소요되었다. 지역사회연계 성공집단과 실패집단의 재입원 기간을 비교하면, 연계된 집단의 평균 재입원까지의 기간은 15.2(±142.5)일이고 연계에 실패한 집단은 11.8(±3.8)일로 차이를 보인다. 연구자들은 지역사회자원과의 연계에 따라 재입원 비율이 줄어들 수 있고, 지역사회에서 생활하는 기간이 늘어 회복을 도울 수 있다고 평가하였다. 그러나 이 연구에서 더 주목할 만한 결과는 퇴원명령을 받은 자들 중 단지 10%만이 6개월 이상 지역사회에 머문다는 것이다. 결국 퇴원명령이 명령으로서 기능하지 못하고 있음을 다시 한번 확인할 수 있다.

퇴원환자의 지역사회자원 연계는 장기입원을 예방하고 지역사회 거주기간을 늘리는 효과적 수단이다. 그러나 서비스 연계와 관련된 연구가 매우 제한적이고, 정부 주도하에 수행된 연구는 더욱 제한적이어서 구체적인 실태를 파악하기가 어렵다. 기존의 몇몇 연구들을 통해 서비스 연계가 매우 미흡하게 이루어지고 있다는 사실만을 확인할 수 있다. 최송식과 김수영(2003)이 부산, 경남 지역 정신보건전문가 224명을 대상으로 서비스 연계에 참여하는 정도를 질문하였을 때, '매우 적극적' 혹은 '다소 적극적'이라는 응답은 모든 전문직에서 30% 미만이었다. 그러나 연계 필요성에 대해서는 80%가량이 '필요하다'고 응답하여 필요성은 충분히 인식하면서도 적극적으로 활용하지 못하고 있음을 알 수 있다. 한편, 박미은(2003)이 도시지역 정신병원에 근무하는 사회복지사 102명을 대상으로 서비스 연계실태를 조사한 결과, 보다 나은 서비스 제공이나 정보 제공을 위해 클라이언트를 의뢰하는 연계를 가장 많이 하였다. 그러나 대상자의 42.2%가 지역 내 협력할 기관이나 서비스가 부족한 것이 연계의 장애요인이라 응답하였다.

장기입원의 주요 원인 중 하나가 지역사회자원과의 연계부족이라고 할 때 이를 개선하는 가장 좋은 방법은 자원개발이다. 따라서 지역사회 내 재활기관과 주거기관을 확충하는 것이 매우 시급하다. 특히 주거시설 확충이 무엇보다 선행되어야 한다. 그러나 우리나라의 주거시설은 사회복귀입소시설과 사회복귀주거시설 모두 합하여 160개로 인구 10만 명당 4.3병상이다. 이는 인구 10만 명당 70병상을 확보하고 있는 뉴질랜드의 6.14%에 불과하다. 더욱이 주거시설의 경우 전체의 57.7%가 서울, 경기에 분포되어 있어 지역편중으로 인한 접근성마저 현저히 떨어진 상황이다(서미경, 2014: 240). 재원 중인 정신장애인의 지역사회복귀를 위해서는 대략 전국적으로 거주시설 5,000명분, 재활훈련시설 13,500명분이 확보되어야 하는데 현재 운영현황은 필요한 공급량의 10% 수준에 불과하다(홍선미 등, 2009: 428). 이처럼 주거시설이 확보되지 않은 상황에서는 임상적 평가를 통해 퇴원이 가능하다 하여도, 가족이 원하지 않을 경우 퇴원명령은 곧 재입원을 의미할 뿐 지역사회거주를 의미하지는 않는다.

보호제공자의 보호부담

재가 정신장애인의 62%가 20~40대이고, 이들의 75%가 배우자가 없는 상태이다(보건복지부, 2012). 결국 대부분의 정신장애인에 대한 보호가 원가족의 부담인 것이다. 특히 부모의 보호부담이 현실적으로 가장 높다. 정신장애인을 돌보는 가족의 부담은 정신장애 증상과 행동으로 인한 객관적 부담과 가족의 정서적 고통을 포함하는 주관적 보호부담이 있다. 즉, 가족 중 누군가의 정신장애 발병으로 인해 나머지 가족들, 특히 일차적 보호를 담당하는 보호의무자는 증상과 행동변화를 감당해야 하고, 정신장애인으로 인한 가족관계와 사회적 역할의 변화 또한 받아들여야 한다. 무엇보다 정신장애에 대한 사회적 낙인을 함께 감수해야 하는 어려움을 겪게 된다(서미경, 2014: 47).

지역사회자원이 충분하지 않은 상황에서, 사회적 낙인까지 감수하며 일차적 보호를 제공해야 하는 가족들의 부담은 상당히 크다. 증상의 변화가 심하고, 이해하기 힘든 행동에 어떻게 대처해야 하는지에 대하여 교육받지 못한 가족들은 당황하게 되고, 절망하게 된다. 더욱 이들을 힘들게 하는 것은 여전히 정신장애의 발병원인을 가족의 탓으로 돌리는 전문가들의 인식부족이다. 결국 사회적 자원이 부족한 상황에서, 또한 그들의 욕구에 무관심한 전문가와의 관계 속에서 점점 지쳐 정신장애인에 대한 지역사회 보호를 포기하게 된다. 박종익 등(2008)의 조사에서도 가족들은 정신장애인의 퇴원에 부정적 반응을 보였는데, 퇴원명령이 내려질 경우 65.1%가 다른 병원으로 전원하거나 수용시설로 보내겠다고 하였다. 그 이유로 83.7%가 환자가 거주할 방이 없거나 너무 소진되어 더 이상 돌볼 여력이 없다는 응답을 하였다. 이처럼 일차적 보호제공자가 더 이상 보호를 제공하지 못할 때 지역사회 내 대체 자원이 없는 한, 장기입원은 지속될 수밖에 없다.

서비스 공급자 측면[2)]

장기입원의 주요 원인 중 하나로 서비스 공급자 측면이 언급된다. 서비스 공급자 측면에서는 입원일수가 길어질수록 이익이 되는 현행 의료급여 정액수가제도가 문제로 지적된다. 박종익 등(2008)이 의료보장별 재원기간의 차이를 조사한 결과는 〈표 4-11〉과 같다. 즉, 의료급여 1종의 재원기간이 보험환자에 비해 의미 있게 길다.

〈표 4-11〉 의료보장별 재원기간의 분포

<table>
<tr><th>의료보장</th><th>조사대상자</th><th>평균재원기간</th><th>사후검증</th></tr>
<tr><td>계</td><td>2,090</td><td>657.41</td><td rowspan="4">보험 〈
의료급여 1종</td></tr>
<tr><td>의료보험</td><td>674</td><td>318.99</td></tr>
<tr><td>의료급여 1종</td><td>1,188</td><td>839.58</td></tr>
<tr><td>의료급여 2종</td><td>184</td><td>488.22</td></tr>
</table>

출처: 박종익 등(2008), “장기입원의 구조적 원인과 지속요인”, p. 59.

현행 의료급여 수가는 〈표 4-12〉와 같이 정액으로 지급되고 입원일수에 따라 차감된다. 그러나 입원기간에 따른 차감 정도가 매우 미약하고 입원을 통해야만 수익이 발생되는 구조이므로 서비스 공급자 입장에서는 재원기간을 줄이고자 하는 동기가 매우 약할 수밖에 없다. 더욱이 의료서비스의 상당부분이 민간위주로 제공되고 있으므로

2) 홍선미 등(2009), 「정신장애인 인권개선을 위한 각국의 사례연구와 선진모델 구축」의 pp. 412-430에서 발췌한 것임.

정신보건서비스가 상품화될 수밖에 없고, 수익을 무시하기 힘든 공급자의 입장에서 장기입원은 어쩔 수 없는 선택이 되고 있다.

〈표 4-12〉 의료급여 정액수가(2014년 현재)

기관등급*	입원 후 1~180일	입원 후 181~360일	입원 후 361일 이상
G1	51,000	48,450	45,900
G2	47,000	44,650	42,300
G3	37,000	35,150	33,300
G4	33,000	31,350	29,700
G5	30,800	29,260	27,720

* G1~G5: 인력확보(정신건강의학과의사, 간호사, 정신보건전문요원 1인당 입원환자 수 기준) 수준에 따른 기관등급

장기입원의 대안

장기입원을 지속시키는 요인별로 대안을 제시하면 다음과 같다. 다만 편의상 이들을 구분하여 기술하였지만 실제 이러한 대안들은 모두 동시에 시행되어야 장기입원을 효과적으로 줄일 수 있다.

계속입원심사의 현실화

현행 정신보건심판위원회는 장기입원을 막기 위한 기능을 효과적으로 수행하지 못하고 있다. 한 달에 한 번, 그것도 몇 시간 만나 몇 백 건에 이르는 계속입원을 심사하는 것 자체가 인권침해라 할 수 있다. 따라서 심판위원회의 기능을 강화하기 위해 심판위원의 수를 늘

리고, 보다 자주 회의를 개최하며, 각 건을 심판할 충분한 시간이 주어져야 한다. 이를 위해 박종익 등(2008: 178-179)은 심판위원회에서 퇴원만이 아닌 입원도 심사해야 하고, 정신건강증진센터와 연계하여 센터에서 입·퇴원 개입서비스에 대한 기능을 부여할 것을 제안하였다. 그리고 심판위원회의 상설화를 위해 전문가의 상근을 제안하기도 하였다. 또한 심판의 신뢰성을 담보하기 위해서는 무엇보다 서류만이 아닌 대면심사가 필수과정으로 자리 잡아야 한다. 그러나 몇 백 건을 모두 대면하기 어렵고 굳이 그래야 할 필요성도 없다. 강제입원 비율을 OECD국가 평균수준으로 낮추면, 심사건수는 현저히 줄어들게 된다. 이를 위해 강제입원 시 정신장애인의 동의능력평가를 의무화하여 동의능력이 있는 정신장애인의 경우 자발적 입원을 보장해야 한다. 또한 주거와 직업재활과 관련된 지역사회자원을 개발하여 접근성을 향상시키고, 강제입원의 대안으로 외래치료명령 제도를 효과적으로 활용한다면 심사의 신뢰성을 확보할 수 있을 것이다. 결국 모든 대안들이 동시에, 함께 해결되어야 장기입원의 문제가 해결될 수 있는 것이지 어느 하나만으로는 불가능하다.

또한 퇴원명령 후 사후관리를 강화하여 횡수용화를 막는 것이 중요하다. 퇴원명령이 내려진 환자의 사후관리를 위해 보건소 혹은 지역사회 정신건강증진센터를 활용할 수 있다. 물론 거주시설이 확보되어 있다면 좋겠지만 그렇지 못하다 하여도 퇴원 시 해당 기관에 사전 연락하여 퇴원 후 생활에 대한 계획을 수립하고, 사후관리를 담당하도록 하여야 한다. 만약 외래치료명령이 함께 내려진 경우, 이를 모니터링하는 역할 역시 사후관리를 담당하는 기관에서 할 수 있을 것이다. 이것이 체계화된다면 일단 퇴원명령이 내려진 경우 일정기간 재입원이 불가능하도록 규정하고, 만약 재입원이 필요한 경우 이를 다시 심판받도록 요구할 수 있다.

지역사회자원의 보충

지역사회자원의 중요성은 아무리 강조해도 지나치지 않다. 점점 핵가족화되어 부양기능이 현저히 떨어진 가족관계 속에서, 정신장애인의 보호를 전적으로 가족에게만 맡기는 현행 체계로는 장기입원을 줄일 수 없다. 따라서 지역 내 거주시설을 필요한 공급량만큼 확보하고, 사회재활 및 직업재활이 현실적으로 이루어질 수 있는 기관이 확보되어야 한다. 이를 위해서는 지역사회 정신건강증진센터와 사회복귀시설의 중첩된 기능을 분리할 필요가 있다. 양적으로 자원이 부족한 상황에서 기능이 중복되는 것은 매우 비효율적인 서비스 관리라 할 수 있다. 따라서 서미경(2006)은 지역사회 정신건강증진센터는 퇴원한 정신장애인에게 임상서비스를 제공하고, 사회복귀시설은 지역사회에서 생활하는 데 필요한 사회적 서비스를 제공하는 것이 필요하다고 주장하였다. 즉, 지역사회 정신건강증진센터에서는 병원과 연계하여 퇴원한 정신장애인의 등록, 관리, 진단 및 평가, 정신건강 및 신체건강 교육, 외래치료명령 모니터링 서비스를 제공할 수 있다. 그리고 사회복귀시설에서는 일상생활, 대인관계, 문제해결기술훈련을 실시하고, 직업재활서비스와 주거서비스를 제공하여, 책임감 있는 시민으로서 생활하도록 도울 수 있다는 것이다.

지역사회자원의 양적 확충도 중요하지만 질적 향상도 매우 중요하다. 이를 위해 각 기관의 효과적이고 효율적인 서비스 관리와 연계가 이루어져야 하고, 모든 서비스는 지역사회에서 의미 있는 삶을 살 수 있도록 회복 지향적 관점에서 제공되어야 한다.

가족의 보호부담 경감 시책

정신장애인 가족의 보호부담에 관한 조사는 이미 많이 이루어졌고, 그들의 보호부담이 다른 어느 장애가족보다 크다는 것이 입증되었다. 인생 초기부터 장애가 시작되는 지적장애나 발달장애와 달리, 정신장애는 사춘기를 전후로 발병하여 건강하고 장래가 촉망되던 가족에 대한 상실감을 겪어야 한다. 또한 질병의 순환적이고 만성적인 경과로 인해 희망과 절망을 반복해야 하는 고통을 경험하게 된다(서미경, 2014: 43). 더욱이 가족을 여전히 정신장애의 발병원인으로 보는 치료자들의 태도와 정신장애인을 두렵고 피하고 싶은 존재로 여기는 사회적 인식이 이들을 더욱 외롭고, 고통스럽게 한다. 실제 연구(Atkinson, 1994)에 의하면, 정신장애인 자녀를 둔 부모의 경우 자녀가 죽은 부모와 두부손상으로 영구장애를 가지게 된 자녀를 둔 부모보다 더 지속적인 상실감과 고통을 겪는 것으로 나타났다. 그럼에도 불구하고 이들의 서비스 욕구는 언제나 정신장애인의 반복되는 재발과 입원에 밀려 전문가들의 관심 밖에 있고, 발병원인이라는 비난과 함께 일차적 보호책임만을 강요받게 된다.

박종익 등(2008)의 조사에 의하면 장기입원군의 주 보호자는 부모가 32.3%, 형제자매가 47.8%로 원가족이 보호자인 경우가 전체 대상자의 80.1%이다. 정신장애인을 돌보는 주 보호자로서 부모는 이미 노년기에 접어들어 자신들이 부양을 받아야 할 상황에서조차 끝나지 않은 양육의 부담을 지고 있는 것이다. 형제와 자매들 역시 자신들의 가족을 돌봐야 하는 상황에서 부모의 부담을 이어받아 언제 끝날지 모르는 보호를 제공하고 있는 것이다. 오늘날 가족관계가 핵가족화되고, 점차 보호와 부양기능이 약화되면서 이러한 가족 내 보호를 더 이상 기대하기 어렵다. 따라서 장기입원을 예방하기 위해서는 정책적으로 평생계획을 수립할 수 있어야 한다. 평생계획(permanency plan)은 일차적 보호제공자가 더 이상 보호를 제공할 수 없을 때 지역사회에서 정신장애인이 어디서, 누구와, 어떻게 지낼 것인지에 대한 계획을 의미한다(서미경, 2014: 223). 만약 이러한 계획이 수립되지 않으면 장기입원의 문제는 해결되지 못하고, 설사 퇴원되어 일차적 보호제공자와 함께 지낸다 하여도 그들이 더 이상 보호를 제공할 수 없을 때, 다시 시설화되는 것을 막을 수 없다.

따라서 보호를 제공하는 가족의 서비스 욕구에 민감하게 반응하고, 지역사회에서 정신장애인이 평생살 수 있는 계획(주거계획, 재정적 계획, 법적 계획)을 수립하는 것에 정책적, 전문적 관심이 제고되어야 한다. 이는 다양한 증상과 기능에 맞는 주거 스펙트럼 제공, 소득보장 및 직업재활 그리고 성년후견제도의 정착 등이 동시에, 그리고 함께 이루어져야만 가능하다.

서비스 공급체계개선

장기입원을 지속시키는 주요 원인 중 하나가 현행 건강보험체계의 의료급여이다. 의료급여 1종인 경우, 소비자의 입장에서도 외래서비스를 이용하는 것보다 입원하는 것이 훨씬 더 저렴하고, 공급자의 입장에서도 정액제로 지급되므로 낮은 질의 서비스를 장기간 제공하는 것이 수익측면에서 유리하다. 따라서 소비자, 공급자 모두 장기입원을 줄이고자 하는 동기가 미약할 수밖에 없다. 또한 상당수의 건강보험환자가 입원이 장기화되면서 의료급여로 전환되어 의료급여로 인한 입원비의 30% 이상이 정신과질환이 차지하고 있는 상황이다(박종익 등, 2008: 176).

이를 해결하기 위한 방안으로 수가 차등제 도입을 주장할 수 있다(박종익 등, 2008; 홍선미 등, 2009). 이러한 차등제는 두 가지 측면을 고려해야 한다. 첫 번째는 입원기간에 따른 차등지급이고, 두 번째는 서비스 질 평가에 따른 차등지급이다. 먼저 입원기간이 일정 선을 넘어서면 크게 차감하여 조기퇴원을 유도하는 것이다. 그러나 이때 재입원이나 횡수용화를 막기 위한 조치가 함께 따라야 한다. 예를 들어 일정기간 내의 재입원은 연속입원으로 계산하는 것도 한 방법이다(박종익 등, 2008). 또한 의료서비스 질에 따른 차등지급은 현행과 같이 단순히 인력기준을 얼마나 충족하였느냐를 평가하는 것이 아니다. 인력기준 이외의 지역사회자원과의 연계수준, 재입원율, 재입원되는 환자의 지역사회 거주기간, 시설 내 재활프로그램의 질 등을 함께 평가하여 궁극적으로 입원치료 기간 내에 퇴원을 얼마나 준비하고 있는지를 평가하여 차등지급하는 것이다.

그러나 이 모든 노력에 선행되어야 할 것이 서비스 제공자의 인식개선이다. 정신장애인의 잠재력과 강점을 믿고, 회복 지향적 서비스를 제공하는 것이 중요하다. '좋은 마음으로 잘 보살피는 것'이 치료목적이 아니라 정신장애인이 지역사회에서 의미 있는 삶을 살 수 있도록 돕는 것이 궁극적인 치료목적임을 인식하는 것이 중요하다.

| 참고문헌 |

국내문헌

강상경 · 권태연, 2008, "정신보건심판위원회의 운영실태 및 개선방안", ≪정신보건과 사회사업≫, 28: 297-315.

국가인권위원회, 2003, "정신의료기관 방문조사보고서", 서울: 국가인권위원회 인권침해조사국 조사기획담당관실.

국가인권위원회, 2006, "정신장애인 인권보호를 위한 국제세미나", 서울: 국가인권위원회.

국가인권위원회, 2008a, "2008 정신장애인 인권실태조사 결과발표 및 토론회".

국가인권위원회, 2008b, "국제기준에서 바라본 우리나라의 정신보건현황과 사회적 낙인".

국가인권위원회 차별시정본부 차별판단지침연구 태스크포스(정형옥 · 최성애 · 강창연 · 이상숙 · 이숙진 · 조용만 · 이준일 · 박종운 · 정정훈 · 임지봉 · 박숙미 · 최승철), 2008, "차별판단지침", 서울: 국가인권위원회.

국가인권위원회, 2009a, "정신장애인 인권보호와 증진을 위한 국가보고서", 서울: 국가인권위원회 장애차별조사과.

국가인권위원회, 2009b, "정신장애인 인권개선을 위한 각국의 사례연구와 선진모델 구축", 서울: 국가인권위원회 2009년 인권상황 실태조사 연구용역보고서.

국가인권위원회, 2012, "2012~2016 국가인권정책기본계획 권고안", 서울: 국가인권위원회.

국가인권위원회 웹 사이트, http://www.humanrights.go.kr/

국립서울병원, 2006, "정신질환자 인권 증진을 위한 제도분석", 서울: 국립서울병원 국립정신보건교육연구센터.
권오용, 2010, "정신질환자의 입원과정과 정신보건심판을 위한 사회복지사의 사정역할", ≪한국정신보건사회복지학회 학술발표논문집≫, 121-136.
김숙자, 2007, "정신질환자의 격리 및 강박에 대한 환자와 간호사의 지각", 이화여자대학교 석사학위논문.
김재훈 · 서미경, 2011, "정신장애 유형에 따른 편견과 차별: 사례를 활용한 대학생 조사결과", ≪정신보건과 사회사업≫, 37: 35-64.
김정남, 2003, "정신장애인에 대한 사회적 낙인 척도개발", ≪한국심리학회지: 건강≫, 8(3): 581-593.
김정남 · 서미경, 2004, "정신장애인에 대한 편견과 차별에 관한 연구", ≪한국심리학회지: 건강≫, 9(3): 589-607.
박근우 · 서미경, 2012, "정신장애인의 사회적 거리감에 대한 수정된 귀인정서모형 적용: 정신장애 유형별 모형비교", ≪한국사회복지학회≫, 64(4): 209-231.
박미은, 2003, "도시지역 정신병원에 근무하는 사회복지사들의 서비스연계에 영향을 미치는 개인변인 연구", ≪정신보건과 사회사업≫, 15: 106-137.
박영란 · 이예자 · 이용교 · 이찬진 · 임성택 · 짐아이프, 2001, ≪한국의 사회복지와 인권≫, 경기: 인간과 복지.
박종익 · 장홍석 · 이진석 · 이명수, 2008, "장기입원의 구조적 원인과 지속요인", 국가인권위원회 연구용역보고서.
보건복지부, 2011, "제3차 국민건강증진종합계획(HP 2020)", http://www.mw.go.kr
보건복지부, 2012, ≪2011년 장애인실태조사≫.
보건복지부, 2013, ≪정신건강사업안내≫.
서미경, 2005, "정신보건환경과 정신장애인의 인권", ≪비판사회정책≫, 20: 89-117.
서미경, 2006, "성인정신장애인의 평생계획모형: 뉴질랜드 정신보건서비스를 중심으로", ≪한국사회복지학≫, 58(2): 33-56.

서미경, 2007, "뉴질랜드 정부의 정신장애인 인권보호 정책에 관한 연구-강제입원과정에서의 자기결정권 보호와 사회적 차별극복 정책을 중심으로", ≪정신보건과 사회사업≫, 27: 64-91.

서미경, 2010, "외래치료명령제도에 관한 연구-뉴질랜드 CTO의 적용기준, 과정, 인권보호방안을 통하여", ≪정신보건과 사회사업≫, 35: 111-140.

서미경, 2014, ≪정신장애와 가족, 함께 살아가기≫, 경기: 양서원.

서미경 · 김영란 · 박미은, 2000, ≪사회복지실천윤리≫, 경기: 양서원.

서미경 · 김정남, 2004, "지각된 낙인이 정신장애인의 삶의 만족과 자아존중감에 미치는 영향", ≪한국사회복지학≫, 56(4): 173-194.

서미경 · 김재훈 · 이진향, 2008a, "정신보건시설에서의 정신장애인 권리침해에 관한 연구: 국가인권위원회 진정사례를 중심으로", ≪정신보건과 사회사업≫, 29: 330-367.

서미경 · 김정남 · 이민규, 2008b, "정신질환자에 대한 차별과 편견 실태조사", 2008년도 국가인권위원회 인권상황실태조사 연구용역보고서.

서미경 · 김정남 · 이민규, 2010, "정신장애의 원인에 대한 생물학적 이해와 친숙함이 사회적 거리감에 미치는 영향", ≪한국심리학회지: 건강≫, 15(1): 123-141.

서미경 · 김승현 · 이민규 · 최용성 · 김성현 · 이문수 · 이헌정 · 권영준 · 김봉조, 2011, "정신장애 특성과 입원과정의 경험들이 지각된 강요에 미치는 영향", ≪한국심리학회지: 건강≫, 16(1): 1-14.

서웅진, 2009. "정신장애인 인권신장- 외래치료명령제 무분별한 적용과 사문화 경계해야", 한국장애인단체총연맹 issues and news, www. happylog. naver.

성기혜, 2009, "정신과 외래 환자가 지각하는 낙인과 자기효능감 및 삶의 만족도에 관한 연구", ≪임상간호연구≫, 15(2): 127-138.

안효자 · 김은하 · 정영해 · 안정심 · 조원애 · 박정화, 2013, "일 정신병원에서 발생한 강박 처치에 관한 연구", ≪임상간호연구≫, 19(3): 432-442.

양옥경, 1998, "정신장애인에 대한 사회적 편견", ≪한국사회복지학≫, 35(8):

231-261.

양옥경, 1999, ≪지역사회정신건강≫, 서울: 나남출판.

양옥경, 2006, ≪정신보건과 사회복지≫, 서울: 나남출판.

이명수 · 홍진표 · 고정아 · 오정하, 2009, "정신보건 심판위원회 퇴원명령 대상자 추적조사", ≪신경정신의학≫, 48(1): 42-47.

이영문 · 김현수 · 이호영, 1999, "한국 정신보건시설 입원 입소에 대한 재원 적절성 분석", ≪신경정신의학≫, 38(5): 973-984.

이은희 · 김경자 · 이신영, 2000, "광주지역 일반인들의 정신질환을 앓고 있는 사람에 대한 인식 및 태도", ≪신경정신의학≫, 39(3): 495-506.

이진향, 2009, "강요가 정신장애인의 회복에 미치는 영향", 경상대학교 박사학위논문.

인도주의실천의사협의회, 2005, "사회보호법 폐지와 보호치료에 대한 법무부 법률안에 대한 의료인 의견", 2005년 6월 21일 사회보호법 폐지를 위한 공동대책위원회 보도자료.

정인원 · 현명호 · 김진영 · 배재남 · 장홍석 · 나동석 · 배안 · 조웅 · 사공정규 · 장성만 · 박종익, 2008, "정신보건시설 재원자 및 시설 실태조사", 국가인권위원회 연구용역보고서.

조수철, 2009, "정신과전문의 입장에서 본 정신장애인 인권과 정신장애인 국가보고서가 갖는 의미", www.blog.naver.com/mhnhr

중앙정신보건사업지원단, 2011, "중앙정신보건사업지원단 보고서".

중앙정신보건사업지원단, 2012, "Anti-Stigma 1차년도 활동보고서".

짐 아이프, 2001, *Human Rights and Social Work*, 김형식 · 여지영 역, ≪인권과 사회복지 실천≫, 경기: 인간과 복지.

채정호 · 차성조 · 함웅 · 이규항 · 이정균, 1996, "한 정신병원에서의 강박처치에 대한 입원 환자 및 병원 직원의 지각의 차이", ≪신경정신의학≫, 35(5): 1145-1154.

최송식 · 김수영, 2003, "부산 · 경남지역의 정신보건서비스 연계 실태분석", ≪사회과학연구≫, 19(1): 41-76.

홍선미 · 박숙경 · 신영전 · 염형국 · 윤탁 · 이영문 · 이용표 · 홍진표, 2009, "정신장애인 인권개선을 위한 각국의 사례연구와 선진모델 구축", 국가인권위원회 연구용역보고서.

홍진표, 2007, "정신장애인 인권 위한 제도마련 간담회", 부산시장애인복지관 장애계 뉴스, www.white.co.kr

홍진표・윤탁, 2006, "정신장애자 인권개선을 위한 법제 연구", 국가인권위원회 연구용역보고서.

현명호・김학력・남정현・서동우・신현호・정인원・최정기, 2003, "정신과 관련시설 인권상황 실태조사", 국가인권위원회 연구용역보고서.

국외문헌

Alan Rosen, Tully Rosen, and Patrick McGorry, 2012, "The Human rights of people with severe and persistent mental illness: Can conflicts paradigms be reconciled?", In *Mental Health and Human Rights: Vision, praxis, and courage,* Dudley, M., Silove, D., and Gale, F., Oxford University Press.

Allen, M., and Smith, V. F., 2001, "Opening Pandora's box: the practical and legal dangers of involuntary outpatient commitment", *Psychiatric Services*, 52(3): 342-346.

Alonso, J., Buron, A., Rojas-Farreras, S., de Graaf, R., Haro, J. M., de Girolamo, G., Bruffaerts, R., Kovess, V., Matschinger, H., and Vilagut, G., 2009, "Perceived stigma among individuals with common mental disorders", *Journal of affective disorders*, 118(1): 180-186.

Angermeyer, M. C., Matschinger, H., and Corrigan, P. W., 2004, "Familiarity with mental illness and social distance from people with schizophrenia and major depression: testing a model using data from a representative population survey", *Schizophrenia research*, 69(2): 175-182.

Angermeyer, M. C., and Matschinger, H., 2005, "Causal beliefs and attitudes to people with schizophrenia Trend analysis based on data from two population surveys in Germany", *The British Journal of Psychiatry*, 186(4): 331-334.

Appelbaum, P. S., Mirkin, S. A., and Bateman, A. L., 1981, "Empirical

Assessment of Competency to Consent to Psychiatric Hospitalization", *American Journal of Psychiatry*, 138(9): 1170-1176.

Appelbaum, P. S., and Roth, L. H., 1981, "Clinical issues in the assessment of competency", *American Journal of Psychiatry*, 138(11): 1462-1467.

Appelbaum, P. S., and Roth, L. H., 1982, "Competency to consent to research: A psychiatric overview", *Archives of General Psychiatry*, 39(8): 951-958.

Appelbaum, P. S., and Grisso, T., 1995, "The MacArthur Treatment Competence Study I: Mental illness and competence to consent to treatment", *Law and human behavior*, 19(2): 105-126.

Appelbaum, P. S., Grisso, T., Frank, E., O'Donnell, S., and Kupfer, D. J., 1999, "Competence of depressed patients for consent to research", *American Journal of Psychiatry*, 156(9): 1380-1384.

Appelbaum, P. S., 2007, "Assessment of Patients' Competence to Consent to Treatment", *The New England Journal of Medicine*, 357(18): 1834-1840.

Atkinson, S. D., 1994, "Grieving and loss in parents with a schizophrenic child", *American Journal of Psychiatry*, 151(8): 1137-1139.

Barton Jr, C. D., Mallik, H. S., Orr, W. B., and Janofsky, J. S., 1996, "Clinicians' Judgement of Capacity of Nursing Home Patients to Give Informed Consent", *Psychiatric Services*, 47(9): 956-960.

Battams, S., and Henderson, J., 2010, "The physical health of people with mental illness and 'the right to health'", *Advances in Mental Health*, 9(2): 116-129.

Bean, G., Nishisato, S., Rector, N., and Glancy, G., 1994, "The psychometric properties of the Competency Interview Schedule", *Canadian Journal of Psychiatry*, 39: 368-376.

Beauchamp, T. L., and Childress, J. F., 1994, *Principles of Biomedical Ethics*(4th ed), New York: Oxford University Press.

Beck, J. C., and Golowka, E. A., 1988, "A study of enforced treatment in relation to Stone's "Thank You" theory", *Behavioral Sciences and the Law*, 6(4): 559-566.

Bennett, N. S., Lidz, C. W., Monahan, J., Mulvey, E. P., Hoge, S. K.,

Roth, L. H., and Gardner, W., 1993, "Inclusion, motivation, and good faith: The morality of coercion in mental hospital admission", *Behavioral Sciences and the Law*, 11(3): 295-306.

Bindman, J., Reid, Y., Szmukler, G., Tiller, J., Thornicroft, G., and Leese, M., 2005, "Perceived coercion at admission to psychiatric hospital and engagement with follow-up", *Social Psychiatry and Psychiatric Epidemiology*, 40(2): 160-166.

Blankertz, L., 2001, "Cognitive components of self esteem for individuals with severe mental illness", *American Journal of Orthopsychiatry*, 71(4): 457-465.

Bonsack, C,. and Borgeat, F., 2005, "Perceived coercion and need for hospitalization related to psychiatric admission", *International Journal of Law and Psychiatry*, 28(4): 342-347.

Borinstein, A. B., 1997, "Public attitudes toward persons with mental illness", In *Psychological and Social Aspects of Psychiatric Disability*, Spaniol, L. J., Gagne, C., and Koehler, M., Trustees of Boston University.

Cairns, R., Maddock, C., Buchanan, A., David, A. S., Hayward, P., Richaedson, G., Szmukler, G., and Hotopf, M., 2005, "Reliability of mental capacity assessments in psychiatric in-patients", *British Journal of Psychiatry*, 187(4): 372-378.

Callard, F., Sartorius, N., Arboleda-Florez, J., Bartlett, P., Helmchen, H., Stuart, H., Taborda, J., and Thornicroft, G., 2012, *Mental Illness, Discrimination and the Law: Fighting for Social Justice*, Oxford: Wiley-Blackwell.

Carpenter, J., 2006, "Predictors of Experienced Coercion among Mental Health service Recipients", Albany State University of New York.

Carpenter, W. T., Gold, J. M., Lahti, A. C., Queern, C. A., Conley, R. R., Bartko, J. J., Kovnick, J., and Appelbaum, P. S., 2000, "Decisional Capacity for Informed Consent in Schizophrenia Research", *Archives of General Psychiatry*, 57(6): 533-538.

Chamberlin, J., 1998, "Citizenship Rights and Psychiatric Disability", *Psychiatric Rehabilitation Journal*, 21(4): 405-408.

Chan, J. Y., Mak, W. W., and Law, L. S., 2009, "Combining education and video-based contact to reduce stigma of mental illness: "The Same or Not the Same" anti-stigma program for secondary schools in Hong Kong", *Social science and medicine*, 68(8): 1521-1526.

Corrigan, P. W., River L. P., Lundin, R. K., Wasowski, K. U., Campion. J., Mathisen, J., Goldstein, H., Bergman, M., and Kubiak, M. A., 2000, "Stigmatizing attributions about mental illness", *Journal of Community Psychology,* 28(1): 91-102.

Corrigan, P. W., Green, A., Lundin, R., Kubiak, M. A., and Penn, D. L., 2001, "Familiarity with and social distance from people who have serious mental illness", *Psychiatric Services*, 52(7): 953-958.

Corrigan, P. W., Rowan, D., Green, A., Lundin, R., River, P., Uphoff-Wasowski, K., White, K., and Kubiak, M. A., 2002, "Challenging two mental illness stigmas: Personal responsibility and dangerousness", *Schizophrenia Bulletin*, 28(2): 293-309.

Corrigan, P. W., and Watson, A. C., 2002, "The paradox of self-stigma and mental illness", *Clinical Psychological: Science and Practice*, 9(1): 35-53.

Corrigan, P. W., Markowitz, F. E., Watson, A., Rowan, D., and Kubiak, M. A., 2003, "An attribution model of public discrimination towards persons with mental illness", *Journal of Health and Social Behavior*, 44(2): 162-179.

Corrigan, P. W., and Gelb, B., 2006, "Three programs that use mass approaches to challenge the stigma of mental illness", *Psychiatric Services*, 57(3): 393-398.

Corrigan, P. W., Watson, A. C., and Barr, L., 2006, "The self-stigma of mental illness: implications for self-esteem and self-efficacy", *Journal of Social and Clinical Psychology*, 25(8): 875-884.

Corrigan, P. W., Larson, J., Sells, M., Niessen, N., and Watson, A. C., 2007, "Will filmed presentations of education and contact diminish mental illness stigma?", *Community Mental Health Journal*, 43(2): 171-181.

Corrigan, P. W., Larson, J. E., and Rüsch, N., 2009, "Self-stigma and the "why try" effect: impact on life goals and evidence-based practices", *World Psychiatry*, 8: 75-81.

Crocker, J., and Major, B., 1989, "Social stigma and self-esteem: The self-protective properties of stigma", *Psychological Review*, 96(4): 608-630.

Dawson, J., and Romans, S., 2001, "Uses of community treatment orders in New Zealand: early findings", *Australian and New Zealand Journal of Psychiatry*, 35(2): 190-195.

Dawson, J., Romans, S., Gibbs, A., and Ratter, N., 2003, "Ambivalence about community treatment orders", *International Journal of Law and Psychiatry*, 26(3): 243-255.

Dawson, J., and Mullen, R., 2008, "Insight and use of community treatment orders", *Journal of Mental Health*, 17(3): 269-280.

Degener, T., and Quinn, G., 2002, "A Survey of International, Comparative and Regional Disability Law Reform".

Dietrich, S., Matschinger, H., and Angermeyer, M. C., 2006, "The relationship between biogenetic causal explanations and social distance toward people with mental disorders: results from a population survey in Germany", *International Journal of Social Psychiatry*, 52(2): 166-174.

Druss, B. G., Bradford, W. D., Rosenheck, R. A., Radford, M. J., and Krumholz, H. M., 2001a, "Quality of medical care and excess mortality in older patients with mental disorders", *Archives of General Psychiatry*, 58(6): 565-572.

Druss, B. G., Rohrbaugh, R. M., Levinson, C. M., and Rosenheck, R. A., 2001b, "Integrated medical care for patients with serious psychiatric illness: a randomized trial", *Archives of general Psychiatry*, 58(9): 861-868.

Dudley, M., Silove, D., and Gale, F., 2012, *Mental Health and Human Rights: Vision, praxis, and courage*, Oxford University Press.

Eizenberg, M. M., Hasson-Ohayon, I., Yanos, P. T., Lysaker, P. H., and Roe, D., 2013, "Internalized stigma and quality of life among persons with severe mental illness: the mediating roles of self-esteem and hope", *Psychiatry research*, 208(1): 15-20.

Finkelstein, J., and Lapshin, O., 2007, "Reducing depression stigma using a web-based program", *International journal of medical informatics*, 76(10): 726-734.

Fraguas, D., García-Solano, F., Chapela, E., Terán, S., de la Peña, J.

J., and Calcedo-Barba, A., 2007, "Do psychiatric patients improve their competency to consent to hospitalization after admission? A prospective study in an acute inpatient ward", *General Hospital Psychiatry*, 29(1): 54-62.

Fung, K. M., Tsang, H. W., Corrigan, P. W., Lam, C. S., and Cheng, W. M., 2007, "Measuring self-stigma of mental illness in China and its implications for recovery", *International Journal of Social Psychiatry*, 53(5): 408-418.

Gaebel, W., Baumann, A. E., and Phil, M. A., 2003, "Interventions to reduce the stigma associated with severe mental illness: Experiences from the open the doors program in germany", *The Canadian Journal of Psychiatry,* 48: 657-662.

Gaebel, W., Zäske, H., Baumann, A. E., Klosterkötter, J., Maier, W., Decker, P., and Möller, H. J., 2008, "Evaluation of the German WPA 'program against stigma and discrimination because of schizophrenia, Open the Doors': results from representative telephone surveys before and after three years of antistigma interventions", *Schizophrenia Research*, 98(1): 184-193.

Gardner, W., Lidz, C. W., Hoge, S. K., Monahan, J., Eisenberg, M. M., Bennett, N. S., Mulvey, E. P., and Roth, L. H., 1999, "Patients? Revisions of Their Beliefs about the Need for Hospitalization", *American Journal of Psychiatry*, 156(9): 1385-1391.

Geller, J. L., 1986, "Right, Wrongs, and the Dilemma of Coerced Community Treatment", *American Journal of Psychiatry*, 143(10): 1259-1264.

Geller, J. L., 1995, "A Biopsychosocial Rationale For Coerced Community Treatment In the Management Of Schizophrenia", *Psychiatric Quarterly*, 66(3): 219-235.

Geller, J., Grudzinskas Jr, A. J., McDermeit, M., Fisher, W. H., and Lawlor, T., 1998, "The efficacy of involuntary outpatient treatment in Massachusetts", *Administration and Policy in Mental Health*, 25(3): 271-285.

Gibbs, A., Dawson, J., Ansley, C., and Mullen, R., 2005, "How patients in New Zealand view community treatment orders", *Journal of Mental Health*, 14(4): 357-368.

Gibbs, A., Dawson, J., and Mullen, R., 2006, "Community treatment orders for people with serious mental illness: a New Zealand study", *British Journal of Social Work*, 36(7): 1085-1100.

Golberstein, E., Eisenberg, D., and Gollust, S., 2008, "Perceived stigma and mental health care seeking", *Psychiatric Services*, 59(4): 392-399.

Golberstein, E., Eisenberg, D., and Gollust, S., 2009, "Perceived stigma and help-seeking behavior: longitudinal evidence from the Healthy Minds Study", *Psychiatric Services*, 60(9): 1254-1256.

Gostin, L. O., 2000, "Human Rights of Persons With Mental Disabilities: The European Convention of Human Rights", *International Journal of Law and Psychiatry*, 23(2): 125-159.

Gostin, L. O., and Gable, L., 2004, "The Human rights of persons with mental disabilities: a global perspective on the application of human rights principles to mental health", *Maryland Law Review*, 63(20): 8-31.

Gove, W. R., and Fain, T., 1977, "A comparison of voluntary and committed psychiatric patients", *Archives of General Psychiatry*, 34(6): 669-676.

Grisso, T., 1986, *Evaluating competencies: Forensic assessments and instruments*, New York: Plenum.

Grisso, T., and Appelbaum, P. S., 1991, "Mentally Ill and Non-Mentally-Ill Patients' Abilities to Understand Informed Consent Disclosures for Medication", *Law and Human Behavior*, 15(4): 377-388.

Grisso, T., Appelbaum, P. S., 1995, "The MacArthur Treatment Competence StudyⅢ: Abilities of patients to consent to psychiatric and medical treatments", *Law and Human Behavior*, 19(2): 149-174.

Grisso, T., Appelbaum, P. S., Mulvey, E. P., and Fletcher, K., 1995, "The MacArthur Treatment Competence StudyⅡ: Measures of abilities related to competence to consent to treatment", *Law and Human Behavior*, 19(2): 127-148.

Harding, T. W., 2000, "Human rights law in the field of mental health: a critical review", *Acta Psychiatrica Scandinavica*,

101(399): 24-30.

Hoge, S. K., Lidz, C. W., Mulvey, E., Roth, L., Bennett, N., Siminoff, L., Arnold, R., and Monahan, J., 1993, "Patient, family, and staff perceptions of coercion in mental hospital admission: An exploratory study", *Behavioral Sciences and the Law*, 11(3): 281-293.

Hoge, S. K., Lidz, C. W., Eisenberg, M., Gardner, W., Monahan, J., Mulvey, E., Roth, L., and Bennett, N., 1997, "Perceptions of coercion in the admission of voluntary and involuntary psychiatric patients", *International Journal of Law and Psychiatry*, 20(2), 167-181.

Hoge, S. K., Lidz, C. W., Eisenberg, M., Monahan, J., Bennett, N., Gardner, W., Mulvey, E., and Roth, L., 1998, "Family, Clinician, and Patient Perceptions of Coercion in Mental Hospital Admission: A comparative Study", *International Journal of Law and Psychiatry*, 21(2): 131-146.

Hunt, A. M., da Silva, A., Lurie, S., and Goldbloom, D. S., 2007, "Community treatment orders in Toronto: The emerging data", *Canadian Journal of Psychiatry,* 52(10): 647-656.

Iversen, K. I., HØoyer, G., and Sexton, H. C., 2007, "Coercion and patient satisfaction on psychiatric acute wards", *International Journal of Law and Psychiatry*, 30(6): 504-511.

Janofsky, J. S., McCarthy, R. J., and Folstein, M. F., 1992, "The Hopkins Competency Assessment Test: A Brief Method for Evaluating Patients' Capacity to Give Informed Consent", *Hospital and Community Psychiatry*, 43(2): 132-136.

Jennifer Randall, Graham Thornicroft, Elaine Brohan, Aliya Kassam, Elanor Lewis-Holmes, and Nisha Mehta, 2012, "Stigma and discrimination: critical human rights issues for mental health", In *Mental Health and Human Rights: Vision, praxis, and courage*, Dudley, M., Silove, D., and Gale, F., Oxford University Press.

Jones, S., Howard, L., and Thornicroft, G., 2008, "'Diagnostic overshadowing': worse physical health care for people with mental illness", *Acta Psychiatrica Scandinavica*, 118(3): 169-171.

Jorm, A. F., and Griffiths, K. M., 2008, "The public's stigmatizing attitudes towards people with mental disorders: how important are biomedical conceptualizations?", *Acta Psychiatrica Scandinavica*, 118(4): 315-321.

Kadri, N., and Sartorius, N., 2005, "The global fight against the stigma of schizophrenia", *Public Library of Science medicine*, 2(7): 597-599.

Kaltiala-Heino, R., Laippala, P., and Salokangas, R. K., 1997, "Impact of coercion on treatment outcome", *International Journal of Law and Psychiatry*, 20(3): 311-322.

Kane, J. M., Quitkin, F., Rigkin, A., Wegner, J., Rosenberg, G., and Borenstein, M., 1983, "Attitudinal changes of involuntarily committed patients following treatment", *Archives of General Psychiatry*, 40(4): 374-377.

Kim, S. Y., and Caine, E. D., 2002, "Utility and Limits of the Mini Mental State Examination in Evaluating Consent Capacity in Alzheimer's Disease", *Psychiatric Services*, 53(10): 1322-1324.

Kisely, S., and Campbell, L. A., 2006, "Community Treatment Orders for Psychiatric Patients: The Emperor With No Clothes", *Canadian Journal of Psychiatry*, 51(11): 683-685.

Kitamura, F., Tomoda, A., Tsukada, K., Tanaka, M., Kawakami, I., Mishima, S., and Kitamura, T., 1998, "Method for Assessment of Competency to Consent in the Mentally Ill: Rationale, Development, and Comparison with the Medically Ill", *International Journal of Law and Psychiatry*, 21(3): 223-244.

Kitamura, T., and Kitamura, F., 1993, "Structured interview for competency/incompetency assessment testing and ranking inventory (SICIATRI)", *Ichikawa: National Center of Neurology and Psychiatry*.

Kjellin, L., Candefjord, I. L., Machl, M., Westrin, C. G., Eriksson, K., Ekblom, B., Angfors, G., and Östman, O., 1993, "Coercion in psychiatric care: Problems of medical ethics in a comprehensive empirical study", *Behavioral Sciences and the Law*, 11(3): 323-334.

Kleim, B., Vauth, R., Adam, G., Stieglitz, R. D., Hayward, P., and Corrigan, P. W., 2008, "Perceived stigma predicts low self-efficacy and poor coping in schizophrenia", *Journal of Mental Health*, 17(5): 482-491.

Krajewski, C., Burazeri, G., and Brand, H., 2013, "Self-stigma, perceived discrimination and empowerment among people with a mental illness in six countries: Pan European stigma study", *Psychiatry research*, 210(3): 1136-1146.

Lauber, C., Nordt, C., Falcato, L., and Rössler, W., 2004, "Factors influencing social distance toward people with mental illness", *Community Mental Health Journal*, 40(3): 265-274.

Link, B. G., 1987. "Understanding labeling effects in the area of mental disorders: an assessment of the effects of expectations of rejection", *American Sociological Review*, 52: 96-112.

Link, B. G., and Cullen, F. T., 1986, "Contact with the mental ill and perception of how dangerous they are", *Journal of Health and Social Behavior*, 27: 289-302.

Link, B. G., Cullen, F. T., Struening, E. L., Shrout, P. E., and Dohrenwend, B. P., 1989, "A modified labeling theory approach to mental disorders: An empirical assessment", *American Sociological Review,* 54(3): 400-423.

Link, B. G., Phelan, J. C., Bresnahan, M., Stueve, A., and Pescosolido, B. A., 1999, "Public conceptions of mental illness: labels, causes, dangerousness, and social distance", *American Journal of Public Health*, 89(9): 1328-1333.

Loewenberg, F., and Dolgoff, R., 1996, *Ethical Decisions for Social Work Practice*, Itasca: F. E. Peacock Publisher.

Luchins, D. J., Cooper, A. E., Hanrahan, P., and Rasinski, K., 2004, "Psychiatrists' attitudes toward involuntary hospitalization", *Psychiatric Services*, 55(9): 1058-1060.

Mackenzie, S., and Shirlaw, N., 2002, *Mental health and the law: a legal resource for people who experience mental illness*, Wellington: Educational Resources.

Mann, C. E., and Himelein, M. J., 2004, "Factors associated with stigmatization of persons with mental illness", *Psychiatric Services*, 55(2): 185-187.

Martin, J. K., Pescosolido, B. A., and Tuch, S. A., 2000, "Of fear and loathing: the role of 'disturbing behavior', labels, and causal attributions in shaping public attitudes toward people with mental illness", *Journal of Health and Social Behavior*, 41: 208-223.

McKenna, B. G., Simpson, A. I., and Laidlaw, T. M., 1999, "Patient perception of coercion on admission to acute psychiatric services: The New Zealand experience", *International Journal of Law and Psychiatry*, 22(2): 143-153.

McKenna, B. G., Simpson, A. I., and Coverdale, J. H., 2003, "Patients' perception of coercion on admission to forensic psychiatric hospital: a comparison study", *International Journal of Law and Psychiatry*, 26(4): 355-372.

McIvor, R., 1998, "The community treatment order: clinical and ethical issues", *Australian and New Zealand Journal of Psychiatry*, 32(2): 223-228.

Mental Health Commission, 2004, Journey towards equality: Taking stock of New Zealand's efforts to reduce discrimination against people with experience of mental illness, Wellington.

Ministry of Health, 2009, "Office of the Director of Mental Health: Annual Report 2008", Wellington: New Zealand, www.moh.govt.nz

Monahan, J., Hoge, S. K., Lidz, C., Roth, L. H., Bennett, N., Gardner, W., and Mulvey, E., 1995, "Coercion, and Commitment: Understanding Involuntary Mental Hospital Admission", *International Journal of Law and Psychiatry*, 18(3): 249-263.

Monahan, J., Hoge, S. K., Lidz, C. W., Eisenberg, M. M., Benette, N. S., Gardner, W. P., Mulvey, E. P., and Roth, L. H., 1996, "Coercion to inpatient treatment: Initial results and implications for assertive treatment in the community", In *Coercion and aggressive community treatment: A new frontier in mental health Law* (edited by Dennis, D. L., and Monahan, J.), Plenum Press.

Muirhead, D., Harvey, C., and Ingram, G., 2006, "Effectiveness of community treatment orders for treatment of schizophrenia with oral or depot antipsychotic medication: clinical outcomes", *Australian and New Zealand Journal of Psychiatry*, 40(6-7): 596-605.

Mullen, R., Dawson, J., and Gibbs, A., 2006. "Dilemmas for clinicians in use of community treatment orders", *International Journal of*

Law and Psychiatry, 29(6): 535-550.

Nicholson, R .A., Ekenstem, C., and Norwood, S., 1996, "Coercion and the outcome of Psychiatric Hospitalization", *International Journal of Law and Psychiatry*, 19(2): 201-217.

O'Brien, A. A., and Farrell, S. J., 2005, "Community treatment orders: Profile of a Canadian experience", *Canadian Journal of Psychiatry*, 50(1): 27-30.

O'Brien, A. J., and Golding, C. G., 2003, "Coercion in mental healthcare: the principle of least coercive care", *Journal of Psychiatric and Mental Health Nursing*, 10(2): 167-173.

Olofsson, B., and Norberg, A., 2001, "Experiences of coercion in psychiatric care as narrated by patients, nurses and physicians", *Journal of Advanced Nursing*, 33(1): 89-97.

O'Reilly, R., 2004, "Why are community treatment orders controversial?", *Canadian Journal of Psychiatry*, 49(9): 579-584.

Overton, S. L., and Medina, S. L., 2008, "The stigma of mental illness", *Journal of Counseling and Development,* 86(2): 143-151.

Palmer, B. W., Dunn, L. B., Depp, C. A., Eyler, L. T., and Jeste, D. V., 2007, "Decisional capacity to consent to research among patients with bipolar disorder: comparison with schizophrenia patients and healthy subjects", *The Journal of Clinical Psychiatry*, 68(5): 689-696.

Perlick, D. A., Rosenheck, R. A., Clarkin, J. F., Sirey, J. A., Salahi, J., Struening, E. L., and Link, B. G., 2001, "Stigma as a barrier to recovery: Adverse effects of perceived stigma on social adaptation of persons diagnosed with bipolar affective disorder", *Psychiatric Services*, 52(12): 1627-1632.

Perlin, M. L., 2012, *International human rights and mental disability law: When the silenced are heard*, Oxford University Press.

Perlin, M. L., Kanter, A. S., Treuthart, M. P., Szeli, E., and Gledhill, K., 2006, *International human rights law and comparative mental disability law*, Corolina Academic Press.

Perlman, H. H., 1965, "Self-determination: Reality or illusion?", *Social Services Review*, 39: 410-422.

Pescosolido, B. A., Monahan. J., Link, B. G., Stueve, A., and

Kikuzawa, S., 1999, "The public's view of the competence, dangerousness, and need for legal coercion of persons with mental health problems", *American Journal of Public Health*, 89(9): 1339-1345.

Peterson, D., Pere, L., Sheehan, N., and Surgenor, G., 2007, "Experience of mental health discrimination in New Zealand", *Health and Social Care in the Community*, 15(1): 18-25.

Phelan, J. C., Link, B. G., Stueve, A., and Pescosolido, B. A., 2000, "Public conceptions of mental illness in 1950 and 1996: what is mental illness and is it to be feared?", *Journal of Health and Social Behavior*, 41: 188-207.

Pinfold, V., Toulmin, H., Thornicroft, G., Huxley, P., Farmer, P., and Graham, T., 2003, "Reducing psychiatric stigma and discrimination: evaluation of educational interventions in UK secondary schools", *The British Journal of Psychiatry*, 182(4): 342-346.

Playle, J. F., and Keeley, P., 1998, "Non-compliance and professional power", *Journal of Advanced Nursing*, 27(2): 304-311.

Poulsen, H. D., 1999, "Perceived Coercion Among Committed, Detained, and Voluntary Patient", *International Journal of Law and Psychiatry*, 22(2): 167-175.

Priebe, S., Katsakou, C., Amos, T., Leese, M., Morriss, R., Rose, D., and Yeeles, K., 2009, "Patients' views and readmissions 1 year after involuntary hospitalisation", *The British Journal of Psychiatry*, 194(1): 49-54.

Pyne, J. M., Kuc, E. J., Schroeder, P. J., Fortney, J. C., Edlund, M., and Sullivan, G., 2004, "Relationship between perceived stigma and depression severity", *Journal of Nervous and Mental Disease*, 192(4): 278-283.

Rain, S. D., Williams, V. F., Robbins, P. C., Monahan, J., Steadman, H. J., and Vesselinov, R., 2003a, "Perceived coercion at hospital admission and adherence to mental health treatment after discharge", *Psychiatric Services*, 54(1): 103-105.

Rain, S. D., Steadman, H. J., and Robbins, P. C., 2003b, "Perceived coercion and treatment adherence in an outpatient commitment program", *Psychiatric Services*, 54(3): 399-401.

Read, J., and Law, A., 1999, "The relationship of causal beliefs and contact with users of mental health services to attitudes to the mentally ill", *International Journal of Social Psychiatry*, 45(3): 216-229.

Read, J., and Harre, N., 2001, "The role of biological and genetic causal beliefs in the stigmatizations of mental patients", *Journal of Mental Health*, 10(2): 223-235.

Read, J., Haslam, N., Sayce, L., and Davies, E., 2006, "Prejudice and schizophrenia: a review of the 'mental illness is an illness like any other'", *Acta Psychiatrica Scandinavica*, 114: 303-318.

Ritsher, J. B., Otilingam, P. G., and Grajales, M., 2003, "Internalized stigma of mental illness: psychometric properties of a new measure", *Psychiatry Research*, 121(1): 31-49.

Ritsher, J. B., and Phelan, J. C., 2004, "Internalized stigma predicts erosion of morale among psychiatric outpatients", *Psychiatry research*, 129(3): 257-265.

Roe, D., Weishut, D. J., Jaglom, M., and Rabinowitz, J., 2002, "Patients' and staff members' attitudes about the rights of hospitalized psychiatric patients", *Psychiatric Services*, 53(1): 87-91.

Romans, S., Dawson, J., Mullen, R., and Gibbs, A., 2004, "How mental health clinician view community treatment orders: a national New Zealand survey", *Australian and New Zealand Journal of Psychiatry*, 38(10): 836-841.

Rüsch, N., Lieb, K., Bohus, M., and Corrigan, P. W., 2006, "Brief reports: Self-stigma, empowerment, and perceived legitimacy of discrimination among women with mental illness", *Psychiatric Services*, 57(3): 399-402.

Rüsch, N., Corrigan, P. W., Wassel, A., Michaels, P., Larson, J. E., Olschewski, M., Wilkniss, S., and Batia, K., 2009, "Self-stigma, group identification, perceived legitimacy of discrimination and mental health service use", *The British Journal of Psychiatry*, 195(6): 551-552.

Saks, E. R., Dunn, L. B., Marshall, B. J., Nayak, G. V., Golshan, S., and Jeste, D. V., 2002, "The California Scale of Appreciation: A New Instrument to Measure the Appreciation Component of Capacity to Consent to Research", *The American Journal of Geriatric Psychiatry*, 10(2): 166-174.

Sartorius, N., 2009, "'The right to health': a viewpoint", *Mental health in family medicine*, 6(1): 7-8.

Scheff, T., 1966, *Being mentally ill: A sociology theory*, Chicago: Aldine.

Schnittker, J., 2000, "Gender and reaction to psychological problem: An examination of social tolerance and perceived dangerousness", *Journal of Health and Social Behavior*, 44: 224-240.

Seo, M. K., Kim, S. H., and Rhee, M. K., 2011a, "Developing a Tool to Assess Competency to Consent to Psychiatric Hospitalization (KATOC): Reliability and Validity", *Psychiatry Investigation*, 8(1): 39-48.

Seo, M. K., Kim, S. H., and Rhee, M. K., 2011b, "Coercion in Psychiatric care: Can paternalism justify coercion?", *International Journal of social Psychiatry*, 50(3): 217-223.

Seo, M. K., Kim, S. H., and Rhee, M. K., 2013, "The impact of coercion on treatment outcome: one-year follow-up survey", *International Journal of Psychiatry in Medicine*, 45(3): 279-298.

SAMHSA's resource center to promote Acceptance Dignity and Social Inclusion associated with Mental Health, "Highlights of the Final Report of the Evaliation of the Elimination of Barriers Initiative", www.promoteacceptance.shmhsa.gov

Sirey, J. A., Bruce, M. L., Alexopoulos, G. S., Perlick, D. A., Raue, P., Friedman, S. J., and Meyers, B. S., 2001a, "Perceived stigma as a predictor of treatment discontinuation in young and older outpatients with depression", *American Journal of Psychiatry*, 158(3): 479-481.

Sirey, J. A., Bruce, M. L., Alexopoulos, G. S., Perlick, D. A., Friedman, S. J., and Meyers, B. S., 2001b, "Stigma as a barrier to recovery: perceived stigma and patient-rated severity of illness as predictors of antidepressant drug adherence", *Psychiatric Services*, 52(12): 1615-1620.

Søorgaard, K. W., 2004, "Patients' perception of coercion in acute psychiatric wards. An intervention study", *Nordic Journal of Psychiatry*, 58(4): 299-304.

Steadman, H. J., Gounis, K., Dennis, D., Hopper, K., Roche, B., Swartz, M., and Robbins, P. C., 2001, "Assessing the New York city involuntary outpatient commitment pilot program", *Psychiatry Services*, 52(3): 330-336.

Stone A., 1975, *Mental Health and Law: A System of Transition*, Washington DC; US Government Printing Office.

Sturman, E. D., 2005, "The capacity to consent treatment and research: A review of standardized assessment tools", *Clinical Psychology Review*, 25(7): 954-974.

Sullivan, G., Han, X., Moore, S., and Kotrla, K., 2006, "Disparities in hospitalization for diabetes among persons with and without co-occurring mental disorders", *Psychiatric Services*, 57(8): 1126-1131.

Sullivan, D. H., and Mullen, P. E., 2012, "Mental health and human rights in settings", In *Mental Health and Human Rights: Vision, praxis, and courage*, Dudley, M., Silove, D., and Gale, F., Oxford University Press.

Swartz, M. S., Swanson, J. W., Wagner, H. R., Burns, B. J., Hiday, V. A., and Borum, R., 1999, "Can involuntary outpatient commitment reduce hospital recidivism?: Findings from a randomized trial with severely mentally ill individuals", *American Journal of Psychiatry*, 156(12): 1968-1975.

Swartz, M. S., Swanson, J. W., Hiday, V. A., Wagner, H. R., Burns, B. J., and Borum, R., 2001, "A Randomized controlled trial of outpatient commitment in North Carolina", *Psychiatric Services*, 52(3): 325-329.

Swartz, M. S., Swanson, J. W., and Hannon, M. J., 2003, "Does Fear of Coercion keep People away from Mental Health Treatment? Evidence from a Survey of Persons with Schizophrenia and Mental Health Professionals", *Behavioral Sciences and the Law*, 21(4): 459-472.

Swartz, S. M., and Swanson, J. W., 2004, "Involuntary outpatient commitment, community treatment orders, and assisted outpatient treatment: What's in the data?", *Canadian Journal of Psychiatry*, 49: 585-591.

Szasz, T., 2007, *Coercion as Cure: A Critical History of Psychiatry*, Transaction Publishers.

Tanaka, G., Ogawa, T., Inadomi, H., Kikuchi, Y., and Ohta, Y., 2003, "Effects of an educational program on public attitudes towards mental illness", *Psychiatry and Clinical Neurosciences*, 57(6): 595-602.

Thompson, A. H., Stuart, H., Bland, R. C., Arboleda-Florez, J., Warner, R., and Dickson, R. A., 2002, "Attitudes about schizophrenia from the pilot site of the WPA worldwide campaign against the stigma of schizophrenia", *Social psychiatry and psychiatric epidemiology*, 37(10): 475-482.

Thomas, W. K., 2012, "Coercive treatment in psychiatry: a human rights issue?", In *Mental Health and Human Rights: Vision, praxis, and courage*, Dudley, M., Silove, D., and Gale, F., Oxford University Press.

Tomoda, A., Yasumiya, R., Sumiyama, T., Tsukada, K., Hayakawa, T., Matsubara, K., and Kitamura, T., 1997, "Validity and reliability of structured interview for competency incompetency assessment testing and ranking inventory", *Journal of Clinical Psychology*, 53(5): 443-450.

Tschopp, M. K., 2002, "Development and Field testing of the Perception of Mental Health services Questionnaire", University of Wisconsin-Madison.

UN, 1985, "United Nations, Economic and Social Council, Siracusa Principles on the Limitations and Derogation Provisions in the International Covenant on Civil and Political Rights, U.N.Doc. E/CN.4/1985/4, Annex", www1.umn.edu/humanrts/instree/siracusaprinciples.html

UN, 1993, Standard rules on the equalization of opportunities for persons with disabilities.

UN, 2006, "The Convention on the Rights of Persons with Disabilities", www.un.org/disabilities

UN, 2006, "Convention on the Rights of Persons with Disabilities and

Optional Protocol", www.un.org/disabilities/documents/convention

Vaughan, G., and Hansen, C., 2004, "'Like Minds, Like Mine': a New Zealand project to counter the stigma and discrimination associated with mental illness", *Australasian Psychiatry*, 12(2): 113-117.

Vollmann, J., Bauer, A., Danker-Hopfe, H., and Helmchen, H., 2003, "Competence of mentally ill patients: a comparative empirical study", *Psychological Medicine*, 33(8): 1463-1471.

Walker, I., and Read, J., 2002, "The differential effectiveness of psychosocial and biogenetic causal explanations in reducing negative attitudes toward mental illness", *Psychiatry: Interpersonal and Biological Processes,* 65(4): 313-325.

Watson, A. C., 2001, "Mental illness stigma: Ideology, causal attributions, perceptions of dangerousness, and behavioral response", Ph. D dissertation, The university of Chicago.

Watson, A. C., Corrigan, P. W., Larson, J. E., and Sells, M., 2007, "Self-stigma in people with mental illness", *Schizophrenia bulletin*, 33(6): 1312-1318.

Weiner, B., Perry, R. P., and Magnusson, J., 1988, "An attributional analysis of reactions to stigmas", *Journal of Personality and Social Psychology*, 55(5): 738-748.

Wertheimer, A., 1993, "A philosophical examination of coercion for mental health issues", *Behavioral Sciences and the Law*, 11(3): 239-258.

WHO, 1996, "Guidelines for the Promotion of Human Rights of Persons with Mental Disorders: Division of Mental Health and Prevention of Substance Abuse", Geneva: WHO.

WHO, 2001, "The World health report: 2001: Mental health: New understanding, New hope", Geneva: WHO.

WHO, 2005, *WHO Resource Book on Mental Health: Human Rights and Legislation*, Geneva: WHO Press.

WHO, 2008, *Mental Health Gap Action Programme: scaling up care for mental, neurological, and substance use disorders*, Geneva: WHO Press.

WHO, 2012, "WHO Quality Rights tool kit: assessing and improving quality and human rights in mental health and social care facilities", Geneva: WHO.

WHO, 2013, "Mental health action plan 2013-2020", Geneva: WHO.

Wieselthier, V., 2000, "Perceptions of Coerciveness Scale", In *CMHS study of Consumer Operated Services Programs Multi-Site Protocol*, Retrievable as of April 22, 2006 from the Missouri Institute of Mental Health Program in Consumer Studies and Training website at http://www.cstprogram.org/consumer%20op/Multi-Site%20 Activities/Common%20Protocol/BaselineProtocol.pdf.

Wirshing, D. A., Wirshing, W. C., Marder, S. R., Liberman, R. P., and Mintz, J., 1998, "Informed Consent: Assessment of Comprehension", *The American Journal of Psychiatry*, 155(11): 1508-1511.

WPA, 2005, The WPA global programme to reduce stigma and discrimination because of schizophrenia: Schizophrenia-Open the Doors Training Manual.

WPA, 2014, "Information on the global program", www.openthedoors.com/english/01_01.html

Wright, E. R., Gronfein. W. P., and Owens, T. J., 2000, "Deinstitutionalization, Social rejection, and the self-esteem of former mental patients", *Journal of Health and Social Behavior*, 41: 68-90.

Wynn, R., 2006, "Coercion in psychiatric care: clinical, legal, and ethical controversies", *International Journal of psychiatry in Clinical Practice*, 10(4): 247-251.

Zolnierek, C. D., 2007, "Coercion and the mentally ill: Ethical perspectives", *Journal of the American Psychiatric Nurses Association*, 13(2): 101-108.

| 찾아보기 |

아 | 산 | 재 | 단 | 연 | 구 | 총 | 서

1 전환기의 중국경제
김윤환 외 | 단국대 경제학과

2 폴란드 경제의 변천 개혁과 그 전망
김광수 | 숭실대 경제학과

3 재소한인
이광규 외 | 서울대 인류학과

4 소련산림과 임업
홍성천 외 | 경북대 임학과

5 아세안의 정치경제
김국진 외 | 외교안보연구원

6 태국의 사회변동과 경제발전
최석만 외 | 전남대 사회학과

7 중국의 사회경제 통계분석
신한풍 외 | 고려대 통계학과

8 중국의 정치와 경제
박두복 외 | 외교안보연구원

9 동유럽의 개혁과 시장경제의 도입
허만 외 | 부산대 사범대학

10 동유럽의 개혁운동
박영신 | 연세대 사회학과

11 현대 러시아 연구
기연수 외 | 한국외대 노어과

12 전략적 선택과 기업의 국제경쟁력
이장호 | 서강대 경영대학

13 협동사회의 정착과 정부의 역할
이종범 외 | 고려대 행정학과

14 한국 제조기업 생산성의 동적 분석
노부호 외 | 중앙대 경영대학

15 분배의 정의
변형윤 외 | 서울대 경제학과

16 도덕적 행동의 강화
이훈구 외 | 연세대 심리학과

17 관료부패와 통제
김해동 외 | 서울대 행정대학원

18 한국경제의 내실 있는 성장
정창영 외 | 연세대 경제학과

19 한국국민정신운동의 역사와 발전방향
박수명 외 | 부산대 사범대학

20 한국대학생의 가치성향과 상담효과
이영희 외 | 숙명여대 교육학과

21 가출청소년과 학교관리체제
안창규 외 | 부산대 교육학과

22 동북아 정세변화와 한·일관계
한승조 외 | 고려대 정치외교학과

23 언론과 부정부패
정대철 외 | 한양대 신문방송학과

24 한국의 고등학교 교육
이원호 외 | 부산대 교육학과

25 가족과 방송
김학수 외 | 서강대 신문방송학과

26 재정개혁의 전망과 재산세제의 개편 과제
오연천 | 서울대 행정대학원

27 청소년을 위한 전자게임 프로그램의 규제 및 평가체계 개발
박혜원 외 | 울산대 가정관리학과

28 정신장애자 가족의 사회심리적 특성
이근후 외 | 이화여대 의과대학

29 가족의 관계역동성과 문제인식
이광규 외 | 서울대 인류학과

30 현대인과 한국전통음식
승정자 | 숙명여대 식품영양학과

31 기업의 초고속정보통신망활용
안중호 | 서울대 경영학과

32 지역발전을 위한 교육자치제의 개선방안
김남순 | 조선대 사범대학

33 전환기의 공무원 가치관
조경호 | 울산대 행정학과

34 지방자치와 사회복지의 과제
김영모 | 중앙대 사회복지학과

35 WTO체제하의 지방중소기업 지원정책
최명주 외 | 계명대 통상학부

36 현대한국의 시민운동
이효선 | 중앙대 사회학과

37 기업 세계화의 단계 및 정도의 측정
허영도 외 | 울산대 경영학과

38 가족복지를 위한 가족주치의 시범사업의 효과
이혜리 외 | 연세대 가정의학교실

39 한국대학생의 삶의 만족도
김재은 외 | 이화여대 교육심리학과

40 지역경제와 지역산업구조의 개편방향
정기화 외 | 전남대 경제학부

41 중국기업의 소유형태별 경영특성
노철화 외 | 부산대 무역학과

42 남북한의 인성·사상교육
한승조 외 | 고려대 정치외교학과

43 연계적 뇌기능 조언을 위한 의료용 멀티미디어 시스템의 설계
유선국 | 연세대 의용공학교실

44 다민족국가의 민족문제와 한인사회
최협 외 | 전남대 인류학과

45 저소득층지역 청소년 여가문화와 소집단 활성화
박문수 외 | 서강대 사회학과

46 삶의 질의 국제비교와 지역간 비교분석
이재기 외 | 울산대 경제학과

47 21세기 지역주민의 삶의 질
양종회 외 | 성균관대 사회학과

48 삶의 질에 대한 국가간 비교
조명한 외 | 서울대 심리학과

49 외국인 노동자의 노사관계와 사회적 적응
석현호 외 | 성균관대 사회학과

50 한국의 사법제도와 발전 모델
정종섭 | 건국대 법학과

51 고령화사회와 중상층 노인의 사회활동
조성남 외 | 이화여대 사회학과

52 한국의 서비스 시장 개방정책
한홍렬 | 한양대 경제학부

53 한국과 AFTA간의 교역증진 및 경제 협력방안
손일태 외 | 경희대 경제통상학부

54 물류비 절감을 위한 무역업체의 정보화전략
이영수 외 | 경북대 경제통상학부

55 사회주의 체제전환과 사회정책
오정수 외 | 충남대 사회복지학과

56 남북통일 이후 농업생산체계 개편
홍성규 외 | 건국대 농업경제학과

57 국제화와 세계화
하영선 외 | 서울대 외교학과

58 IMF 개혁정책의 평가와 한국경제의 신(新) 패러다임
조동근 | 명지대 경제학과

59 구조개혁과 실업대책
박동운 | 단국대 경제무역학부

60 21세기 신노사관계
심윤종 외 | 성균관대 사회학과

61 학교에서의 집단 따돌림
이춘재 외 | 가톨릭대 심리학과

62 한국노인의 정신건강실태와 건강증진
조맹제 외 | 서울대 의과대학

63 혁명과 개혁 속의 중국 농민
김광억 | 서울대 인류학과

64 중국의 경제환경과 한국기업의 진출 전략
지용희 외 | 서강대 경영학과

65 김대중 대통령의 시스템 사고
김동환 | 중앙대 공공정책학부

66 실업과 가족해체
최일섭 외 | 서울대 사회복지학과

67 합리적 부채비율 조정방안
오상근 | 동아대 경제학과

68 한국 중산층의 생활문화
문숙재 외 | 이화여대 소비자 · 인간발달학과

69 계층간 갈등상태에서 최적소득세
김진욱 | 건국대 경상학부

70 글로벌 경쟁력 제고를 위한 기업전략과 조직구축
이만우 외 | 고려대 경영학과

71 의료보험과 국민연금의 관리효율화를 위한 통합방안
사공진 외 | 한양대 경제학부

72 정부개혁의 과제와 전략
박우서 외 | 연세대 행정학과

73 책임운영기관 제도에 관한 비교분석
김근세 | 가톨릭대 행정학과

74 새로운 패러다임하에서의 한국기업의 바람직한 지배구조
최운열 외 | 서강대 경영학과

75 현대 한국사회의 계층구조
양춘 외 | 고려대 사회학과

76 한국의 산업정책과 산업구조조정
강인수 | 숙명여대 경제학부

77 기업구조조정
김석진 | 경북대 경영학부

78 지식경영을 위한 인적자원 개발 및 관리체계
장영철 | 경희대 경영학부

79 뉴 비즈니스 모델
전성현 | 국민대 정보관리학부

80 중산층의 정체성과 소비문화
함인희 외 | 이화여대 사회학과

81 외국관광객 유치를 위한 마케팅 전략
박상규 | 강원대 경영학과

82 한국인의 세대별 문학의식
이동순 | 영남대 국문과

83 공공부문의 효율성 평가와 측정
김재홍 외 | 울산대 사회과학부

84 한국 청소년의 정치의식과 형성요인
김광웅 외 | 숙명여대 아동복지학과

85 한국 대학생의 정치의식
배한동 | 경북대 윤리교육과

86 산업의 정보화와 산업발전
이기동 | 계명대 통상학부

87 한국 제조업의 고용조정 분석
이종원 외 | 성균관대 경제학부

88 지식자산에 대한 경영전략적 평가모형 개발
배재학 외 | 울산대 컴퓨터 · 정보통신공학부

89 관광사업을 위한 한국적 이미지의 휴식복 개발
채금석 | 숙명여대 의류학과

90 한국 정치제도의 개혁
신정현 | 경희대 사회과학부

91 e비즈니스와 아웃소싱 전략
정승화 외 | 연세대 경영학과

92 집단 따돌림의 진단 및 치료방안
홍준표 | 중앙대 인간생활환경학과

93 16대 총선과 낙선운동
조기숙 | 이화여대 국제대학원

94 부동층 유권자 행태 분석
진영재 | 연세대 정치외교학과

95 사이버 공동체의 성공요인
이재관 | 숭실대 경영학부

96 온라인 소비자 행동의 이론과 실증
윤성준 | 경기대 경영학부

97 글로벌 시대 정약용 세계관의 가능성과 한계
차성환 | 한일장신대 역사사회학과

98 러시아의 체제전환 과정에서 나타난 국가의 역할과 그 전망
이상민 외 | 부산대 정치외교학과

99 남북한의 경제발전 수준과 산업구조 비교, 그리고 경제교류 협력방향
주성환 | 건국대 경제학과

100 집단따돌림과 교육해체
한준상 | 연세대 교육학과

101 공적연금제도의 효율성과 개선방안
유금록 | 군산대 행정복지학부

102 벤처기업-대기업의 성공적인 협력 모델
나중덕 | 경산대 경영학과

103 북한의 재외동포정책
조정남 외 | 고려대 정치외교학과

104 사이버 공동체 형성의 역동적 모형
장용호 | 서강대 신문방송학과

105 기업이론과 기업의 소유지배구조
김일태 외 | 전남대 경제학부

106 가축분뇨 자원화를 위한 공동이용조직에 대한 농가선호도 분석
유덕기 | 동국대 생명자원경제학과

107 개혁정책과 전문가 집단
이경원 외 | 제주대 행정학과

108 현대 한국사회의 이중가치체계
신수진 외 | 이화여대 가정관리학과

109 한국의 산업구조 변화와 기업집단 다각화 전략
김용학 외 | 연세대 사회학과

110 지식정보사회의 경제적 모형 설정 및 사례 연구
김범환 | 배제대 경영정보학부

111 변호사징계제도
오종근 | 한림대 법학부

112 인터넷 특허법
김순석 | 광주대 법학과

113 e-비즈니스 시대의 금융 및 재정정책의 새로운 패러다임
이종욱 | 서울여대 경제학과

114 청소년의 하위문화와 정체성
조성남 | 이화여대 사회학과

115 디지털금융시대의 금융구조변화와 정부규제 및 정책
이충열 | 고려대 경제학부

116 지식경영을 위한 기업의 조직설계방안
김경수 외 | 전남대 경영학과

117 전자금융의 발달과 경제정책의 새로운 패러다임
이명훈 | 명지대 경제학과

118 동아시아의 안보와 유엔체제
강성학 편저 | 고려대 정치외교학과

119 유료 치매노인 그룹홈의 개발과 관련 정책
최정신 외 | 가톨릭대 소비자 · 주거학과

120 소비자 지향적 문화산업 정책
홍영준 | 호남대 광고홍보학과

121 국제 · 국가 · 지방 환경규제의 연계
정준금 외 | 울산대 행정학과

122 현행 회사 합병 · 분할제도의 평가와 개선방안
옥무석 외 | 이화여대 법학과

123 배려지향적 도덕성과 정의지향적 도덕성
정옥분 외 | 고려대 사범대학

124 기업구조조정에 대한 채권금융기관 및 금융감독기관의 역할과 책임
이중기 | 한림대 법학과

125 실업대책으로서 한국의 법정기준근로 시간 단축
박영범 | 한성대 경제학과

126 프랑스어의 비분리성 소유개념 표현
노윤채 | 연세대 언어정보연구원

127 지방채의 효율적 관리방안
강태구 | 호원대 법행정학부

128 21세기 산업구조 변화와 과학기술정책
임채성 외 | 그리스도신학대 경영정보학부

129 인터넷 쇼핑몰 이용자의 불평행동
예종석 | 한양대 경영학부

130 한국기업의 성과급제도 현황, 효과 및 개선방안
김성수 | 서울대 경영학과

131 전자상거래와 소비자보호
서민교 외 | 경일대 인터넷국제통상학과

132 평생학습 사회에서의 인적자원개발을 위한 사회적 파트너십 구축
김영화 | 홍익대 교육학과

133 한국 공교육의 새로운 구상과 전략
권대봉 외 | 고려대 교육학과

134 한국의 정부개혁
김태룡 | 상지대 행정학과

135 지방정부 생산성 측정의 이론과 실제
이은국 외 | 연세대 행정학과

136 불가 시문학론
배규범 | 경희대 학술연구 교수

137 남북경제교류의 법적 문제
제성호 | 중앙대 법학과

138 경제위기와 청소년 발달
구인회 | 서울대 사회복지학과

139 생명과학기술의 응용과 기본권보호적 한계
정상기 외 | 한남대 법학과

140 경제발전과 정치환경의 한 · 일 비교분석
정갑영 외 | 연세대 동서문제연구원

141 한국 공교육의 진단
윤정일 외 | 서울대 교육학과

142 우리나라 지방자치 발전을 위한 자치단체장의 역할
정성호 외 | 경기대 사회과학부

143 의료보험제도의 개혁방안
권순원 | 덕성여대 경제학과

144 중등 도덕교육의 현실과 문제
손동현 외 | 성균관대 철학과

145 사이버공동체 발전론
이명식 | 상명대 경영학과

146 남북경협 확대에 대비한 북한 담보제도의 정비방안
박훤일 | 경희대 법과대학

147 한국 공무원 인사제도 개혁
김판석 | 연세대 행정학과

148 교사화법 교육
임칠성 외 | 전남대 국어교육과

149 세계화의 문화정치학
임혁백 외 | 고려대 정치외교학과

150 효과적인 e-SCM을 위한 의사결정 조정 시스템 모형
이원준 | 성균관대 경영학부

151 환경거버넌스
김종순 외 | 건국대 행정학과

152 자동차산업의 인적자원관리
이덕로 | 서원대 경영학부

153 한국과 영국 간 지식기반산업 비교
이명호 | 한국외대 경영학과

154 한국 벤처기업의 기술네트워킹 및 기술마케팅 전략
장영일 | 인제대 경영학부

155 회사변호사의 윤리
오승종 | 성균관대 법과대학

156 미디어교육론
이정춘 | 중앙대 신문방송학과

157 조선시대 서원과 양반
윤희면 | 전남대 역사교육과

158 환경문제와 철학
박찬국 | 서울대 철학과

159 노인보건복지 이론과 실제
김명 외 | 이화여대 보건교육학과

160 북한의 법체계
권재열 외 | 숭실대 법학과

161 생명공학기술의 안전성 확보에 관한 법적 고찰
이재협 | 경희대 법학부

162 청소년복지학
김성이 외 | 이화여대 사회복지학과

163 변화하는 세계, 변화하는 복지국가
조영훈 | 동의대 사회복지학과

164 의리의 윤리와 한국의 유교문화
김낙진 | 진주교대 도덕교육과

165 미국의 통상정책과 통상법
윤충원 | 전북대 무역학과

166 사회복지 프로그램 평가
김학주 | 경상대 사회복지학과

167 환경주의와 지속가능한 발전
정대연 | 제주대 사회학과

168 무역과 환경
김기흥 외 | 경기대 경제학부

169 산업계 유해폐기물의 위험과 관리
김금수 | 호서대 경상학부

170 백범 김구의 지적 계발과정 탐색
문용린 | 서울대 교육학과

171 태평양전쟁 발발 이후 일제의 인적 지배와 그리스도교계의 대응
윤선자 | 전남대 사학과

172 거버넌스 상황에서 갈등관리를 위한 대체적 분쟁해결제도
서순복 | 광주대 법정학부

173 시장경제의 유형과 민주주의
최배근 | 건국대 경상학부

174 일본고전소설 총론
김현정 | 국립한국전통문화학교

175 국어 교육을 위한 국어 문법론
이관규 | 홍익대 국어교육과

176 율곡의 군주론
전세영 | 부산교대 윤리교육과

177 동북아시아 환경협력
정서용 | 명지대 법학과

178 기후변화협약과 기후정책
신의순 외 | 연세대 경제학과

179 인터넷과 국제 학술정보 네트워크-하이퍼링크 분석
박한우 | 영남대 언론정보학과

180 국내 기업복지의 활성화 방안
최수찬 | 연세대 사회복지대학원

181 세계화와 인간안보
김우상 외 | 연세대 정치외교학과

182 세계문화유산 종묘 이야기
지두환 | 국민대 국사학과

183 한국 평생교육의 사회철학적 과제
곽삼근 | 이화여대 교육학과

184 강점모델
정순둘 | 이화여대 사회복지학과

185 글로벌시대의 계약법
박영복 | 한국외대 법과대학

186 배심제와 시민의 사법참여
안경환 | 서울대 법학과

187 동북아공동체
김재한 | 한림대 정치외교학과

188 정치 참여와 탈물질주의
김욱 | 배재대 정치외교학과

189 퍼지전문가회로망을 이용한 금융기관의 사이버 기업여신결정 지원시스템의 개발
권혁대 | 목원대 경영학과

190 환경정책과 환경법
송인성 | 전남대 지역개발학과

191 포스트모던 시대의 평생교육학
한숭희 | 서울대 교육학과

192 현대 한국인의 세대경험과 문화
박길성 외 | 고려대 사회학과

193 서구의 근로연계복지
김종일 | 건국대 사회복지학과

194 사회복지운동론
현외성 | 경남대 사회복지학과

195 외국의 역모기지 사례
유선종 | 건국대 부동산학과

196 옛이야기와 어린이문학
이지호 | 진주교대 국어교육학과

197 노인사회복지관광의 정책과제와 방안
김창수 | 경기대 관광학부

198 복지서비스의 민간위탁 시스템 분석
김순양 | 영남대 행정학부

199 새로운 빈곤층의 대두와 정부의 정책과제
김진욱 | 건국대 경제학과

200 문화행정론
김정수 | 한양대 행정학과

201 스칸디나비아 노인용 코하우징의 계획과 적용
최정신 외 | 가톨릭대 생활과학부

202 북한의 자연생태계
공우석 | 경희대 지리학과

203 통계로 이해하는 러시아
전홍찬 | 부산대 정치외교학과

204 사회복지법인의 경영과 회계
이동규 | 충남대 회계학과

205 의약분업 정책과정
차흥봉 | 한림대 사회복지학과

206 지역공동체와 평생교육
오혁진 | 동의대 평생교육학부

207 아동보호서비스의 실제
한미현 | 백석대 사회복지학부

208 그린마케팅
박재기 | 충남대 경영학부

209 아동권리와 아동복지
이혜원 | 성공회대 사회복지학과

210 국제 이주와 인도인 디아스포라
김경학 | 전남대 인류학과

211 질병과 의료의 사회학
조병희 | 서울대 보건대학원

212 북한이탈주민의 사회통합을 위한 지역복지실천의 모색
이기영 | 부산대 사회복지학과

213 치매노인케어론
조유향 | 초당대 간호학과

214 노인상담입문
서혜경 외 | 한림대 대학원 사회복지학과

215 '통일 이후 통일과정'으로서의 독일 통일영화
이준서 | 이화여대 독어독문학과

216 중국의 사회보장
오정수 | 충남대 사회복지학과

217 환경자원의 경제적 가치와 환경오염의 사회적 비용
김재홍 | 울산대 사회과학부

218 사회복지프로그램의 경제적 평가방법
박창제 외 | 상주대 사회복지학과

219 자유의지와 결정론
안건훈 | 강원대 철학과

220 심리학자들이 쓴 행복한 결혼의 심리학
채규만 외 | 성신여대 심리학과

221 현대 해석학 강의
양해림 | 충남대 철학과

222 한국인의 주거 빈곤과 공공주택
하성규 | 중앙대 도시 및 지역계획학과

223 IMF 경제위기와 한국 출산력의 변화
김두섭 | 한양대 사회학과

224 동아시아의 영토분쟁과 국제법
이석우 | 인하대 법학부

225 독일 복지국가와 사회복지서비스
정재훈 | 서울여대 사회사업학과

226 사회복지사를 위한 실용 비모수통계
엄명용 | 성균관대 사회복지학과

227 피해자학 연구
이윤호 | 동국대 경찰행정학과

228 광고언어창작론
박영준 외 | 부경대 국어국문학과

229 환경규제 패러다임의 전환
한철 | 한남대 법학과

230 고령사회의 노동환경변화와 고용 시스템의 문제점 및 법적 대응
고준기 | 국립군산대 법학과

231 세계화와 소득불평등
이성균 외 | 울산대 사회과학부

232 유비쿼터스 사회의 이해
안중호 외 | 서울대 경영학과

233 국제환경책임법론
박병도 | 건국대 법학과

234 한국의 선거와 민주주의
윤종빈 | 명지대 정치외교학과

235 한국 시민운동의 구조와 동학
조대엽 외 | 고려대 사회학과

236 또래관계
송영혜 | 대구대 재활심리학과

237 해외 한국기업과 현지인 노동자
석현호 외 | 에스콰이아학술문화재단

238 독일 국가복지에서 민간복지단체의 역할과 의미
차성환 외 | 한일장신대 사회복지학부

239 청정공학
조정호 | 동양대 생명화학공학과

240 한국전통연희론
심상교 | 부산교육대 국어교육학과

241 정신장애와 가족
서미경 | 경상대 사회복지학부

242 빈곤통계의 작성과 활용
김주환 | 동국대 정보통계학과

243 인터넷과 한국정치
강원택 | 숭실대 정치외교학과

244 북한의 시장경제이행
정영화 외 | 서경대 법학과

245 시스템사고로 본 지속가능한 도시
문태훈 | 중앙대 도시및지역계획학과

246 실버산업과 유비쿼터스 컴퓨팅
고일상 | 전남대 경영학부

247 재활상담과 사례관리
나운환 | 대구대 직업재활학과

248 영유아교육기관에서의 장애 이해 교육
유수옥 | 우석대 유아특수교육과

249 장애의 사회적 의미와 사회통합
박수경 | 대진대 사회복지학과

250 경제분석의 수리적 기초
조인성 | 공주대 경제통상학부

251 비영리부문의 비교연구
김승현 | 서울산업대 행정학과

252 고등교육경제학
반상진 | 전북대 교육학과

253 과학윤리교육의 이론과 방법
조희형 | 강원대 과학교육학부

254 결혼이민자가족의 이해
김오남 | 대불대 사회복지학과

255 동아시아 국가의 공공부조
신동면 | 경희대 사회과학부

256 특수아동 진단 및 평가
이나미 | 대불대 특수교육과

257 계약형 사회복지와 권리옹호시스템
이명현 | 경북대 상주캠퍼스 사회복지학과

258 실내공기질 및 위해성 관리
양원호 | 대구가톨릭대 산업보건학과

259 충남 방언 문법
한영목 | 충남대 국어국문학과

260 교육권론
노기호 | 군산대 법학과

261 도시경관계획론
임승빈 | 서울대 조경 · 지역시스템공학부

262 교통의 새로운 패러다임
김형철 | 경원대 도시계획 · 조경학부

263 노인의 삶의 질 향상을 위한 주거환경 디자인
천진희 | 상명대 디자인대학 실내디자인전공

264 사회복지와 문화
박병현 | 부산대 사회복지학과

265 장애인복지의 이론과 실제
이선우 | 인제대 사회복지학과

266 창의성 개발을 위한 디자인교육 콘텐츠
김선영 | 인천가톨릭대 조형예술대학 환경디자인학과

267 구성주의 사회복지 실천 기술론
고미영 | 서울신학대 사회복지학과

268 장애아교육학
김기흥 | 부산교육대 유아교육과

269 지역사회복지와 자원부문
한상진 외 | 울산대 사회학과

270 환경관리회계
육근효 | 부산외국어대 회계학부

271 인권 관점에서 보는 장애인복지
유동철 | 동의대 사회복지학과

272 정신증상
송지영 | 경희대 의과대학병원 신경정신과

273 사이버공간의 사회심리학
이성식 외 | 숭실대 정보사회학과

274 노인에 대한 사회적 돌봄과 돌봄 서비스의 질 보장
최희경 | 신라대 가족노인복지학과

275 아동 심리치료의 실제
신현균 | 전남대 심리학과

276 사회복지와 위험관리
노충래 | 이화여대 사회복지전문대학원

277 국제 탄소시장의 이해
양승룡 | 고려대 식품자원경제학과

278 타자의 초상
신문수 | 서울대 영어교육과

279 한국정치와 환경정치
나정원 | 강원대 정치외교학과

280 북한이주민
윤인진 | 고려대 사회학과

281 음주의 사회경제적 비용
정우진 외 | 연세대 보건대학원

282 지방정치와 동북아 도시거버넌스
박재욱 | 신라대 행정학과

283 노숙인 복지론
남기철 | 동덕여대 사회복지학과

284 유럽통합과정과 지역협력
이규영 | 서강대 국제대학원

285 사회복지재정 연구
지은구 | 계명대 사회과학대학 사회복지학과

286 지역사회 교육개혁을 위한 시민사회 조직의 참여
김영화 | 홍익대 교육학과

287 복지사회를 대비한 국민연금의 구조개혁
박영석 외 | 서강대 경영학부

288 한미 FTA 지재권 협상에 따른 의약품 분야 사회후생 변화
오근엽 | 충남대 무역학과

289 산업입지, 환경 그리고 지역경제
이기동 외 | 계명대 국제통상학과

290 감성지능 개발을 통한 삶의 질 향상
김경수 외 | 전남대 경영학부

291 교육복지론
이용교 외 | 광주대 사회복지학부

292 인간과 행복에 대한 철학적 성찰
박찬국 | 서울대 철학과

293 유럽연합의 사회통합 사례와 교훈
이무성 | 명지대 정치외교학과

294 민영화와 사회후생
이상호 | 전남대 경제학부

295 북한의 교육학 체계 연구
최영표 외 | 동신대 교육대학원

296 한국 지속가능발전의 구조와 변동
정대연 | 제주대 사회학과

297 우리나라의 공익 연계 마케팅에 관한 연구
임승희 | 전주대 경영학부

298 시각장애인복지론
김영일 | 조선대 특수교육과

299 그린에너지와 환경촉매
정석진 | 경희대 화학공학과

300 취약학교 초등학생을 위한 온라인 보건 교육 프로그램
박경옥 | 이화여대 보건관리학과

301 신탁제도를 통한 고령자의 보호와 지원
최수정 | 서강대 법학전문대학원

302 사회적 약자계층에 대한 실태분석 및 정책방안
이은우 외 | 울산대 경제학과

303 한류 문화와 동북아 공동체
최혜실 | 경희대 국어국문학과

304 노동유연화와 해고보호법
권혁 | 부산대 법학전문대학원

305 사회복지 위험관리의 이해
박미은 | 한남대 사회복지학과

306 의료기관의 회계와 세무
노준화 | 충남대 경영학부

307 여성인적자원의 전문성 확보를 위한 경력개발
백지연 | 이화여대 국제사무학과

308 정신병리
강선경 | 서강대 신학대학원

309 바다의 반란 적조
윤양호 | 전남대 해양기술학부

310 한국 장애인 복지 발달사
이성규 | 서울시립대 사회복지학과

311 서양예술 속의 동양 탐색
진상범 | 전북대 독어독문학과

312 한국인의 도덕성 발달 진단
문용린 | 서울대 교육학과

313 영국정치와 국가복지
고세훈 | 고려대 공공행정학부

314 인간학적 사유를 여는 중도 · 중복장애 교육학
이숙정 | 단국대 특수교육과

315 개별화 교육과정
이소현 | 이화여대 특수교육과

316 인간의 긍정적 성품
권석만 | 서울대 심리학과

317 지방자치와 지역여성의 전망
이혜숙 | 경상대 사회학과

318 한국 현대 노년소설 연구
전흥남 | 한려대 교양학부

319 정보격차 해소를 위한 창의적 정보교육 프로그램
이영준 외 | 한국교원대 컴퓨터교육과

320 한국 가족과 젠더
손승영 | 동덕여대 교양학부

321 한국의 복지혼합
김진욱 | 서강대 신학대학원

322 사회자본과 자원봉사
김태룡 외 | 상지대 행정학과

323 농촌교육복지연구
박삼철 | 단국대 교양학부

324 사회정체성 평가 차원에 대한 국제 비교조사
이명진 | 고려대 사회학과

325 캐나다 복지국가 연구
조영훈 | 동의대 사회복지학과

326 한국의 소수자운동과 인권정책
전영평 외 | 서울대 행정대학원

327 한국과 미국의 보육서비스 전달체계와 품질 비교분석
김근세 외 | 성균관대 국정관리대학원

328 한국사회의 소득불평등과 국민 의료이용
이용재 | 호서대 사회복지학과

329 정보시대의 인간안보
조화순 | 연세대 정치외교학과

330 가족의 사회경제적 특성과 아동발달
김광혁 | 전주대 사회복지학과

331 초 · 중 · 고등학생의 학업소진 진행과정 및 경로분석
이상민 | 고려대 교육학과

332 다문화사회의 사법통역
이지은 | 이화여대 통역번역대학원

333 동아시아 지역주의
유현석 | 경희대 정치외교학과

334 환경친화적 공공시설관리와 지역공동체의 삶의 질
이소영 | 중앙대 실내디자인 · 주거환경학과

335 의료보험의 법정책
김나경 | 성신여대 법과대학

336 양극화 시대 가족해체와 청소년의 적응에 관한 한국과 미국의 비교 연구
오승환 외 | 울산대 사회복지학과

337 기업의 사회적 책임과 지역경제사회발전 연구
허영도 외 | 울산대 경영학부

338 노인의 삶의 질 향상을 위한 온라인 소셜 네트워크 구축 방안
김진우 | 연세대 경영학과

339 청소년 생활역량
윤명희 외 | 동의대 평생교육학과

340 외국인 배우자의 다양성과 국제결혼의 안정성
김두섭 | 한양대 사회학과

341 정보인권의 규범구체화
이민영 | 가톨릭대 법학과

342 한국 사회복지실천의 고유성
최성재 외 | 서울대 사회복지학과

343 스웨덴의 환경책임 실천모형
최희경 | 경북대 행정학부

344 자율운동과 주거공동체
윤수종 | 전남대 사회학과

345 한국인의 공공봉사동기
김상묵 | 서울과학기술대 행정학과

346 한국 이혼가정 아동의 성장
김혜숙 | 경인교육대 교육학과

347 동양 사상과 노인 복지
홍승표 외 | 계명대 사회학과

348 노동과 사회보장의 연계
오문완 | 울산대 법학과

349 학습장애 위험군 아동의 조기선별을 위한 읽기검사 표준화 연구
김애화 외 | 단국대 특수교육학과

350 신 · 재생에너지에 기초한 녹색성장과 사회통합
김인호 | 이화여대 법학전문대학원

351 문화교류역량과 다문화 경영이 기업 경영성과에 미치는 영향
임병학 외 | 부산외대 경영학부

352 빈곤영유아의 발달과 적응
정익중 외 | 이화여대 사회복지학과

353 민사법질서와 인권
양천수 | 영남대 법학전문대학원
354 성년후견제도와 사회복지제도의 연계
신권철 | 서울시립대 법학전문대학원
355 한국 다문화사회의 이방인
김순양 | 영남대 행정학과
356 현대 시민사회와 소비자계약법
이병준 | 한국외대 법학전문대학원
357 개인의 사회적 정보보호를 위한 공공 정보서비스 개선 연구
장항배 | 상명대 경영학과
358 여성교육투자에 대한 교육경제학적 탐색
백일우 외 | 연세대 교육학부
359 사회적 기업과 지속가능한 지역발전
임업 외 | 연세대 도시공학과
360 다문화가정 구성원에 대한 투트랙 한국어 교육방안 연구
박시균 | 군산대 국어국문학과
361 아시아의 빈곤과 한국기업의 역할
한인수 | 충남대 경영학부
362 유치원·초등학교 연계 환경교육
박희숙 | 공주대 유아교육학과
363 비정규 고용과 사회정책
구인회 외 | 서울대 사회복지학과
364 사생활의 자유에 관한 비교법적 연구
이창현 | 서강대 법학전문대학원
365 다중융합 환경 기반의 미디어스킨을 활용한 문화콘텐츠 디자인 적용방안에 관한 연구
오문석 외 | 광운대 미디어영상학부
366 북한이탈주민 여성의 성인식 관련 기초조사
한인영 외 | 이화여대 사회복지학과
367 노인주택 파노라마
유선종 | 건국대 부동산학과
368 시설보호 청년의 적응
정선욱 | 덕성여대 사회복지학과
369 다수 집단과 소수 집단의 심리
김혜숙 | 아주대 심리학과
370 바이오 휴머니티
권택영 | 경희대 영어학부
371 프랑스 다문화교육의 이해
이경수 | 상명대 불어교육과
372 한·중 서비스산업의 비교분석과 교역 확대 방안
김상호 | 리츠메이칸 아시아태평양대 국제경영학부
373 현대의학에 있어서 생명의 시간과 인간의 존엄
김학태 | 한국외대 법학전문대학원
374 0~3세 영유아의 영상물 과몰입 실태조사 및 정신건강증진 프로그램 개발과 적용
이경숙 | 한신대 재활학과

375 복지국가의 조세와 정치
양재진 외 | 연세대 행정학과
376 청소년기 자살행위 실태와 관련 요인
박선희 | 경희대 간호과학대학
377 기술혁신에 따른 지역 간 정보격차
최정혜 외 | 연세대 경영대학
378 한국 사회의 이중구조와 생애주기적 불평등
안상훈 편 | 서울대 사회복지학과
379 소비자의 친환경행동에 영향을 미치는 사회적·경제적 가치에 대한 고찰
송재기 | 텍사스테크대 경영학과
380 어머니 양육행동 관련 변인들과 유아 사회정서행동 간의 구조모형 분석
심숙영 | 숙명여대 원격대학원
381 조선족 여성, 동남아시아 여성 그리고 새터민의 적응 유형 분석 및 삶의 질 향상 방안 모색
정태연 | 중앙대 심리학과
382 세계의 연금, 한국의 연금
허만형 | 중앙대 공공인재학부
383 노인요양원과 문화 변화
최재성 | 연세대 사회복지학과
384 시민사회와 국제개발협력
손혁상 | 경희대 공공대학원
385 복지국가의 변화와 빈곤정책
김윤태 | 고려대 사회학과
386 다문화가정의 미디어 이용과 사회적 자본의 관계
진창현 | 경기대 경영학과
387 사회진출 대졸 초년생의 탄력성 변화 양상
이상민 | 고려대 교육학과
388 사회자본과 경제발전 그리고 정부의 질
도수관 | 대구가톨릭대 행정학과
389 망명과 귀환이주
서장원 | 고려대 독일문화학과
390 근거기반실천과 사회복지
김유진 | 경북대 사회복지학부
391 인터넷상 정보 유통에 대한 새로운 저작권 규율 방향 모색
박준석 | 서울대 법학전문대학원
392 한국 사회의 인종차별적 담화구조
이창수 | 한국외대 통역번역대학원
393 사회복지사의 사회복지 가치 지향
김용석 | 가톨릭대 사회복지학과
394 개인정보의 국제적 유통에 따른 법적 문제와 대책
박훤일 | 경희대 법학전문대학원
395 정신장애인의 인권
서미경 | 경상대 사회복지학과

아 | 산 | 재 | 단 | 연 | 구 | 보 | 고 | 서

1 한국인의 도덕성 연구
배해수 | 고려대 국문학과

2 산업화와 청소년 진로
이원호 | 울산대 교육학과

3 공동체의식과 시민운동
김영섭 | 한양대 행정학과

4 한국청년의 삶의 의미 충족도와 만족적 태도
안정수 | 경희대 철학과

5 중국조선족의 사회발전과 한·중관계의 위상
손장권 | 고려대 사회학과

6 해송림 "솔껍질깍지벌레"의 천적 및 주요 종의 생태
김규진 | 전남대 농생물학과

7 사회정의와 실천윤리
박종대 | 서강대 철학과

8 동구개혁의 영향
김달중 | 연세대 정치외교학과

9 한국청소년의 의식세계
김문조 | 고려대 사회학과

10 고강도 철근 콘크리트 구조의 실용화
정헌수 | 중앙대 건축학과

11 신기술의 연관형태 및 출현예측의 구조모형
권철신 | 성균관대 산업공학과

12 민간기업의 연구개발을 위한 조세정책
권영훈 | 한양대 경제학부

13 기술개발 활성화방안
송승구 | 울산대 화학공학부

14 부패의 현상과 진단
이문조 | 영남대 정치외교학부

15 연구투자의 지역적 편중화와 부산지역의 기초과학연구 활성화방안
윤웅찬 | 부산대 화학과

16 GATT의 신구 덤핑방지협정과 그 대응방안
전창원 | 동국대 무역학과

17 한국사회의 도덕성 제고를 위한 진단과 처방
황경식 | 서울대 철학과

18 새로운 노사관계 방향
이진규 외 | 고려대 경영학과

19 21세기 동북아 정세예측과 한국의 전략적 대응방안
최평길 외 | 연세대 행정학과

20 소련의 한국에 대한 정책목표분석
신승권 | 한양대 정치외교학과

21 메모리 커패시터용 $Pb(Zr_xTi_{1-x})O_3$ 강유전체 박막의 제작과 특성
장지근 외 | 단국대 전자공학과

22 러시아 국제법학의 전통
김용구 | 서울대 외교학과

23 유럽연합의 현황과 전망
김동현 외 | 성균관대 행정학과

24 중국의 정치동원
송영우 외 | 건국대 정치외교학과

25 산업적 활용을 위한 이동로보트 시스템의 개발
박민용 외 | 연세대 전자공학과

26 중국조선족의 정치사회화과정과 동화적 국민통합의 방향
전인영 외 | 이화여대 사회생활학과

27 공적부조의 이론과 실제
최일섭 외 | 서울대 사회복지학과

28 대외통상환경의 변화와 법제개편
서헌제 | 중앙대 법학과

29 기업금융의 국제화
최생림 | 한양대 경영학부

30 자동차부품공업의 노사관계
김호진 외 | 고려대 행정학과

31 산업화 과정에서의 한국가족의 실태와 전망
정창수 외 | 성균관대 사회학과

32 공무원 가치관 실태와 정립방안
배병룡 외 | 경상대 행정학과

33 해외귀국청소년의 국내적응연구
이장영 | 국민대 사회학과

34 초고속정보통신망에서 LAN서비스 제공방안
이재용 | 연세대 전자공학과

35 WTO체제의 정책적 대응
김병진 외 | 경희대 행정학과

36 유럽의 통합정치
최수경 외 | 충남대 정치외교학과

37 유기질폐기물을 이용한 고단백사료원인 조류의 생산공정
최정우 외 | 서강대 화학공학과

38 초고속정보통신망의 수용성과 정책방향
박영상 외 | 한양대 신문방송학과

39 중국의 강남사회와 한중교섭
조영록 외 | 동국대 사학과

40 세계화시대의 사회 · 문화의식
신행철 외 | 제주대 사회학과

41 국내 외국인 노동자의 문제와 대책
성규탁 외 | 연세대 사회복지학과

42 노인인력 활용정책과 프로그램
김정후 외 | 강원대 법과대학

43 한일간 학술교류 현황과 활성화방안
정홍익 외 | 서울대 행정대학원

44 계량모형에 의한 한일 경제관계의 이해
김명직 외 | 한양대 경제학부

45 직장인의 음주행태와 삶의 질
진기남 외 | 연세대 보건행정학과

46 유통정보 시스템의 구조와 설계
정용길 | 충남대 경영학과

47 남북통일 이후 사회통합을 위한 교육의 역할
안기성 외 | 고려대 교육학과

48 대중음악에 심취한 청소년들의 심리적 특성
김인경 외 | 연세대 인간행동연구소

49 멀티미디어 시스템을 활용한 교육환경의 개선방안
김한일 | 제주대 컴퓨터교육학과

50 탈냉전기 한일관계의 쟁점
최상룡 | 고려대 정치외교학과

51 자치시대 새로운 '삶의 질' 지표의 모색
김형기 외 | 경북대 경제통상학부

52 유럽통합의 역내외 협력과 갈등
이호재 외 | 고려대 정치외교학과

53 21세기를 대비한 신노사관계
김재원 | 한양대 경제학부

54 대학의 시간제학생 등록제
안규철 외 | 전남대 교육학과

55 21세기에 대비한 방송통신정책
한진만 외 | 강원대 신문방송학과

56 주민참여를 통한 혐오시설 관리운영방안
박균성 외 | 경희대 법학부

57 여성의 정치적 권리인식과 정치참여
전경옥 외 | 숙명여대 정치외교학과

58 한국인 위장질환과 식생활 · 환경요인 및 *H. pylori* 감염과의 관계
이양자 외 | 연세대 식품영양학과

59 학생과 시민의 자원봉사활동
윤정일 외 | 서울대 교육학과

60 동북아 환경문제와 지역환경협력의 모색
신연재 외 | 울산대 정치외교학과

61 노인 자원봉사활동을 통한 사회통합 프로그램 개발
김동배 | 연세대 사회복지학과

62 물류정보 시스템
김태현 | 연세대 경영학과

63 전자식 문서교환을 이용한 항공화물 운송체계
민재형 | 서강대 경영학과

64 청소년과 성
이근후 | 이화여대 의과대학

65 민족통합과 무궁화호 위성의 남북한 공동활용방안
방정배 | 성균관대 신문방송학과

66 채식주의가 20대 여성의 영양상태와 에스트로겐 대사에 미치는 영향
성미경 | 숙명여대 식품영양학과

67 가상정보공간을 통한 지역개발 활성화 전략
유재천 외 | 한림대 언론정보학부

68 조산아 관리현황 및 정책수립 방안
박상기 외 | 조선대 의과대학

69 남북한관의 의식조사와 통일교육 개선방안
김동규 외 | 고려대 북한학과

70 동양 전통 자연사상 탐구
장동순 | 충남대 환경공학과

71 초고속정보망의 시뮬레이터 구현
한기준 | 경북대 컴퓨터공학과

72 유통원가 시스템의 유효성
정다미 | 명지대 경영학과

73 국악과 문화관광의 만남
정익준 외 | 동아대 국제관광통상학부

74 기업의 지식경영 활용사례
김창은 | 명지대 산업공학과

75 선진국과 한국의 직업교육 · 훈련제도의 특성과 한계
정주연 | 고려대 경제학과

76 제주지역 성인 여성의 자원봉사활동
이상철 외 | 제주대 사회학과

77 M&A와 문화충돌 관리
박원우 | 서울대 경영학과

78 폐금속광산 인근 주민들의 중금속 오염실태
정종학 외 | 영남대 의학과

79 북한 농촌 · 농업실태와 인력자원개발 시스템을 통한 북한 농민의 구호방안
박성열 | 건국대 교육공학과

80 중소 소매점의 경쟁력과 소매성과
채명수 외 | 한국외대 무역학과

81 고령자를 위한 쾌적한 실내온도와 착의량의 설정
정운선 | 안동대 의류학과

82 지역문화 이벤트 PR
박종민 | 경희대 언론정보학부

83 인터넷 지역정보화의 실태와 전략
유평준 외 | 연세대 행정학과

84 여성 삶의 질 향상을 위한 사회교육 활성화 방안
김양희 | 중앙대 가족복지학과

85 벤처기업과 벤처금융
강대석 외 | 충남대 무역학과

86 구조조정기에 있어서 실업대책과 사회안전망 구축
박천익 | 대구대 경제학과

87 한국 유아의 조기교육
이명조 외 | 한국외대 교육대학원

88 남북한 경제공동체 형성전략
이상만 | 중앙대 경제학과

89 지방자치회계의 투명성과 주민의 알 권리
권찬태 외 | 경북대 경영학부

90 정치지도자의 정책리더십
이해영 | 경일대 행정학과

91 경제위기와 한국인의 복지의식
신광영 외 | 중앙대 사회학과

92 북한의 노동
김강식 | 한국항공대 경영학과

93 우리나라 중소기업의 정보기술 활용 현황과 경쟁력 강화를 위한 제안
정승호 | 부산외대 정보시스템학과

94 인간배아복제의 법적 · 윤리적 문제점과 그 해결방안
최병규 | 한경대 법학부

95 가치변화에 따른 투표행태
조찬래 외 | 충남대 정치외교학과

96 인터넷 경매에서의 계약체결과 소비자 보호
이기수 외 | 고려대 법과대학

97 세계화시대 남북한 통합의 방향과 과제
윤민재 | 서울대 사회발전연구소

98 글로벌 시대 지방정부의 문화마케팅 전략
박흥식 | 중앙대 행정학과

99 대졸여성실업의 실태분석 및 대학-노동 시장 간 효율적 연계방안
이은우 외 | 울산대 사회과학부

100 그린 투어리즘의 분석
이응진 | 대구대 관광학부

101 지방자치단체장의 부정부패
오일환 | 한양대 아태지역연구센터

102 산업화가 유교체제하 중국여성의 지위에 미친 영향
천성림 | 배재대 사회과학연구소

103 움직이는 말하기
유혜숙 외 | 나사렛대 교양학부

104 장애학생을 위한 특수교육공학의 활용
김용욱 | 대구대 중등특수교육과

105 지식기반사회의 평생교육 이해와 평생교육 프로그램 개발
박성열 | 건국대 교육공학과

106 N세대의 미술교육
김동철 | 대구교육대 미술교육학과

107 노후계획과 투자
권택호 | 여수대 국제통상학과

108 영화산업
양영철 | 경성대 연극영화학부

109 동유럽의 변혁과 언론의 역활
정대수 | 경남대 정치언론학부

110 환율, 임금, 물가가 국제경쟁력 및 수출입산업에 미치는 영향
하인봉 | 경북대 경제통상학부

111 일본기업의 기술혁신 전략
위정현 | 중앙대 상경학부

112 노후보장정책과 역저당연금제도
조덕호 외 | 대구대 행정학과

113 유비쿼터스 라이프와 미래 사회
김석수 | 한남대 멀티미디어공학과

114 죽음과 관련된 생명윤리적 문제들
구인회 | 가톨릭의과대 인문사회과학교실

115 경제적 세계화와 빈곤문제, 그리고 국가
김준현 | 한일장신대 인문사회과학부

116 한국의 세계불교유산
김종명 | 한국학중앙연구원 한국학대학원

117 복지레저서비스론
고태규 | 한림대 국제학부

118 자생적 철학체계로서 인간중심철학
선우현 | 청주교대 윤리교육과

119 전략적 통합과 한반도 평화체제
김승채 | 고려대 정책대학원

120 환경사법론
전경운 | 경희대 법학부

121 인터넷 자료를 통해 본 한국의 이혼 문화와 사회복지
성정현 외 | 협성대 사회복지학과

122 유럽연합의 사회정책에 관한 연구
문진영 | 서강대 신학대학원 사회복지학과

123 여성건강의 통합적 관점
김혜원 | 관동대 간호학과

124 복잡계 네트워크 과학
강병남 | 서울대 물리천문학부

125 경제적인 3세대 전원주택 개발
박근준 | 호서대 건축공학과

126 사회복지와 인적자원개발
이상일 | 인제대 국제경상학부